AF166720

Geldwäscheprävention im Markt

Kai-D. Bussmann

Geldwäscheprävention im Markt

Funktionen, Chancen und Defizite

 Springer

Kai-D. Bussmann
Juristische und Wirtschaftswissen-
schaftliche Fakultät
Universität Halle
Halle
Deutschland

ISBN 978-3-662-56184-3   ISBN 978-3-662-56185-0 (eBook)
https://doi.org/10.1007/978-3-662-56185-0

Die Deutsche Nationalbibliothek verzeichnet diese Publikation in der Deutschen Nationalbibliografie; detaillierte bibliografische Daten sind im Internet über http://dnb.d-nb.de abrufbar.

© Springer-Verlag GmbH Deutschland, ein Teil von Springer Nature 2018
Das Werk einschließlich aller seiner Teile ist urheberrechtlich geschützt. Jede Verwertung, die nicht ausdrücklich vom Urheberrechtsgesetz zugelassen ist, bedarf der vorherigen Zustimmung des Verlags. Das gilt insbesondere für Vervielfältigungen, Bearbeitungen, Übersetzungen, Mikroverfilmungen und die Einspeicherung und Verarbeitung in elektronischen Systemen.
Die Wiedergabe von Gebrauchsnamen, Handelsnamen, Warenbezeichnungen usw. in diesem Werk berechtigt auch ohne besondere Kennzeichnung nicht zu der Annahme, dass solche Namen im Sinne der Warenzeichen- und Markenschutz-Gesetzgebung als frei zu betrachten wären und daher von jedermann benutzt werden dürften.
Der Verlag, die Autoren und die Herausgeber gehen davon aus, dass die Angaben und Informationen in diesem Werk zum Zeitpunkt der Veröffentlichung vollständig und korrekt sind. Weder der Verlag, noch die Autoren oder die Herausgeber übernehmen, ausdrücklich oder implizit, Gewähr für den Inhalt des Werkes, etwaige Fehler oder Äußerungen.

Gedruckt auf säurefreiem und chlorfrei gebleichtem Papier

Springer ist ein Imprint der eingetragenen Gesellschaft Springer-Verlag GmbH, DE und ist ein Teil von Springer Nature.
Die Anschrift der Gesellschaft ist: Heidelberger Platz 3, 14197 Berlin, Germany

Vorwort

Bei der Geldwäsche handelt es sich in jeder Hinsicht um ein bemerkenswertes Delikt, so weiß der Volksmund, Geld stinkt nicht und Bargeld lacht. So gilt für Bargeldgeschäfte ein besonderer zivilrechtlicher Vertrauensschutz. Die Wertung des Zivilrechts und des geschäftlichen Verkehrs stehen nicht im Einklang mit der Wertung des Straftatbestands und Gesetzes zur Bekämpfung der Geldwäsche. Auch drängt sich der Schaden, der durch Geldwäsche verursacht werden soll, nicht auf. Die gewerbliche und insbesondere Organisierte Kriminalität soll hierdurch bekämpft werden. Aber kann dieses anspruchsvolle Vorhaben des Gesetzgebers überhaupt gelingen. Für diese Fragen bietet das vorliegende Buch auf knappem Raum Antworten an.

Am Beispiel des Nicht-Finanzsektors werden die praktischen Schwierigkeiten in der Bekämpfung der Geldwäsche empirisch aufgezeigt. Bereits die im Vergleich zum Finanzsektor homöopathisch dosierten Verdachtsmeldungen lassen aufhorchen, nur ein Prozent stammen von den Verpflichteten aus dem Nicht-Finanzsektor. Mangelnde Awareness im täglichen Business ist zweifellos eine Erklärung, wie die vorliegende Dunkelfeldstudie zeigt, die im Auftrag des Bundesministeriums für Finanzen durchgeführt wurde. Aber es gibt auch erhebliche strukturelle Probleme, denn die Geldwäsche ist nahezu untrennbar mit den Geschäftsinteressen der legalen Wirtschaft verflochten. Anders als bei Delikten wie Betrug, muss sich der gewerbliche Empfänger von Vermögenswerten nicht über mögliche Schlecht- und Nichtleistungsrisiken seiner Kunden Gedanken machen, sondern über die Gründe seiner Solvenz. Dies ist erstaunlich und sprengt den Rahmen alles bisher in der Geschäftswelt. Aber auch in rechtlicher Hinsicht offenbart sich ein Paradigmawechsel. Bei der gebotenen Verdachtsmeldung handelt es sich eigentlich um eine Pflicht zur Strafanzeige, die das Recht nur bei Verbrechen kennt. Die Gründe für eine Bekämpfung der Geldwäsche sind jedoch angesichts der aufgezeigten weitreichenden Folgen der Geldwäsche für Wirtschaft und Gesellschaft erdrückend wie nationale und globale Wettbewerbsverzerrungen und Entwicklungshemmnisse für Entwicklungs- bzw. Schwellenländer.

Nach kritischer Analyse der Pro und Cons folgen Handlungsempfehlungen zur Bekämpfung der Geldwäsche wie intensivierte Aufklärungsarbeit der

Wirtschafts- und Berufsverbände, AML-Compliance in Unternehmen, Einführung einer Höchstgrenze für Bargeldtransaktionen und eines Transparenzregisters. Die schmerzlichste Empfehlung scheint, nach der bisher in Deutschland zu beobachtenden öffentlichen Diskussion, die Einführung einer Höchstgrenze für Bargeldtransaktionen zu sein. Vielfach missverstanden als Abschaffung des Bargelds. Nüchtern werden daher im Folgenden die Chancen und Risiken des Besitzes hoher Barbeträge abgewogen.

Bei dem vorliegenden Werk handelt es sich um kein herkömmliches Handbuch zum Geldwäschegesetz. Vielmehr handelt es sich um eine Art kritischer Lageberricht. Geeignet für alle, die sich im Rahmen von Studium und Lehre oder qua beruflicher Funktion mit dem Phänomen der Geldwäsche auseinanderzusetzen haben.

Mein besonderer Dank gebührt meinem Forschungsteam: Marcel Vockrodt, M.Sc. (Empirische Ökonomik) war an der Entwicklung des Forschungsdesigns maßgeblich beteiligt und führte die Interviews mit Experten durch, die empirische Auswertung betreute Dr. phil. Anja Niemeczek (Psychologie) und juristisch beratend stand Dipl. jur. Tobias Günther an der Seite des Forschungsteams. Dank gebührt auch Dipl. Jurist Christopher Spaeth für seine Unterstützung bei der Materialrecherche und Dr. Sven Grüner (Ökonomik) für seine kritische Durchsicht des Manuskripts.

Halle, November 2017

Inhaltsverzeichnis

Abkürzungsverzeichnis

a.	auch
Abb.	Abbildung
Abs.	Absatz
a.F.	alte Fassung
AML	Anti-Money-Laundering
AML-CMS	AML-Compliance-Management-System
Anh.	Anhang
BaFin	Bundesanstalt für Finanzdienstleistungsaufsicht
Begr.	Begründer
BGB	Bürgerliches Gesetzbuch
BGH	Bundesgerichtshof
BIP	Bruttoinlandsprodukt
BKA	Bundeskriminalamt
BMF	Bundesfinanzministerium
BNotK	Bundesnotarkammer
BRaK	Bundesrechtsanwaltskammer
BSI	Bundesamt für Sicherheit der Informationstechnik
bspw.	beispielsweise
BVerfG	Bundesverfassungsgericht
bzw.	beziehungsweise
CATI	Computer Assisted Telephone Interview
CB	Compliance Berater (Zeitschrift)
CCJ	Journal of Contemporary Criminal Justice (Zeitschrift)
CCZ	Corporate Compliance Zeitschrift
CMS	Compliance Management System
Crim. Just. Pol. Rev.	Criminal Justice Policy Review
Crime L & Soc Change	Crime, Law & Social Change (Zeitschrift)
Crimnol. Crim. Just.	Criminology and Criminal Justice (Zeitschrift)

d. h.	das heißt
DIHK	Deutscher Industrie- und Handelskammertag
DuD	Datenschutz und Datensicherheit
ECOLEF	The Economic and Legal Effectiveness of Anti Money Laundering and Combating Terrorist Financing Policy
EDV	elektronische Datenverarbeitung
EinSiG	Einlagensicherungsgesetz
et al.	und andere
EU	Europäische Union
EUR	Euro
f.	folgende
FAZ	Frankfurter Allgemeine Zeitung
FATF	Financial Action Task Force
FBI	Federal Bureau of Investigation
FCPA	Foreign Corrupt Practices Act
ff.	folgenden
FIU	Financial Intelligence Unit – Zentralstelle für Verdachtsmeldungen
FS	Festschrift
GbR	Gesellschaft bürgerlichen Rechts
GDV	Gesamtverband der Deutschen Versicherungswirtschaft
GwG	Gesetz über das Aufspüren von Gewinnen aus schweren Straftaten (Geldwäschegesetz)
Hrsg.	Herausgeber
HWWI	Hamburger Weltwirtschaftsinstitut
i.S.d.	im Sinne des
i.V.m.	in Verbindung mit
IRLE	International Review of Law and Economics
IT	Informationstechnik
IVD	Immobilienverband
IVD	Immobilienverband Deutschland
Jg.	Jahrgang
Jura	Juristische Ausbildung
JuS	Juristische Schulung
Kfz	Kraftfahrzeug
KMU	kleine und mittlere Unternehmen
krit.	kritisch
KWG	Gesetz über das Kreditwesen
KZfSS	Kölner Zeitschrift für Soziologie und Sozialpsychologie
LKA	Landeskriminalamt
M&A	Mergers & Acquisitions
m.w.N.	mit weiteren Nachweisen
mind.	mindestens
MPI	Max Planck Institut
MPIfG	Max Planck Institut für Gesellschaftsforschung
Mrd.	Milliarden

MschKrim	Monatsschrift für Kriminologie und Strafrechtsreform
n	Anteil der Verpflichteten
N	Grundgesamtheit/Gesamterhebungsumfang
n	Grundgesamtheit/Gesamterhebungsumfang
NJ	Neue Justiz (Zeitschrift)
NJW	Neue Juristische Wochenschrift (Zeitschrift)
Nr.	Nummer
NStZ	Neue Zeitschrift für Strafrecht
o.	obere
o.g.	oben genannt
OECD	Organisation für wirtschaftliche Zusammenarbeit und Entwicklung
OK	Organisierte Kriminalität
PEP	Politisch exponierte Person
PwC	PricewaterhouseCoopers
Rn.	Randnummer
S.	Satz oder Seite
s.a.	siehe auch
s.o.	siehe oben
s.u.	siehe unten
Sci. & Tech. LJ	Science and Technology Law Journal (Zeitschrift)
sog.	sogenannte(r,s)
StGB	Strafgesetzbuch
StPO	Strafprozessordnung
Tab.	Tabelle
TOK	Transnationale organisierte Kriminalität
u. a.	unter anderem
U.S.	United States
UNODC	United Nations Office on Drugs and Crime
UNTOC	United Nations Convention Against Transnational Organized Crime
USA	United States of America
UWG	Gesetz gegen den unlauteren Wettbewerb
vgl.	vergleiche
Vol.	Volume (Jahrgang)
wistra	Zeitschrift für Wirtschafts- und Steuerstrafrecht
z. B.	zum Beispiel
ZStW	Zeitschrift für die gesamte Strafrechtswissenschaft

Abbildungsverzeichnis

Kapitel 1
Bekämpfung der Geldwäsche durch Recht

1.1 Paradigmawechsel in der Strafverfolgung

Bei der Geldwäsche handelt es sich im Vergleich zu klassischen Delikten wie Raub, Erpressung, Diebstahl oder Betrug um einen relativ jungen Straftatbestand (§ 261 StGB), der nicht diese sog. Vortaten kriminalisiert, sondern die Annahme der Gewinne aus Straftaten. Mit dem Ziel, ihre Einspeisung in den legalen Wirtschaftskreislauf zu unterbinden. Der Idee nach soll sich Kriminalität nicht lohnen, da die Täter mit den Erlösen kaum noch etwas anfangen können. Als Vortaten gelten jedoch nicht nur Straftaten, die durch die Organisierte Kriminalität (OK) begangen werden, sondern auch viele andere Bereicherungsdelikte, wenn sie gewerbs- oder bandenmäßig begangen werden wie Diebstahl, Betrug oder Steuerhinterziehung. Die Geldwäsche erfolgt in der Regel in einem Prozess, in dem durch mehrere Transaktionen die wahre Herkunft der illegalen Gewinne – die inkriminierten Vermögenswerte – verschleiert werden soll. Üblich ist eine Unterteilung in die drei Phasen des Placement, Layering und der Integration.[1]

Der Gesetzgeber hat es jedoch nicht bei der Schaffung eines Straftatbestands belassen, sondern zusätzlich ein Gesetz über das Aufspüren von Gewinnen aus schweren Straftaten eingeführt, kurz Geldwäschegesetz (GwG), das alle, die im Rahmen der Ausübung ihres Geschäfts oder Berufs handeln, besondere Pflichten zur Vermeidung und Aufdeckung von Geldwäsche auferlegt, die daher als Verpflichtete nach § 2 Abs. 1 GWG gelten. Bei dem Recht zur Bekämpfung der Geldwäsche (§ 261 StGB und das GwG) handelt es sich somit genaugenommen um ein System aufeinander aufbauender Regelungen, die in die Rechte der Rechtsadressaten erheblich eingreifen.[2] Es verlangt nicht nur die Befolgung des strafrechtlichen

---

[1] Ausführlich *Bongard* (2001), S. 78 ff.

[2] Insofern tendiert die strafrechtsdogmatische Diskussion um das geschützte Rechtsgut des § 261 StGB zu einer Verengung der Betrachtung, da die vom GwG geforderten Präventionsmaßnahmen aus dem Blickfeld geraten; vgl. Überblick *Schröder und Bergmann* (2013), S. 35 ff.

© Springer-Verlag GmbH Deutschland, ein Teil von Springer Nature 2018
K.-D. Bussmann, *Geldwäscheprävention im Markt*,
https://doi.org/10.1007/978-3-662-56185-0_1

Verdikts, sondern bürdet einer großen Zahl von Berufsgruppen und ganzen Branchen zusätzliche Pflichten auf, wie Sorgfalts-, Dokumentations-, Organisations- und auch Meldepflichten.

Greifen wir die Meldepflichten heraus, so verlangt das Geldwäschegesetz nach § 43 Abs. 1 GwG von jedem Verpflichteten die Abgabe einer Verdachtsmeldung bei der zuständigen Staatsanwaltschaft oder Zentralstelle des Zoll (FIU), wenn Tatsachen vorliegen, die auf eine mögliche Geldwäsche im Sinne des Tatbestands des § 261 StGB hindeuten. Die frühere Ausnahme, wonach Verdachtsmeldungen von beispielsweise Rechtsanwälten über die Rechtsanwaltskammer zu erstatten waren (§ 11 Abs. 4 GwG a.F.), besteht nicht mehr. Des Weiteren gab es am 26.06.2017 einen Wechsel der Zuständigkeit der Financial Intelligence Unit (FIU) vom Bundeskriminalamt zur Generalzolldirektion. Das Gesetz vermeidet zwar den Begriff einer Strafanzeige, aber de facto handelt es sich um eine solche, da wie auch bei einer Strafanzeige den Ermittlungsbehörden der Verdacht einer Straftat mitgeteilt wird. Diese Anzeigepflicht besteht auch für Bagatellfälle, da sie unabhängig von der Höhe der Transaktion oder Art der Geschäftsbeziehung gilt (§ 43 Abs. 1 GwG).

Auf diese Weise wurde ein *Paradigmawechsel* in der Strafrechtspflege eingeleitet.[3] Für alle Rechtsadressaten, Bürger, wie Unternehmen und Behörden besteht nach § 138 StGB mit Ausnahme von Verbrechen grundsätzlich keine Pflicht zur Strafanzeige. Aber nunmehr gibt es eine weitere Ausnahme: Anzeigepflicht bei Verdacht auf Geldwäsche. Die Einschränkung, dass es nur einen bestimmten Kreis betrifft, die nach § 2 Abs. 1 GwG definierten Verpflichteten, ist eher theoretischer Natur. Denn die allermeisten Bürger können im beruflichen und privaten Alltag kaum konkrete Anhaltspunkte für Geldwäsche erkennen, soweit ihre Strafbarkeit überhaupt bekannt ist. Der Gesetzgeber bestimmte alle zu Verpflichteten, die in ihrem Geschäftsalltag hierfür überhaupt in Betracht kommen und auch über die organisatorischen Ressourcen verfügen. Geldwäsche ist aus kriminologischer Sicht ein Kontrolldelikt, wobei die Kontrollpflichten auf bestimmte Branchen, Berufe und Unternehmen vorverlagert wurden. Dies ist das zusätzlich Besondere an dem *Paradigmawechsel* in der Strafverfolgung.

Dieses Rechtssystem zur Bekämpfung der Geldwäsche bedarf daher einer besonderen Legitimation und ohnehin, wie jeder staatliche Eingriff, des Nachweises der verfassungsrechtlich gebotenen Verhältnismäßigkeit und somit seiner Wirksamkeit. Diesen Nachweis zu erbringen, fällt sowohl für den Straftatbestand der Geldwäsche nach § 261 StGB als auch für das damit verbundene Gesetz über das Aufspüren von Gewinnen aus schweren Straftaten, kurz Geldwäschegesetz (GwG), besonders schwer, wie im Folgenden erläutert wird.

Als erstes fällt auf, dass die im Hellfeld der Statistik der *Financial Intelligence Unit* (FIU) registrierten Verdachtsmeldungen, die zumeist aus dem Finanzsektor stammen, in den allerseltensten Fällen zu einer Aufklärung oder gar strafrechtlichen

---

[3] Vgl. *Nestler*, in: Herzog et al. (2014), GwG, § 261, Rn. 18 m.w.N.; befürwortend bspw. *Stessens* (2000), S. 113 ff.

Tab. 1.1 Entwicklung der Gesamtzahl der Urteile, Strafbefehle, Anklageschriften, sonstige Rückmeldungen basierend auf Verdachtsmeldungen

Jahr	Urteile	Strafbefehle	Anklageschriften	Sonstiges	Gesamt
2008	31	138	42	–	211
2009	32	143	82	–	497
2010	60	262	96	79	586
2011	58	342	95	91	586
2012	46	286	88	85	505
2013	62	228	84	97	471
2014	50	254	110	134	548
2015	37	213	71	102	423
2016	69	284	94	109	556

Verurteilung führen.[4] Von den in 2016 über 23.700 registrierten Verdachtsfällen erfolgte ein Urteil, ein Strafbefehl oder eine Anklageschrift nur bei etwa 2 %.[5] Dabei irritiert, dass auch Anklageschriften in der Erfolgsstatistik mitgezählt werden. Eine Steigerung der Effektivität der strafrechtlichen Verfolgung ist zudem kaum erkennbar (siehe Tab. 1.1). Wirft man einen Blick auf die Strafverfolgungsstatistik 2016 ergibt sich kein besseres Bild. Wegen Geldwäsche gem. § 261 StGB wurden insgesamt nur 1.045 Täter abgeurteilt oder verurteilt. Zumeist handelte es sich um Verfahren gegen sog. Finanzagenten.[6]

Bemerkenswert ist, dass die Strafverfolgungsbehörden durchaus ein Interesse an der Erhöhung der Qualität der Verdachtsmeldungen haben, eine Strategie hierfür ist aber nicht ersichtlich. Im Gegenteil, das Geldwäschegesetz legt weiterhin die Schwelle für einen meldepflichtigen Verdacht sehr niedrig, auf Qualität kommt es offenkundig nicht an.[7] Die Verpflichteten haben sich keine Gedanken über eine konkrete Vortat zu machen, dies wäre auch angesichts der mittlerweile erreichten Länge des Vortatenkatalogs kein trennscharfes Kriterium. Es genügen erkennbare Anhaltspunkte, die sich anhand vertypter Kriterien aus dem geschäftlichen Prozess ergeben.[8] Die zum Zeitpunkt der Feldphase der Studie in 2014/15 zuständige Zentralstelle des BKA (FIU) hat hierzu Typologiepapiere auf ihrer verschlüsselten Homepage publiziert, jedoch den Ergebnissen der vorliegenden Studie zufolge mit sehr geringer Rezeption (Abschn. 3.3).

Auf rechtsstaatliche Bedenken stößt zudem die tatbestandliche Weite des Straftatbestands der Geldwäsche. Es handelt sich um ein Wirtschaftsdelikt, das aber keinen

---

[4] So auch *Nestler*, in: Herzog et al. (2014), GwG, § 261 Rn. 15.

[5] *BKA und FIU* (2016), S. 17.

[6] Statistisches Bundesamt (2016).

[7] *Löwe-Krahl* (2012), S. 1607, Rn. 69; *Herzog/Achtelik*, in: Herzog et al. (2014), GwG, § 11, Rn. 7.

[8] Zur strafbaren leichtfertigen Vernachlässigung gebotener Sorgfaltspflichten anhand praktischer Beispiele *Bausch und Voller* (2014), S. 63 ff.

Angriff auf fremde Vermögenswerte pönalisiert, sondern ein Transaktionsverdikt[9] für alle Vermögenswerte ausspricht, die unmittelbar oder mittelbar aus Verbrechen oder gewerbsmäßig begangenen Bereicherungsdelikten wie Einbruchdiebstahl oder Steuerhinterziehung stammen. Jeder Umtausch, Transfer und jedes Verschleiern, Erwerben, Besitzen und Verwenden dieser inkriminierten Vermögenswerte wird sanktioniert. Anders als beim Betrug, Diebstahl oder Raub wird niemand durch Geldwäsche ärmer. Dies gilt zuerst für die Täter der Geldwäsche wie Banken oder Güterhändler, wenn sie Dienstleistungen oder Waren verkaufen. Aber es gilt auch für die Vortäter, die ihre Gewinne in wertige Anlageobjekte investieren wie Kunst oder Immobilien, die Aussicht auf Wertsteigerung bieten. Auch verschwenderische Anlagen in Luxusgüter wie Schmuck, teure Kraftfahrzeuge oder Yachten verschaffen einen sozialen Aufstieg. Sie können durch Geldwäsche ihr inkriminiertes finanzielles Kapital in soziales oder kulturelles Kapital konvertieren, in einen Lebensstil angesehener Bürger der oberen Mittelschicht oder gar Oberschicht. Nicht nur finanzielles Kapital erlaubt sozialen Aufstieg, sondern auch andere Kapitalformen ermöglichen soziale Mobilität.[10]

Außerdem wäre es eine Verkürzung der Ausgangslage, die Gesellschaft und die Wirtschaft als primäre Geschädigte der Geldwäsche anzusehen, wie man es bei der Korruption mittlerweile durchaus annimmt.[11] Zuerst kurbelt auch illegales Kapital die Wirtschaft an und trägt zur Steigerung des Konsums und somit des Wohlstands einer Gesellschaft bei. Alle Täter der Geldwäsche wie Banken und Güterhändler erhöhen das Steueraufkommen und auch die Finanzämter versteuern fiktive Gewinne, von nur zur Geldwäsche betriebenen Scheinfirmen, vor allem in der Hotellerie und Gastronomie. Der Fiskus prüft bekanntlich sehr sorgfältig die Geltendmachung von steuersenkenden Betriebsausgaben, aber weniger sorgfältig fiktive steuerpflichtige Gewinnausweisungen.

Wir halten fest, die Regelungen zur Geldwäschebekämpfung sind schon ein besonderer Spielverderber. Auf den ersten Blick ist das Verbot der Geldwäsche, anders bei dem der Korruption, keinesfalls wirtschaftlich vernünftig. Die Schädlichkeit der Geldwäsche erschließt sich erst, wenn wir ihre negativen Folgen für eine Volkswirtschaft in den Blick nehmen und dabei auch die internationalen Auswirkungen berücksichtigen (s.u. Abschn. 1.2). Wir erkennen zudem, die Benefiziare der Geldwäsche gehen wie bei kaum einem anderen Delikt quer durch unsere Gesellschaft. Die Geldwäschebekämpfung adressiert Rechtstreue, insbesondere die Verpflichteten nach dem GWG und Kriminelle gleichermaßen. Bereits dies erklärt die relativ geringe Bereitschaft, Geldwäsche wirksam zu bekämpfen.

Zudem hat das Rechtssystem zur Bekämpfung der Geldwäsche seine Netze durch das Gebot niedrigschwelliger Verdachtsmeldungen nicht nur weit ausgeworfen, sondern verwendet außerdem bewusst engmaschige. Durch die Weite des

---

[9] Es handelt sich um bislang sozialadäquate Handlungen, vgl. *Schröder und Bergmann* (2013), S. 23 f.

[10] *Bussmann* (2016b), Rn. 831 ff.

[11] *Bussmann* (2016b), Rn. 597 ff.

Straftatbestands verschwimmen die Konturen jeglicher Differenzierung zwischen Rechtstreuen und Kriminellen, alle Schludrigkeiten werden latent kriminalisiert, bloßes leichtfertiges Nicht-Erkennen einer Geldwäsche führt zur Strafbarkeit wie auch ein bedingt vorsätzlicher Versuch (§ 261 Abs. 3 und 5 StGB). Die auf diese Weise erzeugte Massenstrafbarkeit[12] kreiert eine Gruppe der Betroffenen, die sich durch die Weite des Tatbestands der Geldwäsche unversehens dem Lager der Kriminellen zugeordnet sieht, so die Kritik.[13] Für die Schaffung eines Unrechtsbewusstseins sicherlich hinderlich.

1.2   Schäden der Geldwäsche

Weltweit gehen Schätzungen, bezogen auf 2000/2001, von einem Volumen der Geldwäsche zwischen 1,0 bis 1,6 Billionen US-Dollar aus, wobei 500 bis 800 Mrd. nicht aus den westlichen Industrieländern herrühren, sondern aus Entwicklungs- und Schwellenländern.[14] Laut einem Bericht des UNODC aus dem Jahre 2011 lag das Volumen der aus Vortaten stammenden Gelder im Jahr 2009 bei 3,6 % des weltweiten BIP, wobei geschätzt wird, dass tatsächlich 2,7 % des weltweiten BIP gewaschen wurden.[15] Das entsprach für 2009 einem Volumen von 1,6 Billionen US Dollar.[16] Mit wohl steigender Tendenz.

Aufgrund der transnationalen Geldwäsche ist das nationale Geldwäschevolumen nur schwer abzuschätzen. Deutschland gilt auch für Anleger inkriminierter Gelder als ein sicherer Hafen sowohl unter wirtschaftlichen als auch rechtsstaatlichen Kriterien. Dies gilt auch innerhalb der Mitgliedstaaten der Europäischen Union. So gehen sowohl die in der Studie befragte *Anti-Mafia Behörde* als auch die *Guardia di Finanza* in Rom davon aus, dass große Summen inkriminierter Gelder von der italienischen Organisierten Kriminalität gerade in die starken Wirtschaftsnationen wie Frankreich, UK oder Deutschland transferiert werden, zu einem großen Teil unter Nutzung von Scheinfirmen und „Strohmännern".

Die Unterschätzung dürfte daher gerade bei attraktiven Wirtschaftsstandorten wie Deutschland besonders hoch sein. Wirtschaftlich attraktive Länder ziehen diese illegalen Finanzströme geradezu wie ein „Magnet" an. Diesen Effekt versucht die ECOLEF Studie zu berücksichtigen und gelangt auf der Basis ihres Gravity Modells für Deutschland zu einer Bezifferung des Risikos der Geldwäsche in Höhe von 108 Mrd. Euro jährlich (Tab. 1.2).[17]

---

[12] *Fischer* (2017), StGB, § 261 Rn. 4a.

[13] Ähnlich *Nestler,* in: Herzog et al. (2014), GwG, § 261 Rn. 17; *Arzt* (2004) in: FS Rudolphi,12.

[14] *Buehn und Schneider* (2013), S. 172 m.w.N.

[15] *UNODC* (2011), S. 7.

[16] *UNODC* (2011), S. 7.

[17] *Unger et al.* (2013), S. 43.

Tab. 1.2 Countries by estimated threat in 2009[18]

Rank	Country	Threat (Million)
1	United Kingdom	282.004
2	France	151.302
3	Belgium	119.896
4	Germany	108.872
5	Netherlands	94.121
6	Luxemburg	93.765
7	Austria	88.810
8	Italy	73.910
9	Denmark	59.177
10	Spain	56.311
11	Ireland	54.439
12	Poland	53.923
13	Czech Republic	51.193
14	Finland	45.104
15	Portugal	43.015
16	Latvia	42.639
17	Estonia	40.074
18	Slovenia	35.106
19	Sweden	26.206
20	Slovakia	23.557

Allein für die Verpflichtetengruppen innerhalb des Nicht-Finanzsektors in Deutschland schätzt die vorliegende Studie auf der Basis der von den Befragten berichteten Verdachtsfälle und Verdachtsmerkmale das Volumen der Geldwäsche auf jährlich über 20 Mrd. Euro (Abschn. 7.2). Zu berücksichtigen ist, dass für diese Hochrechnung nicht nur der gesamte Finanzsektor fehlt, sondern methodisch bedingt – die Studie basiert auf Befragungen – auch der gesamte Bereich der fingierten Umsätze insbesondere in der Hotellerie und Gastronomie sowie die mit inkriminierten Finanzmitteln bezahlten Unternehmensübernahmen und -beteiligungen (Abschn. 10.2 und 10.3). Aus diesem Grund dürfte sich unter zusätzlicher Einbeziehung der in dieser Studie fehlenden Wirtschaftsbereiche und des Finanzsektors das gesamte Geldwäschevolumen in Deutschland wahrscheinlich in der Größenordnung der Schätzung der o.g. ECOLEF Studie in Höhe von über 100 Mrd. Euro jährlich bewegen (Abschn. 7.4).

---

[18] Tabelle aus: *Unger et al.* (2013),S. 43.

Allerdings kann man an der Höhe des geschätzten Volumens der Geldwäsche allenfalls die Größe des Phänomens abschätzen, aber die tatsächlichen Risiken für die einzelnen Nationen und ihren Beziehungen zueinander lassen sich kaum zuverlässig monetär erfassen. Die negativen Auswirkungen der nationalen und transnationalen Geldwäsche sind sowohl in volkswirtschaftlicher als auch in sozialer Hinsicht aufgrund ihrer Mehrdimensionalität von unglaublicher Wucht.

Sicherlich wäre es falsch, den Umfang gewaschener Gelder mit dem wirtschaftlichen Schaden für die Gesellschaft gleichzusetzen. Denn inkriminierte Vermögenswerte können auch aus dem Ausland in ein Land hineinströmen, die Volkswirtschaft prosperiert durch diesen Kapitalzufluss. Allein das Steueraufkommen kann sich hierdurch erhöhen. Generell ermöglicht Geldwäsche attraktive Geschäfte. Vor allem aus diesem Grund ist den Verpflichteten und allgemein der Bevölkerung der Sinn der Geldwäschebekämpfung nur schwer vermittelbar. Hieraus erklärt sich insbesondere die im Nicht-Finanzsektor anzutreffende unzureichende Awareness (Kap. 3).

Jedoch sind die inkriminierten Finanzströme – auch als internationaler Kapitalzufluss – quasi vergiftet. Ihre gravierenden wirtschaftlichen Folgen werden wie auch bei der Bestimmung der Schädlichkeit der Korruption erst durch Berücksichtigung komplexer Zusammenhänge erkennbar. In der Forschung zur Geldwäsche werden bis zu 25 Auswirkungen der Geldwäsche aufgezählt.[19] Die bedeutendsten Folgen lassen sich wie folgt gruppieren:

1. **Preistreiber:** Es handelt sich um Gewinne, die zu einem großen Teil nicht versteuert werden. Auf diese Weise befinden sich die Vortäter der Geldwäsche im Markt wirtschaftlich immer im Vorteil. Sie können leichter als alle anderen Konsumenten auch überhöhte Marktpreise akzeptieren. Hierin unterscheiden sie sich allerdings nicht von anderen Steuerkriminellen. Zu vermuten ist, dass dies in bestimmten Segmenten des Marktes einen preistreibenden Effekt für hochpreisige Luxusgüter, Kunst und Immobilien zur Folge hat.[20] Zumindest dürfte nicht zu bestreiten sein, dass alle Steuerehrlichen mit einem Handikap am Markt versehen sind.

2. **Wettbewerbsverzerrungen in der nationalen Marktwirtschaft:** Durch Geldwäsche entstehen Wettbewerbsverzerrungen in mehrfacher Hinsicht. Zuerst, in der illegalen Produktion und im illegalen Handel mit eigentlich legalen Waren, denen rechtliche oder steuerliche Auflagen auferlegt sind wie beim Tabakschmuggel[21] oder Handel mit Hölzern.[22]

   Zweitens, erlauben steuerfrei erwirtschaftete Gewinne Investitionen in Unternehmen bspw. in der Hotellerie und Gastronomie, die primär zur Geldwäsche betrieben werden.[23] Die in diese Unternehmen transferierten inkriminierten

---

[19] *Unger et al.* (2006), S. 83; *Unger* (2007), S. 109 ff.; *Ferwerda* (2012), S. 30–31.

[20] Vgl. *Unger et al.* (2006), S. 84 ff.; *Unger* (2007), S. 131 f.

[21] Vgl. *Bräuninger und Stiller* (2010), S. 5; vgl. *Joossens et al.* (2000), in: Prabhat/Chaloupka, S. 403 ff.

[22] *Wehinger* (2011), S. 117 f.

[23] Vgl. a. *Schneider et al.* (2006), S. 49 f.

Gelder werden als fiktive Gewinne versteuert und indirekt über die Finanzämter gewaschen. Hieraus können Wettbewerbsschäden entstehen,[24] wenn diese Unternehmen am Markt stark nachgefragt werden und womöglich auch florieren.[25]

Italienische Studien zeigen aber auch den umgekehrten Fall, dass Unternehmen mit mindestens einem OK-Mitglied in der Unternehmensleitung eine signifikant schlechtere wirtschaftliche Performance aufweisen.[26] Die Richtung des Zusammenhangs ist ungeklärt. Entweder wurden florierende Unternehmen quasi gekapert und werden zunehmend mit unwirtschaftlichen Aktivitäten und insbesondere Geldwäsche belastet oder bereits wirtschaftlich schwache Unternehmen haben sich Mitglieder der OK ins Boot geholt, um sich auf diese Weise illegale Kapitalzuflüsse zu erschließen. Unabhängig von der Wirkungsrichtung verbleiben diese mit OK kontaminierten Unternehmen trotz ihrer negativen Performance im Markt, die selbstreinigenden Kräfte des Marktes werden ausgehebelt.

3. **Systemische Korruption als Entwicklungshemmnis**: Für Italien lässt sich nachweisen, dass selbst in wirtschaftlich prosperierenden Regionen wie die Lombardei mit Mailand als Metropole mittlerweile bei sieben Prozent der Unternehmen die Unternehmensleitung mit Mitgliedern der OK besetzt ist.[27] Auch sind bereits die wohlhabenderen norditalienischen Regionen von der Organisierten Kriminalität zunehmend betroffen.[28] Die in dieser Studie befragte *Anti-Mafia Behörde* in Rom geht daher davon aus, dass bereits beachtliche Teile der norditalienischen Wirtschaft von der OK unterwandert sind.

Der legale Teil der Wirtschaft kann unter den Einfluss des illegalen geraten, sodass insbesondere die Korruption zu einem manifesten systemischen Problem wird.[29] Eine korrupte Wirtschaft und Gesellschaft kann jedoch schwerer prosperieren und droht im globalen Wettbewerb abzusteigen, da durch Korruption die Produktivität und Innovationskraft der Wirtschaft beeinträchtigt wird.[30] Insbesondere eine hohe Belastung durch OK wirkt sich auf vielen Feldern negativ aus, wie politische Stabilität, Gewaltbelastung und wirtschaftliche Entwicklung:[31] „The results suggest that the aggregate loss implied by the presence of organised crime amounts to 16 % of GDP per capita, and it is due mainly to a reallocation from private economic activity to (less productive) public investment."[32]

---

[24] *Unger et al.* (2006), S. 85 f.; *Unger* (2007), S. 132; *Bongard* (2001), S. 154 ff.

[25] *Behrens und Brombacher* (2015), in: Jäger, 141; *McDowell und Novis* (2001), S. 6–10.

[26] *Bianchi et al.* (2017), S. 6.

[27] *Bianchi et al.* (2017), S. 6.

[28] *Pinotti* (2015b), S. F208-211.

[29] *Unger* (2006), S. 93.

[30] *Lambsdorff und Beck* (2009), in: Aus Politik und Zeitgeschichte, 24; *Bussmann* (2016b), Rn. 597 ff.

[31] *Pinotti* (2015a).

[32] *Pinotti* (2015b), S. F230.

4. **Wettbewerbsverzerrungen zwischen Nationen und Regionen:** Überdies haben inkriminierte Finanzmittel die Neigung, vornehmlich in die attraktiven Märkte prosperierender Industriestaaten und Regionen zu fließen. Insbesondere Entwicklungs- und Schwellenländer sind nicht nur von der OK stärker betroffen, sondern ihre Gewinne verlassen das Land und werden in attraktivere ausländische Märkte investiert. In diesem Fall, genießen diese Länder einen teilweise beachtlichen Kapitalzufluss. Dies gilt vor allem für die wirtschaftlich erfolgreichen Industrieländer, die für die internationale Geldwäsche aufgrund ihrer Investitionsmöglichkeiten und ihrem rechtsstaatlichen Schutz besonders attraktiv sind und diese Vermögenswerte geradezu magnetisch anziehen.[33]

Berechnungen zufolge strömt etwa die Hälfte des weltweiten Geldwäschevolumens in Höhe von 1,0 bis 1,6 Billionen US-Dollar aus Entwicklungsländern und Staaten im Umbruch in die Industrieländer.[34] Allein knapp 19 % der weltweiten Geldwäsche soll in den USA erfolgen, bemerkenswerter Weise gefolgt von wirtschaftlichen Miniaturen wie den Cayman Islands (5 %).[35] Ökonomisch betrachtet droht die Nationalökonomie der Entwicklungsländer auch aufgrund des abfließenden illegalen Kapitals auszubluten.[36]

Diese Länder werden wirtschaftlich doppelt beeinträchtigt: Zum einen durch die Vortaten der Geldwäsche wie gewerbliche Steuerhinterziehung, Korruption und OK und zum anderen durch den Kapitalabfluss der (illegal) erwirtschafteten Gewinne.

Es droht ein Verstärkerkreislauf. Ausländische Investitionen in diese Länder werden auch durch die verbreitete systemische Korruption gehemmt, jegliche organische wirtschaftliche Entwicklung wird behindert. Die Unterstützung der Geldwäsche durch die prosperierenden Industriestaaten vertieft somit die wirtschaftlichen Ungleichgewichte. Zwar erleichtert die Armut der Entwicklungs- und Schwellenländer ihre Ausbeutung, Rohstoffe und Früchte sind günstiger, aber mangelnder Wohlstand in Ländern, deren Bruttoinlandsprodukt zu einem großen Teil auf OK beruht, wird letztlich zu einem Handikap für die internationalen Handelsinteressen der Industrienationen und für den globalen Wohlstand.

5. **Kapitalakkumulation:** Die Ratio des illegalen Kapitals gleicht derjenigen des legalen Kapitals. Gesucht werden Investitionen in wertsteigernde Anlagen, vor allem in wirtschaftlichen prosperierenden Ländern. Das integrierte Kapital gewaschener Finanzmittel wächst infolgedessen mit dem Wertzuwachs von Immobilien, Kunst, Hotellerie und Gastronomie, Im- und Exportfirmen, sodass das Vermögen der illegalen Wirtschaft durch Investitionen in die legale Welt wächst. Die Geldwäsche ist daher der wirtschaftliche Turbo der illegalen Wirtschaft.[37]

---

[33] Zum Gravity Modell *Unger et al.* (2013), S. 40 ff.

[34] *Buehn und Schneider* (2013), S. 172 m.w.N.

[35] *Unger* (2007), S. 80.

[36] *Unger* (2006), S. 86 f.

[37] *Unger* (2006), S. 92 f.

Die illegale Wirtschaft prosperiert daher mit der weltwirtschaftlichen Entwicklung. In der vorliegenden Studie gingen ebenfalls mehr als die Hälfte der Experten (54 %) von einem starken Anstieg des Geldwäschevolumens in Deutschland aus.[38] Lediglich 17 % vermuten einen Rückgang des Volumens in Deutschland. Studien zufolge erfolgte ein Anstieg der Geldwäsche in den 20 OECD Ländern von 273 Mrd. US-Dollar in 1995 auf 603 Mrd. US-Dollar in 2006.[39] Alle Schätzungen über das Ausmaß der Geldwäsche vermögen uns indes allenfalls ein Bild über die Größenordnungen zu vermitteln.

6. **Globale Risikoherde der Kriminalität**: Die transnationale Geldwäsche ermöglicht der OK vor allem in den Entwicklungs- und Schwellenländern ihre Position dauerhaft zu festigen und auszubauen.[40] Weltweit nimmt die Bedrohung durch diese Kriminalität keinesfalls ab, sondern dürfte über besorgniserregende Wachstumschancen verfügen.[41]

Die Bekämpfung der Geldwäsche dient somit keinesfalls allein dem Ziel, zu verhindern, dass sich Kriminalität und respektive OK nicht lohnen soll, sondern der legale Teil der Wirtschaft und ganzer Nationalökonomien soll nicht in einen Verdrängungswettbewerb geraten. Sicherlich wird dieses Risiko für Länder wie Deutschland und anderen Ländern mit einem funktionierenden Rechtsstaat als geringer einzustufen sein und allenfalls partiell zu Problemen führen. Sehr viel höher sind diese Verdrängungsrisiken jedoch für viele Entwicklungs- und Schwellenländer einzustufen, die sich auch auf die Nationalökonomie starker Staaten nachteilig auswirkt. Der Mechanismus ist nahezu unsichtbar, die Geschädigten und Schadensfolgen der Geldwäsche sind kaum sichtbar, man könnte die Geldwäsche aufgrund fehlender individualisierbarer Opfer leicht als opferloses Delikt missverstehen.

In der komplexen Analyse der Auswirkungen der Geldwäsche zeigt sich ihr erhebliches Schadenspotenzial. Die Kontroverse über das tatsächliche Volumen der Geldwäsche, national wie global, lässt jedoch die Mehrdimensionalität der Schadensfolgen auf eine einfache monetäre Kennzahl schrumpfen, die die geschilderte Facetten der negativen Folgen nicht abzubilden vermag.

In der Tat wurde ein Straftatbestand geschaffen, der die Verantwortung für schadensträchtiges Potenzial globalisiert.[42] Dies ist zweifellos eine neue Dimension in der Verbrechensbekämpfung, aber angesichts der Globalisierung der Wirtschaft unausweichlich und konsequent. Eine vergleichbare Entwicklung kennen wir indes bspw. auch bei dem strafrechtlichen Verdikt der *Auslandsbestechung*, das sich einer

---

[38] In der Studie wurden insgesamt 73 Experten interviewt, Abschn. 2.2.

[39] *Buehn und Schneider* (2013), S. 183 m.w.N.

[40] *Unger* (2006), S. 93 f.

[41] Zur Geldwäsche der Vermögen von Diktatoren und korrupten ausländischen Politikern auch in Deutschland illustrativ, *Meinzer* (2015), S. 68 ff.

[42] So *Nestler*, in: Herzog et al. (2014), GwG, § 261, Rn. 18

ähnlich scharfen Kritik ausgesetzt sieht,[43] die jedoch ebenfalls der unvermeidlichen Projektion globaler Probleme in die nationale Realität hinein nicht gerecht wird.

1.3 Entwicklungshemmnisse auf illegalen Märkten durch Strafrecht

Der Straftatbestand der Geldwäsche kriminalisiert im Kern die Ausdehnung illegaler Märkte und zielte von Beginn an konsequent auf alle Transaktionen zwischen legalen und illegalen Märkten, um letztere zu isolieren[44] und ihre Kriminalität zurückzudrängen. Allerdings können illegale Märkte zwar in ihrem Wachstum gehemmt und in ihrem Ausmaß reduziert, aber nicht aufgelöst werden. Sobald die Gesellschaft bestimmte Güter und Dienstleistungen mit einem gesetzlichen Produktions- oder Handelsverbot belegt, verschwinden Märkte nicht, sondern es entstehen unausweichlich *illegale Märkte*. Hierzu zählen u. a. illegaler Drogenhandel, Menschenhandel, Kinderprostitution, Organhandel und Handel mit gestohlenen Gütern (wie Kfz), illegal hergestellten Gütern (Zigarettenschmuggel) oder gefälschten Produkten (bspw. Kunst, Luxusgüter).[45]

Alle diese illegalen Märkte weisen Eigenschaften auf, die ihnen eine erhebliche Robustheit und Effizienz verschaffen. Die Einführung der Planwirtschaft konnte auch in totalitären und polizeistaatlichen sozialistischen Ländern die Entstehung von Märkten nicht unterbinden, vielmehr blühten sie hier in Form der Schattenwirtschaft. Die Alkoholprohibition in den zwanziger Jahren der USA führte zu einem kaum noch beherrschbaren Markt und gilt als die Brutstätte der OK in den USA. Es kommt unweigerlich zu Ausweichreaktionen, neue (illegale) Märkte entstehen oder werden modifiziert.

Die Kraft der illegalen Märkte speist sich aus den Erfolgsprinzipien des freien Marktes, insbesondere der präzisen und unverzüglichen Information über Angebot und Nachfrage und seit Hayek sehen wir obendrein, dass mit dem Wettbewerb eine permanente Förderung von Innovationen verbunden ist.[46] Illegale Märkte kennen natürlich auch Einheiten zur Forschung und Entwicklung. Ihre Akteure handeln nach denselben Prinzipien wie legale Unternehmer.[47] Sie orientieren sich an den gleichen Marktmechanismen, an den Gesetzen von Angebot und Nachfrage und

---

[43] §§ 299 I, II StGB „ausländischer Wettbewerb", §§ 332 I, II sowie § 334 I, II StGB „Europäischer Amtsträger" bzw. „Richter/Mitglied eines Gerichts der Europäischen Union"; Kritisch bspw. Schünemann, der von einer „strafrechtsimperialistischen Torheit" spricht, *Schünemann* (2016), in: Hoven/Kubiciel, S. 25 ff.

[44] *Schröder und Bergmann* (2013), S. 25 ff. m.w.N.; *Nestler,* in: Herzog et al. (2014), GwG, § 261 Rn. 12 f.

[45] Weiterführend *Wehinger* (2011).

[46] Vgl. *Hayek* (1968).

[47] *Williams und Godson* (2002), S. 311 f.

dem Druck zur Innovation.[48] Jede Verknappung, wie von illegalen Drogen, führt daher unweigerlich zu einem drastischen Preisanstieg.[49]

Marktmechanismen begünstigen zudem sowohl in legalen als auch illegalen Märkten die Bildung größerer *Unternehmen* gegenüber Einzelunternehmern. Diesen Effekt verdanken sie den geringeren Transaktionskosten,[50] größere Unternehmen senken Transaktionskosten und können sich daher auch in illegalen Märkten besser behaupten als Einzelunternehmer.[51] Ihre Unternehmer operieren wie ihre legalen Gegenstücke und sind daher ebenso erfolgreich. Zugleich kennt auch der illegale Markt alle Formen der wirtschaftlichen Kooperation durch kleinere Zulieferer, Free-Lancer, Händlernetzwerke usw. Das Bundesamt für Sicherheit in der Informationstechnik beschreibt in seinem Lagebericht 2015 den Markt für Cybercrime wie folgt:

> Der bestehende Markt, auf dem die Schwachstellen, Angriffsmethoden oder die Durchführung von Cyber-Angriffen offeriert werden, sorgt dafür, dass die Gefährdungslage unübersichtlicher wird. So bieten Organisationen ihre Fähigkeiten und Leistungen auch anderen interessierten Kreisen im Rahmen von Auftragsarbeiten an („Cybercrime-as-a-Service"). Damit werden hochwertige Angriffe auch für Organisationen und Staaten verfügbar, die diese Expertise bisher nicht eigenständig bzw. aufgrund mangelnder Fähigkeiten grundsätzlich nicht ausbauen können.[52]

Wir haben uns somit vollständig von der Vorstellung über hierarchische Strukturen der OK mit einem Paten an der Spitze zu lösen.[53] Allenfalls bestehen hybride Modelle der OK[54] mit losen Netzwerkstrukturen.[55] Dies gilt auch für klassische Deliktsbereiche der OK wie dem illegalen Drogenhandel, den man lange Zeit mit einer hierarchisch strukturierten Mafia verbunden hat. Auch hier lenkt die „unsichtbare Hand" des Marktes.[56] Netzwerkstrukturen erlauben eine flexiblere und schnellere Anpassung an veränderte Umweltbedingungen.[57] Die Netzwerkmitglieder müssen sich nicht untereinander kennen, wodurch ihr Entdeckungsrisiko sinkt.

---

[48] Zum Ganzen: *Kleemans* (2014), in: Paoli, S. 32 f.

[49] *Degenhardt et al.* (2005), S. 2–24.

[50] Zur Transaktionskostentheorie siehe den klassischen Aufsatz von *Williamson* (1977); Überblick bei *Esser* (2000), S. 30 f.

[51] *Schelling* (1967), S. 61–78; *Dick* (1995), S. 25–45.

[52] *BSI* (2016), S. 36.

[53] *McIllwain* (1999), S. 301–323.

[54] So der Titel bei *Tusikov*, The Godfather is Dead: A Hybrid Model of Organized Crime, 2010, abrufbar unter: <https://www.ssrn.com/en/> → Search: "the godfather is dead: a hybrid model of organized crime" → The Godfather is Dead: A Hybrid Model of Organized Crime.

[55] *Bruisma und Bernasco* (2004), S. 79–94; *Behrens und Brombacher* (2015), 138 m.w.N.

[56] *Paoli* (2013), S. 356–383, in Anspielung auf ein Zitat von Adam Smith im ausgehenden 18. Jahrhundert, deutsche Fassung *Smith* (1978).

[57] *Mastrofski und Potter* (1987), S. 269–301.

Allerdings bedarf der Impact des Rechtssystems bei der Geldwäschebekämpfung angesichts dieser Marktkräfte zwar einer nüchternen Betrachtung, seine kostenverursachende und hemmende Wirkung im illegalen Markt sollte jedoch nicht unterschätzt werden.

1. Produktions- und Transaktionskosten: Der Strafverfolgungsdruck führt im Vergleich zu legalen Märkten zu einer Erhöhung der Produktions- und Transaktionskosten in illegalen Märkten. So verweist die FIU auf den zusätzlichen operativen Mehrwert von Verdachtsmeldungen, der in der Herstellung von Querverbindungen zu anderen Verfahren besteht.

> 399 Verdachtsmeldungen enthielten Hinweise zu Personen bzw. Organisationen, die bereits zu einem früheren Zeitpunkt im Rahmen des internationalen FIU-Informationsaustausches in Erscheinung getreten waren.[58]

Die Anzahl der bislang verfolgten Querverbindungen ist insgesamt gesehen, angesichts von rund 20.000 Verdachtsmeldungen zum Zeitpunkt der Feldphase der Studie in 2014/15, als mager einzustufen (Abschn. 1.1). Der Aufklärungserfolg ist offenkundig gering, mit der wachsenden Anzahl von Verdachtsmeldungen auf mittlerweile knapp 30.000 Meldungen in 2015 verbesserte sich die niedrige Quote der strafrechtlichen Verwertbarkeit keinesfalls.[59]

Allerdings bleibt zu hoffen, dass sich die Quote der strafrechtlichen Verwertbarkeit verbessert, wenn diese Hinweise künftig als Finanzdelikt eingeordnet und auch von den Finanzbehörden unterstellten Institutionen verfolgt werden,[60] wie es seit Juli 2017 durch den Zoll der Fall ist. Die neu geschaffene *Zentralstelle für Finanztransaktionsuntersuchungen*[61] bedürfte indes schon einer deutlich verstärkten personellen Ausstattung, zudem operiert sie ohnehin weiterhin vor dem Nadelöhr einer unterbesetzten Strafjustiz.

Neben der juristischen Verwertbarkeit von Verdachtsmeldungen eröffnet der Straftatbestand der Geldwäsche allerdings, wie auch der ebenfalls umstrittene Straftatbestand der *Bildung einer kriminellen Vereinigung* gem. § 129 StGB, zusätzliche strafprozessuale Eingriffsermächtigungen,[62] wie eine Telekommunikationsüberwachung gem. § 100a I, II Nr. 1 m StPO, die erst die Ermittlung und nachfolgend die Einleitung von Verfahren aufgrund anderer Straftaten ermöglicht.[63] In der Terminologie der Strafrechtsdogmatik wird daher unter anderem die Rechtspflege als geschütztes Rechtsgut angesehen,[64] sowohl hinsichtlich der Ermittlung der Herkunft

---

[58] *BKA und FIU* (2014), S. 29 ff.

[59] *BKA und FIU* (2015), S. 8 und zur geringen justiziellen Verfolgung mit 37 Urteilen und 231 Strafbefehlen S. 19.

[60] Siehe 10-Punkte-Plan des *BMF* (2017).

[61] *BaFin* (3/2017), S. 31.

[62] *Nestler,* in: Herzog et al. (2014), GwG, § 261 Rn. 13 f.

[63] *Püttner* (2009), *S.* 161; vgl. zur krit. Anfrage BT-Drs. 16/12154 und 16/12346.

[64] *Schröder und Bergmann* (2013), S. 37 ff. m.w.N.

der inkriminierten Gelder als auch der Vortaten.[65] Die in der vorliegenden Studie
befragten Experten bestätigten diesen Nutzen, Verfahren beginnen wegen Verdachts
der Geldwäsche und enden wegen anderer schwerer Delikte. Diese Erfolge tauchen
indes nicht in der Strafverfolgungsstatistik auf, sodass der strafprozessuale Nutzen
nicht sichtbar wird. Allerdings sollte in einem Rechtsstaat mehr Transparenz über
derartige schwerwiegende Eingriffe in die Persönlichkeitsrechte hergestellt werden.
Man möchte schon wissen können, wie der Straftatbestand der Geldwäsche durch
die Ermöglichung von Telekommunikationsüberwachungen strafprozessual hilfreich ist. Eine Statistik hierüber fehlt indes.

Der Schutz vor strafrechtlicher Verfolgung bedarf auf illegalen Märkten kosten-
erhöhender Maßnahmen, die für ihre Händler und ihre Kunden zu einem Anstieg
der *Kosten* in der illegalen Marktwirtschaft führen. Allerdings gedeiht auch die
legale Marktwirtschaft mit sündhaft teuren Produkten, wenn sie nur den Bedürfnis-
sen entsprechen. Man staunt, wofür andere viel Geld auszugeben bereit sind. Offenkundig geht es gerade bei sog. Luxusgütern vielfach nicht um eine wirtschaftliche
Vernunft, sondern auch um eine soziale und kulturelle Ratio wie Statusgewinn oder
einfach um den Genuss oder Rausch. Keinesfalls hat die Strafverfolgung zu einem
Sieg über die Drogenwirtschaft geführt, wie man auch an dem Eingeständnis der
legalen Welt ablesen kann, selbst harte Drogen legal an Schwerstabhängige abzugeben, um die grassierende Beschaffungskriminalität einzudämmen.[66] Der Kosten-
nachteil ist somit zu relativieren. Auch gilt er nicht für illegal hergestellte Güter
(wie Zigarettenschmuggel) oder gefälschte Produkte (wie Kunst, Luxusgüter), da
sie die Kosten der legalen Produktion (Rechtsvorgaben, Steuern) ersparen.

Zwar ermöglicht auch auf illegalen Märkten die Bildung größerer Unternehmen
mit längeren Wertschöpfungsketten und weltweiten Vertriebsnetzwerken sog. Skaleneffekte, aber mit wachsender Größe werden sie auf dem Radar der Strafverfolgungsinstanzen leichter sichtbar und sind leichter zu verfolgen (s.a. unten).[67] Der
Größe illegaler Unternehmen oder gar die Bildung von Konzernen wird daher durch
die Strafverfolgung Grenzen gesetzt. Es bedarf schon schwacher staatlicher Strukturen, um die Größe von Unternehmen auf legalen Märkten zu erreichen wie sie
indes offenkundig auch innerhalb der EU bspw. in Süditalien existieren.

2. Vertrauenskosten: Illegale Märkte sind auch deutlich höheren Vertrauensrisiken
ausgesetzt, die ein erhebliches Wachstumshemmnis darstellen. Es fehlt an einer vergleichbaren rechtlichen Absicherung von *Verträgen*, sodass auf illegalen Märkten
alle Akteure in sehr viel höherem Maß auf persönliche Vertrauensbeziehungen
angewiesen sind. Durch das Vertragsrecht, durch Verbraucherrechte und strafrechtliche Tatbestände wie dem Betrugs- oder Korruptionsverbot schafft der Staat ein

---

[65] In der strafrechtsdogmatischen Terminologie gelten hiernach als geschützte Rechtsgüter auch die
Individualrechtsgüter der Vortaten, *Schröder und Bergmann* (2013), S. 40 m.w.N.

[66] *Bussmann* (2016b), Rn. 497 ff.

[67] *Wehinger* (2011), S. 96 f. m.w.N.

generalisiertes Vertrauen, da es institutionell abgesichert ist. Dies begünstigt die legale Marktwirtschaft auch in wirtschaftlicher Hinsicht. Gegenüber dem illegalen Markt wird das Gegenteil versucht, die Schaffung von Misstrauen wird gefördert, ein rechtlicher Schutz wird den dort wirtschaftlich Aktiven gerade verwehrt und sie werden stattdessen sogar negativ sanktioniert. Wir erkennen hieran auch, die Attraktivität des illegalen Marktes für (junge) Unternehmer hängt zweifellos auch von den Chancen auf dem legalen Markt ab.[68] Legale und illegale Märkte befinden sich permanent im Wettbewerb und durch die Kriminalisierung soll zwischen diesen Märkten gerade kein freier Wettbewerb entstehen, vielmehr sollen Marktbarrieren aufgebaut werden, die durch das Verbot der Geldwäsche deutlich höher wurden.

Die auf illegalen Märkten bestehende unverzichtbare Abhängigkeit von persönlichem Vertrauen wirkt sich auf die Entstehung von größeren Unternehmen stark hemmend aus. Größere Unternehmen sind nicht nur leichter für die Strafverfolgungsinstanzen sichtbar, sondern mit wachsender Mitarbeiterzahl steigen auch die *Vertrauensrisiken* in schwer kalkulierbare Dimensionen. Diesen Risiken sind zwar auch legale Unternehmen ausgesetzt, aber in abgeschwächter Form. Denn ihnen stehen in Form des strafbaren *Verrats von Betriebs- und Geschäftsgeheimnissen* (§ 17 UWG) rechtliche Institutionen zur Seite, während umgekehrt der Staat Vertrauensbrüche auf illegalen Märkten fördert.

Insgesamt betrachtet wirft die Unfähigkeit, entpersonalisierte Marktbeziehungen aufzubauen, den illegalen Markt hinter die vom Recht regulierte moderne Wirtschaft zurück.[69]

Aus diesem Grund kommt es in illegalen Märkten nicht zu vergleichbaren Unternehmensgrößen, da sie die vorteilhaften Skaleneffekte großer Organisationen nicht gleichermaßen nutzen können.

Wie klein im Vergleich zu legalen Unternehmen illegale Gruppierungen sind, lässt sich an der Statistik des BKA zur OK in Deutschland erahnen. Das BKA registrierte für 2014 etwa 300 neue eingeleitete Verfahren mit rund 4.000 Tatverdächtigen. Nur bei 1,4 % der Verfahren bestanden die Gruppen aus mehr als 100 Tatverdächtigen, stattdessen dominierten bei 62 % Gruppen mit bis zu zehn Tatverdächtigen (durchschnittlich 15 Personen). Zudem bestanden bei 70 % der Gruppen heterogene Täterstrukturen. Bei den wenigsten wurde das OK-Potenzial nach den Kriterien des BKA als hoch eingeschätzt.[70]

Die Bilanz der Bekämpfung der OK kann somit nicht aus niedrigen Fallzahlen abgeleitet werden, sondern der Erfolg zeigt sich in der Parzellierung der Gruppierungen, der Hemmung größerer Unternehmensbildungen. Zumindest für die meisten Industriestaaten zeigt sich dieser Effekt, während in Entwicklungs- und Schwellenländern, wozu auch Regionen wie Süditalien zählen, aufgrund ihrer überwiegend schwachen staatlichen Strukturen größere Organisationen existieren können. Die

---

[68] Zur Bedeutung von Armut und gesellschaftlichem Umbruch, *Bussmann* (2016b), Rn. 746 ff.

[69] *Wehinger* (2011), S. 106.

[70] *BKA*, Bundeslagebild OK (2014), S. 5, 11.

Vorteile, die nach der Transaktionskostentheorie auch für illegale Unternehmen gegenüber bloßen netzwerkartig verbundenen Einzelunternehmern zu erwarten wären, können in illegalen Märkten somit nur begrenzt genutzt werden. Von Groß-unternehmen oder gar Konzernen wie im legalen Teil der Wirtschaft wird man hier nur selten sprechen können.

1.4   Markierung der Grenze gegenüber illegalen Märkten

Im Markt wird grundsätzlich mit allem gehandelt. Die Unterscheidung zwischen legalen und illegalen Märkten ist eine rein rechtliche und keine ökonomische, weil die Mehrheit der Bürger keinen Handel mit als schädlich oder menschenrechts-verletzend angesehenen Produkten und Dienstleistungen wünscht, wie Handel mit Organen, Drogen, Waffen, umweltschädlichen Substanzen oder Dienstleistungen wie Zwangs- und Kinderprostitution. Primär durch gesetzgeberische Entscheidun-gen werden dem Markt rechtliche Grenzen gesetzt, der sich erst hierdurch in einen legalen und illegalen Markt aufteilt. Die Unterscheidung zwischen legal und illegal beruht allein auf einer rechtlichen Zäsur, die für die Marktwirtschaft immer künst-lich ist. Moralische Werturteile der Bürger und insbesondere das Recht schaffen eine *Moral Economy*,[71] die der freien Entfaltung der Marktwirtschaft Grenzen zu setzten versucht. Marktwirtschaft findet jedoch weiterhin im Illegalen statt, wenn auch, wie zuvor beschrieben, mit einem teils erheblichen Handikap.

Das Neue in diesem Markt ist, dass durch das Verdikt der Geldwäsche nicht mehr nur unerwünschte Produkte und Dienstleistungen als illegal markiert werden, sondern jeder Austausch, jede wirtschaftliche Transaktion zwischen legalen und illegalen Märkten. Es soll keine Transaktion in die legalen Märkte erfolgen. Das fak-tische Problem bleibt, mit der Ratio des legalen Marktes betrachtet ist das Waschen illegaler Profite vollkommen normal, da es immer in einen üblichen Geschäfts-vorgang eingebettet ist. Im Vergleich zu anderen Wirtschaftsdelikten sind auch keine besonderen zusätzlichen Geschäftsaktivitäten erforderlich, weder durch ein gezieltes Täuschen noch wie bei der Korruption durch Bezahlen von Bestechungs-geldern oder bei der Wettbewerbskriminalität durch Absprache von Marktanteilen und Preisen. Transaktionen mit inkriminierten Vermögenswerten sind vollkommen unauffällig. Allein ihre betonte Unauffälligkeit, das Verwischen von Spuren ihrer Herkunft kann einen Verdacht auslösen.

Das Verdikt der Geldwäsche erfüllt daher die wichtige Funktion der *Markierung der Grenze* zwischen der illegalen und legalen Marktwirtschaft, die allein an der Schnittstelle der wirtschaftlichen Transaktionen erfolgt. Diese Funktion wird unter

---

[71] Der Begriff wird auf Edward F. Thomson zurückgeführt, der am Beispiel Englands im 18. Jahr-hundert die rechtliche Eindämmung der Auswüchse einer expandierenden kapitalistischen Markt-ökonomie untersuchte, Überblick *Elwert* (1987), S. 301 f. m.w.N.; *Karstedt* (2015), in: van Erp/ Huisman/Van de Walle, 64 m.w.N. Ausführlich *Bussmann* (2016b), Rn. 865 ff.

anderem mit dem Zweck der Isolation des Täters,[72] des Banns oder der Verkehrsunfähigkeit inkriminierter Vermögen beschrieben.[73] Im Kern geht es beim Geldwä-
scheverdikt um das Setzen des letzten Steins im Mosaik der *Moral Economy*. Sie
fordert vom legalen Markt nicht nur ein Distanzieren von Betrug und vielen anderen
Delikten, sondern mit dem Verdikt der Geldwäsche nunmehr auch von jeglichem
Handel mit illegalen Märkten.

Mit diesem Verbot sind für die Akteure auf illegalen Märkten zusätzliche Kosten
verbunden, die weniger in den strafrechtlichen Verfolgungsrisiken zu sehen sind als
in anderen Kosten.

1. **Kosten zur Herstellung oder Erhaltung von Intransparenz:** Aufgrund des
   Verdikts der Geldwäsche entstehen für Inhaber inkriminierter Vermögenswerte
   zusätzliche Risiken und auch Kosten, um diese unentdeckt in den legalen Wirtschaftskreislauf einzuspeisen. Hierzu zählen alle Aufwendungen, die Vortäter
   auf legalen und illegalen Märkten aufbringen müssen, um die Herkunft ihrer
   unbemakelten Finanzmittel zu verschleiern. In der vorliegenden Studie berichteten die befragten Vertreter der Anti-Mafia Behörde in Rom, dass sie zunehmend den Spuren der Finanzströme folgen als den Tätern, Täter können leichter ersetzt werden, der Verlust von Vermögenswerten unterbricht hingegen die
   Wertschöpfungskette.

Das Geldwäschegesetz zwingt die Vortäter, ihre Erlöse aus den Vortaten vor Transparenz zu schützen, insbesondere durch Verwendung von Bargeld, komplizierte
internationale Finanzkonstruktionen oder durch den Einsatz von Strohmännern, die
die wahren wirtschaftlich Berechtigten verdecken. Der Wert des strafrechtlichen
Verbots der Geldwäsche nach § 261 StGB muss in Verbindung mit den Obliegenheiten gesehen werden, die das Geldwäschegesetz den Verpflichteten aufbürdet. Die
Sorgfalts-, Dokumentations-, Organisations- und Meldepflichten dienen sowohl
einem repressiven aber auch präventiven Ziel.

Prävention ist jedoch allgemein wirkungsvoller als Repression, dies gilt auch für
die Bekämpfung der Geldwäsche. Mit dem Institut der Verdachtsmeldung soll die
strafrechtliche Verfolgung maßgeblich gefördert werden, dies gelingt allerdings,
wie zuvor beschrieben, nur unzureichend (Abschn. 1.1). Sehr viel wirkungsvoller
ist es hingegen, wenn die Verpflichteten zweifelhafte Transaktionen nicht durchführen, sondern zurückweisen bzw. abbrechen. Das aktuelle GwG verlangt von
den Verpflichteten gemäß § 10 Abs. 9 GwG[74] dezidiert einen Geschäftsabbruch bei
Geldwäscheverdacht:

§ 10 GwG Allgemeine Sorgfaltspflichten
(9) Ist der Verpflichtete nicht in der Lage, die allgemeinen Sorgfaltspflichten
nach Absatz 1 Nummer 1 bis 4 zu erfüllen, so darf die Geschäftsbeziehung nicht

---

[72] Überblick bei *Schröder und Bergmann* (2013), S. 25.

[73] Überblick bei *Schröder und Bergmann* (2013), S. 28 f.

[74] Siehe § 3 Abs. 6 GwG a.F.

begründet oder nicht fortgesetzt werden und darf keine Transaktion durchgeführt werden. Soweit eine Geschäftsbeziehung bereits besteht, ist sie vom Verpflichteten ungeachtet anderer gesetzlicher oder vertraglicher Bestimmungen durch Kündigung oder auf andere Weise zu beenden. [...]

Das GwG insistiert auch im Falle einer Verdachtsmeldung auf den Abbruch der Geschäftsbeziehung und ordnet die geschäftlichen Interessen der Verpflichteten ausdrücklich nur den Strafverfolgungsinteressen unter:

§ 46 GwG Durchführung von Transaktionen
(1) Eine Transaktion, wegen der eine Meldung nach § 43 Absatz 1 erfolgt ist, darf frühestens durchgeführt werden, wenn
   1. dem Verpflichteten die Zustimmung der Zentralstelle für Finanztransaktionsuntersuchungen oder der Staatsanwaltschaft zur Durchführung übermittelt wurde [...]
(2) Ist ein Aufschub der Transaktion, bei der Tatsachen vorliegen, die auf einen Sachverhalt nach § 43 Absatz 1 hindeuten, nicht möglich oder könnte durch den Aufschub die Verfolgung einer mutmaßlichen strafbaren Handlung behindert werden, so darf die Transaktion durchgeführt werden. [...]

Das GwG erhöht durch seine Regelungen den Druck auf die Vortäter und ihre Strohmänner sowie die Kosten für ihre Transaktionen. Ihr Interesse an Intransparenz durchzusetzen, wird aufwendiger. Die mangelnde Umsetzung dieser Präventionsidee ist jedoch kein Mangel des Rechts, sondern der Praxis vor allem im Nicht-Finanzsektor (Kap. 3 und 4).

2. **Kapitalmarktbarrieren**: Für Akteure auf illegalen Märkten besteht ein zusätzliches Handikap. Wie auf dem legalen Markt ist auch auf illegalen Märkten der Zugang zu Kapital eine wichtige Voraussetzung für geschäftlichen Erfolg. Hier ist allerdings der Zugang zum sehr viel größeren legalen Kapitalmarkt auffallend schwieriger, der illegale Investitionshintergrund und -zweck muss verborgen werden. Das Rechtssystem des Geldwäscheverbots setzt daher die Zugangshürden vor allem im Finanzsektor erheblich höher als sie vor seiner Implementation waren. Aber auch kapitalfördernde Investitionen in lukrative Anlagen im Nicht-Finanzsektor wie Immobilien oder Kunst sollen auf diese Weise unterbunden werden. Die Suche nach attraktiven Anlagemöglichkeiten und Finanziers wird daher auf illegale Märkte zurückgeworfen, wobei die Akteure wiederum erhöhten Risiken ausgesetzt sind, die ihre wirtschaftliche Entwicklung behindern. Gelingt hingegen das Einsickern in legale Finanzmärkte, wie es offenbar Mafia-Gruppen in Norditalien gelungen ist, können sich illegale Organisationen sehr viel leichter behaupten.[75]

---

[75] *Wehinger* (2011), S. 100 f. m.w.N.; als Bsp. gilt u. a. neben der Vatikanbank der Fall der Banco Ambrosiano, siehe *Paoli* (1995), S. 345–365.

3. Kosten und Entwicklungshemmnis: Die Wirkung des Verbots der Geldwäsche liegt kaum in der Abschreckung durch Strafe, auch werden die Vortaten nicht unwirtschaftlich, sondern ihre Netto-Margen nach Abzug aller Aufwendungen auch für das Einschleusen in den legalen Wirtschaftskreislauf nur kleiner.[76] Im Grunde dient auch die Bekämpfung der Geldwäsche dazu, die Wettbewerbschancen zwischen legalen und illegalen Märkten möglichst zugunsten der legalen Seite zu erhöhen, sowohl für die Kapitalrendite als auch für die Beschäftigten und Arbeitssuchenden.

Bei den Vortätern handelt es sich um rationale Gewinnmaximierer, sie dürften sich kaum von ihren Straftaten abhalten lassen, da die Profite zu verlockend sind und ihre Verwertung erst in einem zweiten Schritt ansteht: der Geldwäsche, die zudem (derzeit noch) sehr viel weniger geächtet wird als die Vortat. Aber die Verwertung der finanziellen Gewinne wird durch eine wirksame Geldwäscheprävention zeit- und kostenintensiver. Auf diese Weise wird die Attraktivität der illegalen Märkte zusätzlich beeinträchtigt und sie werden in ihrer weiteren Entwicklung gehemmt, da der Straftatbestand der Geldwäsche zusätzliche Ermittlungsmöglichkeiten eröffnet. Die Bildung größerer Unternehmen wird, wie wir gesehen haben, erschwert.

1.5   Markieren des illegalen Handels im legalen Markt

Der Idee nach zielte der Straftatbestand auf die Bekämpfung von Formen der OK, wobei dieser Begriff nicht verwendet wird, sondern die niedrigschwelligen Tatbestandsmerkmale der gewerbsmäßigen und bandenmäßigen Begehung. Das begriffliche Verständnis bspw. der *United Nations Convention Against Transnational Organized Crime* zur transnationalen OK erfasst alle Formen, in denen mindestens eine Landesgrenze überschreitende Zusammenarbeit zwischen drei oder mehr Personen besteht, die gemeinsam zum Zwecke der Gewinnerwirtschaftung ein oder mehrere Straftaten begehen.[77] Eine Schwere der Delikte ist gerade nicht erforderlich. Vielmehr handelt es sich um ein Handelsverbot gegenüber alle professionell erzielten illegalen Gewinne.

Der Intention nach soll sich Kriminalität nicht lohnen. Aus diesem Grund wurde die Liste der Vortaten des Straftatbestands der Geldwäsche zunehmend länger. Die Geschichte des § 261 StGB weist heute eindeutig in die Richtung eines wenn auch *moderaten All-Crime-Approach* mit dem Ziel, grundsätzlich die gesamte Bereicherungskriminalität mit dem Instrumentarium des Rechtssystems der Geldwäsche zu bekämpfen.[78] Es fällt leichter, die nicht auf dieser Liste befindlichen

---

[76] BT-Drs. 12/989, S. 26 f.; *Schröder und Bergmann* (2013), S. 26 m.w.N.

[77] *UNODC* (2003), Art. 2(a); vgl. a. *Behrens und Brombacher* (2015), S. 137; zur Vielfalt der Definitionen Überblick bei *Albanese* (2008), S. 263–273.

[78] Befürwortend bspw. *Stessens* (2000), S. 11 ff., 117 ff.; krit. *Löwe-Krahl* (2012), S. 1593, Rn. 16 m.w.N.

Straftatbestände aufzulisten als umgekehrt.[79] Als Vortaten gelten nicht nur Gewinne aus der Produktion und dem Handel mit illegalen Produkten und Dienstleistungen, sondern auch Bereicherungsdelikte allgemein. So reicht der Katalog vom Diebstahl und Betrug bis zu klassischen Wirtschaftsdelikten wie Korruption, Marktmanipulation, Insiderhandel und Verstöße gegen den gewerblichen Urheberrechtsschutz („Produktpiraterie") und Steuerhinterziehung (§ 261 Abs. 1 Nr. 4 a und b StGB). Diese Weite des Vortatenkatalogs findet sich mit nur geringen Abweichungen in allen Jurisdiktionen.[80]

Radikaler All-Crime-Approach: Noch gilt jedoch die Beschränkung auf gewerbsmäßige oder von einem Mitglied einer Bande begangene Katalogtaten, wobei für Verbrechen wie dem Auftragsmord diese Einschränkung nicht gilt (§ 261 Abs. 1 Nr. 1 StGB). Die Begründung stützt sich vor allem darauf, dass die OK nicht nur mit Drogen handelt, sondern auch andere Geschäftsfelder kennt.[81] Es fragt sich indes, warum der Tatbestand für die gewöhnliche Bereicherungskriminalität zusätzlich eine *Gewerbs-* oder *Bandenmäßigkeit verlangt.* Ein radikaler All-Crime-Approach, der diese Restriktion aufgeben würde, wäre eigentlich konsequent. Jeder aus einer Straftat erzielte wirtschaftliche Vorteil würde dann dem Handelsverbot der Geldwäsche unterliegen.

Grundsätzlich könnte mit einem derart weiten Straftatbestand der Geldwäsche die gesamte Bereicherungskriminalität mit dem Instrumentarium des Rechtssystems der Geldwäsche attackiert werden.[82] Es wären dann nicht nur gewerbs- und bandenmäßige Geschäftsmodelle geldwäschefähig, sondern auch die von Gelegenheitstätern wie dem gelegentlichen Schwarzfahrer, Ladendieb, Steuerhinterzieher oder Versicherungsbetrüger. Die Folge wäre jedoch, dass angesichts der Normalität dieser Kriminalitätsformen[83] ein solches weites Verbot der Geldwäsche zu einer unglaublichen Ausuferung der Strafbarkeit führen würde.

Angesichts der Normalität der Bereicherungskriminalität würde ein derart weiter Straftatbestand der Geldwäsche, empirisch gesehen, im Meer der tatbestandsmäßigen Vortaten versinken. Konkret könnte man guten Gewissens mit niemandem mehr überhaupt noch Handel betreiben. Dies würde erst recht für die unbemakelten Vermögenswerte von Gelegenheitstätern gelten, wenn man einen weiten Kontaminationsansatz verwendet, wonach alle Vermögenswerte bemakelt werden, wenn sie mit bemakelten vermischt wurden (siehe unten zu 2.). Im Ergebnis würde ein radikales Verständnis des *All-Crime-Approach* den legalen Markt weitgehend austrocknen, präziser sogar, in einen illegalen Markt konvertieren.

Jegliche moralische Ächtung würde aufgrund einer entgrenzten Reichweite des Straftatbestands scheitern, denn auch ad hoc Taten Einzelner wären tatbestandsmäßige Vortaten und könnten eine Strafbarkeit im legalen Markt auslösen, da gem.

---

[79] Vgl. *Fischer* (2017), StGB, § 261 Rn. 14.

[80] *Unger et al.* (2013), Tabelle 2.1, S. 35 ff.

[81] *Stessens* (2000), S. 11 ff. m.w.N.

[82] *Stessens* (2000), S. 117 ff.; mit dem Argument der erleichterten Verfolgung der Vermögen von Diktatoren bspw. *Meinzer* (2015), S. 76 f.

[83] *Bussmann* (2016b), Rn. 735 ff.

§ 261 Abs. 5 StGB auf Seiten der Händler bloße Leichtfertigkeit zur Strafbarkeit genügt. Diese wäre eigentlich stets zu bejahen, wenn sie erfahren, dass eigentlich jeder Bürger auch Bereicherungskriminalität begangen hat. Ein Horror für die Strafjustiz, wenn BILD und andere Massenmedien über das Faktum der Normalität der Bereicherungskriminalität berichten würden. Umgehend werden alle Rezipienten bösgläubig und müssten verurteilt werden. Diese Absurdität muss hier nicht weiter dekliniert werden.

Moderater All-Crime-Approach: Das Gesetz folgt somit einem moderaten All-Crime-Approach. Das Kriterium der *Gewerbsmäßigkeit* schließt den Gelegenheitsdieb oder sporadischen Schwarzfahrer aus, aber wohl kaum den Serienkaufhausdieb oder Hinterzieher unternehmensbezogener Steuern.[84] Mit anderen Worten, bei allen gewinnorientierten Tätern, die ein erkennbares auf Dauer angelegtes Geschäftsmodell verfolgen, können ihre Gewinnverwertungen dem Straftatbestand der Geldwäsche unterliegen. Angemerkt sei, dass aufgrund der Weite des Merkmals der *Erwerbsmäßigkeit* die tatbestandsmäßige Alternative der *bandenmäßigen Begehung* eigentlich keinen eigenen Anwendungsbereich besitzt. Banden dürften sich kaum zu caritativen Zwecken gebildet haben.

Der mehrfach erweiterte Straftatbestand der Geldwäsche markiert in seiner heutigen Fassung folglich nicht nur eine Grenze zwischen legalen und illegalen Märkten, sondern auch eine *Illegalität im legalen Markt.* Eine strafbare Geldwäsche liegt nicht nur gegenüber Vermögenswerten vor, die aus dem Handel mit illegalen Produkten und Dienstleistungen stammen, sondern auch gegenüber jeglicher Bereicherungskriminalität, wenn sie nur gewerbs- oder bandenmäßig erfolgt. Die strafbaren Grenzen verschwimmen auch im legalen Markt mehr denn je.

Dies gilt vor allem aus zwei Gründen:

1. Weite des Vortatenkatalogs
2. Kontamination unbemakelter Vermögenswerte durch Vermischung mit bemakelten

Zu 1. Weite des Vortatenkatalogs: Die Dynamik auch legaler Märkte, genauer ihre systemische Ratio, unterläuft jegliche klare Abgrenzung zwischen legal und illegal handelnden Akteuren. Es gibt zwar einen illegalen Markt, auf dem mit illegalen Waren und Dienstleistungen gehandelt wird, aber es gibt *auch* im legalen Markt eine *Normalität der Illegalität.* Systemisch bedingt generiert der legale Markt permanent Formen von Wirtschaftskriminalität wie Betrug, Korruption, Wettbewerbs- und Insiderdelikte und Wirtschafts- und Industriespionage, die wir ebenfalls durch ihre Ächtung und Verfolgung einzudämmen versuchen, aber mit mäßigem Erfolg.[85] Greifen wir nur den Betrug heraus, so wusste bereits der Nestor zur Theorie der

---

[84] *Fischer* (2017), StGB, § 261 Rn. 16b.

[85] *Bussmann* (2016a), S. 50–57.

modernen Marktwirtschaft *Adam Smith* im 18. Jahrhundert, dass dem Handel eine gewisse Nähe zum Täuschen innewohnt.[86]

Folglich oszillieren die Akteure legaler Märkte zwischen legalen und illegalen Verhaltensweisen. Kleine und große legale Unternehmen können durch Betrug, Korruption oder Steuerhinterziehung ohne je zu OK zu zählen, da sie keine illegalen Produkte herstellen oder vertreiben, über die Tatbestandsvoraussetzung der Gewerbsmäßigkeit zu Vortätern des Straftatbestands der Geldwäsche werden. Das Verdikt der Geldwäsche zielt daher auf die *Markierung der Grenze* sowohl zwischen der illegalen und legalen Marktwirtschaft als auch der Grenze innerhalb legaler Märkte. Insoweit wurde ein *All-Crime-Approach* bereits umgesetzt.[87]

Der geltende *weite Vortatenkatalog* des § 261 StGB führt zu Problemen bei der Prävention. Viele der gewerbsmäßig erworbenen Gewinne von Unternehmen auf legalen Märkten sind ohne kriminalistische Recherchen nicht sichtbar. Die Märkte verwischen selbst permanent die Grenze zwischen legalen und illegalen Vermögenswerten. Geldwäsche ist daher vielfach nicht an den Personen der Vortaten erkennbar, sondern allenfalls an der kryptischen oder unklaren Herkunft ihrer Vermögenswerte. Legale Unternehmen, die eben nicht mit verbotenen Produkten oder Dienstleistungen handeln, müssen jedoch die Preisgabe ihrer Identität und die Herkunft ihrer Erträge nicht scheuen. Wer weiß schon auf welche Weise bspw. durch gewerbsmäßigen Betrug gegenüber Kunden oder durch Steuerhinterziehung auch Vortaten im Sinne des Geldwäschetatbestands verwirklicht wurden.

In den meisten EU-Mitgliedstaaten gehören der Betrug und insbesondere die Steuerhinterziehung als eine besondere Form des Betruges zum Katalog der Vortaten.[88] Schätzungen zufolge stellen Einnahmen aus *Steuerhinterziehung* den mit Abstand größten Anteil an der Geldwäsche. Für die USA wurde für 2010 das Volumen der kriminellen Erlöse auf etwa eine Billion US-Dollar berechnet, dabei kommen auf Vortaten ohne Steuerdelikte nur etwa 300 Mrd. US-Dollar, während die Vortaten der Steuerkriminalität etwa 700 Mrd. US-Dollar ausmachen.[89] Dabei dürften hohe fiskalische Schäden vor allem durch die größte Gruppe der Täter wie Selbstständige und Unternehmen verursacht werden.[90] Nach Schätzungen der Deutschen Steuergewerkschaft befinden sich allein in der Schweiz 150 Milliarden Euro, die nicht offengelegt und somit nicht nach deutschem Recht versteuert wurden.[91] Inkriminierte Gelder werden somit durchaus auf legalen Märkten erwirtschaftet, ohne je den Boden illegaler Märkte mit illegalen Produkten und Dienstleistungen betreten zu haben.

---

[86] Zum Ganzen *Bussmann* (2016b), Rn. 1014 ff.

[87] *Stessens* (2000), S. 12.

[88] *Unger et al.* (2013), Tabelle 2.1, S. 35 ff.

[89] *Schneider* (2015), 153 m.w.N.

[90] *Franzen* (2008), S. 95.

[91] *FAZ*, <www.faz.net> → Suche → „Für ehrliche Steuerzahler ist das ein Affront".

Hinzu kommt ein Bereich, den man üblicherweise nicht zu den illegalen Märkten zählt, obwohl es sich um illegale Dienstleistungen handelt, wie die Schwarzarbeit, die immer mit einer zumeist gewerbsmäßigen Steuerhinterziehung verbunden ist. Studien zufolge wurden dem deutschen Finanzamt allein durch die Schwarzarbeit im Jahr 2012 65 Milliarden Euro vorenthalten.[92] Das Tax Justice Network bezifferte den Verlust sogar auf 165 Milliarden im Jahr 2011.[93]

Zu 2. Kontamination unbemakelter Vermögenswerte durch Vermischung: Der Straftatbestand der Geldwäsche kopiert die Grenze der Illegalität in legale Märkte hinein. Durch das Verdikt der Geldwäsche sollen illegal erworbene Vermögenswerte auch im legalen Markt markiert und zurückgewiesen werden, wie wir es für Sachen bereits durch den Straftatbestand der *Hehlerei* gemäß § 259 StGB kennen. Nunmehr kann auch der Erwerb von Bargeld, Finanzwerten oder Immobilien und Kunst kriminalisiert werden. Mit dem Verdikt der Geldwäsche wird nicht mehr der bloße illegale Handel mit zumeist zuvor gestohlenen Sachen kriminalisiert, sondern mit allen in Vortaten illegal erworbenen Vermögenswerten. Im Ergebnis steht der gesamte Wirtschaftsverkehr unter einem latenten Geldwäscheverdacht.

Virulent wird dies bei den vielen Fällen, in denen unbemakelte Vermögenswerte mit bemakelten vermischt werden. Denn § 261 StGB untersagt Geldwäsche gegenüber allen Vermögenswerten, die aus einer der dort aufgelisteten Vortaten *herrühren*. Insbesondere Geld aus Vortaten wird häufig mit legal erworbenem Geld vermischt. Die Antwort auf die Frage, ab wann ein Vermögenswert aus illegalen Geschäften herrührt und daher im Sinne des Straftatbestands bemakelt ist, hat weitreichende strafrechtliche und auch ökonomische Konsequenzen. Diskutiert werden *Makelquoten*, die von 5 % bis 50 % reichen.[94] Nach einer Entscheidung des BGH 2015 reicht es für ein „Herrühren" bereits aus, wenn der deliktische Anteil nicht völlig unerheblich sei. Als ausreichend wurde ein deliktischer Anteil von bereits 5,9 % angesehen.[95] Nimmt man, wie der BGH, zusätzlich an, dass dies im Falle einer Vermischung nicht zu einer entsprechenden Teilkontamination, sondern sogar zu einer Totalkontamination unbemakelter Vermögenswerte führt, droht der gesamte Wirtschaftskreislauf alsbald bemakelt zu werden.[96] Denn Totalkontamination bedeutet, dass das bemakelte Vermögen den entstehenden Vermögenswert komplett kontaminiert und damit der entstehende Vermögenswert im Ganzen und alle seine Teile aus der

---

[92] *Focus Online*, <www.focus.de> → Suche → „Schwarzarbeit und Auslandskonten" → 24.07.2012. Details der Berechnung wurden in Korrespondenz mit dem im Focus Artikel genannten Prof. Schneider erläutert.

[93] Tax Justice Network (2011), S. 10.

[94] *Löwe-Krahl* (2012), S. 1594, Rn. 19 ff. m.w.N.

[95] BGH, Beschluss vom 20.05.2015 – 1 StR 33/15 – NJW (2015), S. 3254.

[96] Man wird daher wohl nur im Falle eines überwiegenden Anteils bemakelter Vermögenswerte eine entsprechende Teilkontamination annehmen dürfen, so auch *Herzog* (2015), S. 1805, Rn. 84; *Nestler*, in: Herzog et al. (2014), GwG, § 261 Rn. 70.

Vortat herrühren.[97] Das hätte zur Folge, dass bereits kleinste Erträge aus einzelnen gewerbsmäßigen Bereicherungsdelikten alle mit ihnen vermischte Vermögenswerte bemakeln würden.[98] Demgegenüber wird bei der Teilkontamination der entstehende Vermögenswert nur zu dem Anteil kontaminiert der dem Anteil des bemakelten Vermögens im Vergleich zu dem legalen Vermögen entspricht.[99] Nach dieser Rechtsauffassung kommt es so zu keiner Vervielfältigung der bemakelten Vermögenswerte.

Ein weiter Kontaminationsbegriff ist aus strafprozessualer Sicht sicher vorteilhaft, die Beweisanforderungen sinken, aber er erodiert den Unrechtsgehalt des Geldwäscheverbots. Die Grenzen zwischen legalen und illegalen Vermögenswerten verwischen, mit jeder weiteren Transaktion sogar exponentiell. Je weiter sich zudem das Wissen um diese ausstrahlende Kontamination durch illegale Vermögenswerte verbreitet, desto leichter schwindet jegliche Hemmung, inkriminierte Vermögenswerte anzunehmen. Die faktische Normalität kontaminierter Vermögenswerte erodiert das normative Verbot.[100]

Eine derartige weite Interpretation des Geldwäschetatbestands verträgt sich zudem nicht mit den behaupteten Funktionen des Verdikts wie *Isolation des Täters*[101] und des *Banns* oder der *Verkehrsunfähigkeit inkriminierter Vermögen*.[102] Derartige Vorstellungen sind zudem ohnehin noch sehr geprägt von Vorstellungen über Täter, die ihre Gewinne auf illegalen Märkten erworben haben, also mehr oder weniger einer OK zuzurechnen sind. Die Strafbarkeit geht jedoch weit darüber hinaus, sie erfasst auch alle auf legalen Märkten gewerblich handelnden Täter von Betrug, Steuerhinterziehung oder Korruption. Isoliert werden diese Personen und auch ihre teilweise auf illegale Weise erworbenen Vermögenswerte keinesfalls. Auch Vorstellungen über betroffene Rechtsgüter, wonach der Straftatbestand dem Erhalt der *Unversehrtheit des Wirtschaftskreislaufs* oder des Vertrauens in die *Solidität des legalen Finanz- und Wirtschaftssystems* dienen soll,[103] folgen der naiven Vorstellung über eine unbefleckte Reinheit der legalen Märkte. Vermutlich gelang es auch aus diesen Gründen dem Bundesverfassungsgericht nicht das geschützte Rechtsgut zu identifizieren und bezeichnete die bisherigen Versuche der Bestimmung des geschützten Rechtsguts als „vage".[104]

---

[97] So vertreten von BGH, Beschluss vom 20.05.2015 – 1 StR 33/15 – NJW (2015), S. 3255; *Barton* (1993), S. 165; *Leip und Hardtke* (1997), S. 285.

[98] Krit. ebenfalls *Fischer* (2017), StGB, § 261 Rn. 4a.

[99] Vertreten von *Jahn und Ebner* (2009), S. 599; *Nestler*, in: Herzog et al. (2014), GwG, § 261 Rn. 69; *Joecks et al.* (2012), in: MüKo StGB, § 261 Rn. 53 ff.; *Stree/Hecker*, in: Schönke und Schröder (2014), StGB, § 261 Rn. 10.

[100] Zur präventiven Funktion des Nichtwissens weit verbreiteter Kriminalität vgl. a. *Popitz* (1968).

[101] Überblick bei *Schröder und Bergmann* (2013), S. 25.

[102] Überblick bei *Schröder und Bergmann* (2013), S. 28 f.

[103] *Vogel* (1997), S. 351; *Bottke* (1995), S. 124 „Funktionsvoraussetzungen eines legalen marktwirtschaftlichen Leistungswettbewerbs".

[104] BVerfG, Urteil vom 30.03.2004 – 2 BvR 1520/01.

1.6   Fazit zur Funktionalität des Verdikts der Geldwäsche

Entgegen der Weite des Geldwäscherechts, erfolgt in der Praxis eine faktische Ent-kriminalisierung. Nur die obskure Herkunft von Vermögenswerten oder Zweifel an der Identität des Kunden oder des wirtschaftlich Berechtigten kann bei einer Trans-aktion einen Verdacht auslösen. Die Akteure legaler Märkte haben keinen Anlass, diese Herkunft zu verschleiern. Wenn sie ihr Vermögen im Rahmen unverdächtiger Geschäftsaktivitäten wie Betrug oder korruptionsmotivierte Beraterverträge erwor-ben haben, müssen sie diese auch vor dem Finanzamt nicht verbergen. Eine Aus-nahme gilt sicherlich für die gewerbsmäßige Steuerhinterziehung, deren Erlöse in der Regel nicht über das Privat- oder gar Geschäftskonto transferiert werden. Die Verpflichteten könnten daher auch in diesen Fällen zumindest auf auffällige kom-plexe Finanztransaktionen oder sehr hohe Barbeträge aufmerksam werden.

Allgemein gilt jedoch, die Prävention gegen Geldwäsche funktioniert natur-gemäß ungleich schwieriger gegenüber Tätern, die auf legalen Märkten ihr Geld illegal verdient haben. Die Akteure auf illegalen Märkten suchen aus diesem Grund den Weg zu einer legalen geschäftlichen Existenz, die es ihnen nicht nur erlaubt, ihre fingierten Gewinne zu versteuern und damit zu waschen, sondern es ihnen auch ermöglicht, als legale Mitglieder an einem legalen Markt teilnehmen zu können, um die Schminke der Kriminalität los zu werden.

An dem in Rechtsform gegossenen *moderaten All-Crime-Approach* stört sich vor allem die kritische Rechtswissenschaft.[105] Die kritisierte Weite der Strafbarkeit irri-tiert hingegen die Praxis der Strafverfolgung nicht, was nicht überrascht. Sie verlangt nur Verdachtsmeldungen und orientiert sich mit ihrem investigativen Suchprogramm an Strukturen der OK mit bislang eher bescheidenem Erfolg. Die illegal erworbenen Vermögenswerte von Akteuren legaler Märkte, werden aufgrund zumeist fehlender Verdachtsmomente grundsätzlich privilegiert. De facto korrigiert die lückenhafte Praxis der Geldwäschebekämpfung die tatbestandliche Weite des Verdikts.

Man könnte dies als eine Variante der *strafprozessualen Entkriminalisie-rung* begreifen. Auch kaum strafwürdige Bagatelltaten wie Ladendiebstahl oder Schwarzfahren werden entweder nicht angezeigt oder aber ihre Verfahren werden in der Regel nach §§ 153, 153a StPO eingestellt. Die materiellrechtliche Überkri-minalisierung ist dem Strafrechtssystem somit keine Unbekannte. Kein Grund, dies nicht zu kritisieren und für eine restriktive Tatbestandsauslegung zu plädieren, ohne jedoch das Verdikt der Geldwäsche und seinen Paradigmawechsel in der Strafver-folgung zu verdammen. Die von der Rechtsprechung und Teilen der Literatur im Falle der Vermischung vertretene Totalkontamination ist daher abzulehnen, um einer ausufernden Weite Einhalt zu gebieten.[106]

---

[105] Bspw. *Nestler*, in: Herzog et al. (2014), GwG, § 261 Rn. 36 f.; *Löwe-Krahl* (2012), S. 1593, Rn. 16.

[106] Vertreten von *Jahn und Ebner* (2009), S. 599; *Nestler,* in: Herzog et al. (2014), GwG, § 261 Rn. 69; *Joecks et al.* (2012), in: MüKo StGB, § 261 Rn. 53 ff.; *Stree/Hecker*, in: *Schönke und Schröder* (2014), StGB, § 261 Rn. 10.

Ein Blick auf die weitreichenden auch internationalen Schadensfolgen der Geldwäsche zeigt jedoch trotz der rechtlichen Definitionsprobleme die Notwendigkeit eines Verbots der Geldwäsche, das keinesfalls als gescheitert gelten kann. Auf Seiten der Vortäter entstehen durch das Rechtssystem der Geldwäschebekämpfung Kosten, die zugegebenermaßen derzeit im Nicht-Finanzsektor, wie die vorliegende Studie zeigt, noch zu gering ausfallen. Kosten entstehen den Vortätern zum einen durch die strafrechtliche Verfolgung, um diese Verfolgungsrisiken zu minimieren. Zum anderen entstehen sie bereits im Vorfeld des Geschäftsalltags der Geldwäsche. Die gebotenen Präventionsmaßnahmen der Verpflichteten drohen Licht ins Dunkel der Finanzströme und Transaktionen zu bringen und erfordern daher für die Vortäter kostensteigernde Verschleierungsmaßnahmen. Bei der zusätzlich eingeführten Strafbarkeit der *Selbstgeldwäsche* nach § 261 Abs. 9 S. 3 StGB handelt es sich daher um einen konsequenten Schritt, da bislang die Vortäter nur für ihre Kriminalität strafbar waren, aber nicht für das Verbringen ihrer Gewinne in den legalen Wirtschaftskreislauf. Nunmehr sind auch die Maßnahmen der Vortäter strafbar, die zur Verschleierung jeglicher Transparenz über die Herkunft ihrer inkriminierten Vermögenswerte dienen.[107]

Im Verbot der Geldwäsche im Verbund mit dem Geldwäschegesetzt ist in der Semantik der Strafrechtswissenschaft auch ein Beitrag zur *positiven Generalprävention* zu sehen,[108] indem ein Unrechtsbewusstsein geschaffen wird. Mit dem Verbot erfolgt eine Markierung einer (neuen) Moral, einer normativen Grenze, die legalen Märkten den Tausch mit (gewerbsmäßig) illegal erworbenen Gewinnen untersagt, auf illegalen oder auch legalen Märkten, um legalen Geschäften einen Wettbewerbsvorteil zu verschaffen. Die Strafbarkeit der Geldwäsche zielt somit neben der Erhöhung der Kosten illegaler Märkte auch auf eine Domestizierung der Marktwirtschaft und ihres Mediums Geld, das grundsätzlich alles für käuflich und handelbar hält. Es wird die Neutralität des Handels mit inkriminierten Vermögenswerten bestritten.

Vor dem Verdikt der Geldwäsche konnte man sagen: Geld stinkt nicht, nunmehr hat schmutziges Geld nicht nur ein „Geschmäckle", sondern seine Annahme wird selbst zur Kriminalität. Durch die Strafbarkeit der Geldwäsche wird eine *symbolische Ächtung* des Handels mit inkriminierten Vermögenswerten ausgesprochen, die es zuvor allenfalls bei Sachen durch den Straftatbestand der Hehlerei nach § 259 StGB gab. Jegliche Förderung der Schattenwelt wird mit den Mitteln des Strafrechts öffentlich als unerwünscht thematisiert und strafrechtlich sanktioniert.

Die Wirksamkeit des Rechtssystems der Geldwäsche lässt sich daher nicht allein anhand von Verurteilungsstatistiken ablesen, sondern es bedarf auch einer Analyse der Verhältnisse auf illegalen Märkten (Abschn. 1.3). Immerhin indiziert die vergleichsweise geringe Größe ihrer Organisationen die auf illegalen Märkten bestehenden Entwicklungshemmnisse. Auch zeigt sich am Investitionsverhalten der illegalen Märkte, dass sie sich in einer erkennbaren Abhängigkeit von legalen

---

[107] Krit. bspw. *Schröder und Bergmann* (2013).

[108] Überblick zu diesem Konzept *Bussmann* (2016b), Rn. 933 ff.

Märkten befinden. Sie suchen die sicheren Häfen für ihre Kapitalanlagen und streben die Verwischung der Grenzen zwischen der legalen und illegalen Wirtschaft an. Die deutlich kleineren Finanzvolumen des Underground-Bankings und der derzeit noch ungenügend kontrollierten virtuellen Währungen wie Bitcoins zeigen, dass auch der illegale Markt an einem sicheren Umfeld seiner Finanzaktivitäten interessiert ist (Abschn. 10.4 und 10.5). Für die Beurteilung der Wirksamkeit des bisherigen Rechtssystems zur Bekämpfung der Geldwäsche bedürfte es ferner einer Analyse der Unterwanderung legaler Märkte durch illegale Organisationen. Untersuchungen hierzu gestalten sich jedoch als schwierig.

Kapitel 2
Ziele und Methoden der Studie

2.1 Ausgangslage und Ziele

Die vorliegende Studie beruht auf einer öffentlichen Ausschreibung des Bundesministeriums für Finanzen vom Februar 2013 und diente im Kern zur Aufhellung
des Dunkelfelds der Geldwäsche. Typischerweise besteht bei allen Formen der
Wirtschaftskriminalität ein erhebliches Dunkelfeld, da es sich um sog. Kontroll-
kriminalität handelt. Aufgrund ihrer Struktur gilt dies im besonderen Maße auch
für die Geldwäsche, die in Deutschland durch den Straftatbestand des § 261 StGB
definiert wird. Die Notwendigkeit einer Abschätzung des Dunkelfeldes folgt jedoch
nicht allein einem kriminologischen Forschungsinteresse, sondern ergibt sich auch
aus dem risikobasierten Ansatz der europäischen Geldwäscherichtlinie, nach der
die Mitgliedstaaten die nationalen Geldwäscherisiken in ihren Wirtschaftssektoren
regelmäßig zu untersuchen und zu bewerten haben.

Die Hellfeld-Statistik des Bundeskriminalamts als Anzeigenstatistik erlaubt naturgemäß wie jede polizeiliche Kriminalstatistik keine Aussagen über die Größe des
Dunkelfelds. Zudem entsteht gerade für das gesamte Spektrum des Nicht-Finanzsektors der Verdacht eines Dunkelfelds, das bei weitem die in den FIU-Jahresberichten
ausgewiesenen wenigen Verdachtsmeldungen übersteigt. 2014 wurden 24.054 Verdachtsmeldungen registriert, davon kamen nur 273 Meldungen aus dem Nicht-
Finanzsektor. Der Anteil an allen Verdachtsmeldungen aus diesem Bereich liegt
somit bei rund 1 %.[1] Die im Geldwäschegesetz gemäß § 2 Abs. 1 Nr. 10–16 GwG
aufgezählten freien Berufe, die Immobilienbranche, Veranstalter/Vermittler von
Glücksspielen und gewerbetreibende Güterhändler[2] scheinen hiernach außerordentlich geringe Geldwäscherisiken aufzuweisen. Dies erstaunt, da Geldwäsche grundsätzlich nicht nur über den Finanzmarkt wie Banken und Sparkassen, sondern im

---

[1] *BKA und FIU* (2015), S. 11.

[2] Vgl. zur neuen Legaldefinition der Güterhändler siehe § 1 Abs. 9 GwG.

© Springer-Verlag GmbH Deutschland, ein Teil von Springer Nature 2018
K.-D. Bussmann, *Geldwäscheprävention im Markt*,
https://doi.org/10.1007/978-3-662-56185-0_2

gesamten Wirtschaftskreislauf auftreten kann. Die Geldwäscherisiken streuen somit nahezu über die gesamte Wirtschaft. Vertreter der FIU, der Landeskriminalämter sowie einzelner Branchenverbände gehen indessen für diese Wirtschaftsbereiche von einem besonderen Handlungsbedarf aus, da es hier an Sensibilität und Problembewusstsein weitgehend fehlt. Auch wird im Nicht-Finanzsektor von einer geringen Bereitschaft zur Umsetzung der Geldwäscherichtlinien ausgegangen.

Zum Nicht-Finanzsektor liegen jedoch kaum belastbare Erkenntnisse über die tatsächliche Problemlage in Form von empirischen Studien vor. Einige wenige Evaluierungsergebnisse liegen für Deutschland vor, durchgeführt von der Europäischen Kommission oder der FATF, sie beziehen sich nicht spezifisch auf den Nicht-Finanzsektor und nehmen eher die umgesetzten nationalen Maßnahmen und deren Bewertung in den Fokus.[3] Eine vom BKA in Auftrag gegebene Studie „Geldwäsche im Immobiliensektor in Deutschland" legte ihr Hauptaugenmerk auf einen spezifischen Wirtschaftszweig außerhalb des deutschen Finanzsektors.[4] Die Studie kam zu dem Ergebnis, dass es im Immobiliensektor an einem Problembewusstsein mangelt, welches, soweit vorhanden, nur mit Bargeldzahlungen in Verbindung gebracht wird. Eine sektorübergreifende Dunkelfeldstudie fehlte somit für Deutschland. Erst auf Basis belastbarer Dunkelfelddaten können einzelne Wirtschaftszweige einer Risikoanalyse unterzogen werden, wodurch sektorspezifische Geldwäschetypologien, Produkte und Transaktionen identifiziert werden. Im Einzelnen wurden folgende Ziele verfolgt:

- Repräsentative Erhebung von Dunkelfelddaten zur Geldwäsche im deutschen Nicht-Finanzsektor
- Erhebung der Awareness und Praxis der Verdachtsmeldungen
- Durchführung einer branchenspezifischen Risikoanalyse

2.2   Methoden und Stichprobenbeschreibung

Bei der vorliegenden Untersuchung handelt es sich um eine Dunkelfeldstudie zur Geldwäsche, die ihren Schwerpunkt auf den freien Berufen und dem Nicht-Finanzsektor wie den Güterhändlern gelegt hat. Hierzu wurden zwischen Frühjahr 2014 und Frühjahr 2015 qualitative und quantitative Daten in drei Phasen erhoben.

In der ersten Phase wurden 20 face-to-face und 53 telefonische Interviews mit Experten durchgeführt, die auch zur Entwicklung des späteren standardisierten Fragebogens für die Verpflichteten dienten. Es wurde ein qualitativer Fragebogen

---

[3] *FATF* (2010); *Europäische Kommission* (2009).
[4] *BKA und FIU* (2012).

eingesetzt, der auch quantitative Elemente enthielt. In der zweiten Phase wurden für die Verpflichtetengruppen gemäß § 2 Abs. 1 Nr. 7–12 GwG a. F. standardisierte Fragebögen erstellt, die weitgehend identisch gehalten werden konnten. Die Verpflichteten wurden mittels *Computer Assisted Telephone Interviews* (CATI) befragt.

Die standardisierten 1002 Telefoninterviews wurden im Herbst 2014 durch das Markt- und Sozialforschungsinstitut TNS Emnid durchgeführt. Im Anschluss an die Befragung der Verpflichteten und der Auswertung der Angaben wurden in der dritten Phase mit ausgewählten Experten, die schon zu Beginn der Studie interviewt wurden, erste Ergebnisse diskutiert. In der ersten Phase wurden 20 Experten face-to-face interviewt. Mit weiteren 53 Experten wurde eine Kombination aus quantitativer Fragebogenerhebung und qualitativem Telefoninterview durchgeführt. Insgesamt standen damit 73 Gesprächspartner aus allen relevanten beruflichen Bereichen zur Verfügung. Bei den Interviewpartnern handelte es sich um Vertreter aus folgenden vier Gruppen:

- Wissenschaft
- Strafverfolgung (BKA, LKA, Zollkriminalamt, Steuerfahndung sowie Anti-Mafia Behörde und Guardia di Finanza in Rom)
- Regierungspräsidien als Aufsichtsorgane zur Prüfung der Verpflichteten
- Berufs- und Wirtschaftsverbände bzw. Kammern (DIHK, IVD, BRaK, BNotK etc.)

Für die zweite Phase der Studie wurden insgesamt 1002 Verantwortliche telefonisch anhand eines standardisierten Fragebogens interviewt. Diese Stichprobe setzte sich aus 942 Verpflichteten aus dem Nicht-Finanzsektor und weiteren 60 Verantwortliche aus dem Baugewerbe (Nicht-Verpflichtete) zusammen.

Die Stichprobe wurde aus gewerblichen Adressenverzeichnissen gebildet, wobei die Unternehmen bzw. Kanzleien zwar nach dem Zufallsprinzip aber entsprechend ihrer Größe (Beschäftigtenzahl) top-down ausgewählt wurden. Innerhalb der Gruppen wurde zwar randomisiert gezogen, aber um für die Analysen ausreichend große Subgruppen zu erhalten, wurde die Stichprobe nach Branchen bzw. Berufsgruppen quotiert.

Die Befragten waren zum Zeitpunkt der Erhebung zum überwiegenden Teil (81 %) mehr als 5 Jahre im Unternehmen bzw. in ihrer Position tätig. Von den insgesamt 942 befragten Verpflichteten gab jeder Fünfte an, einen Geldwäschebeauftragten im Unternehmen zu haben. Etwa die Hälfte der befragten Unternehmen hat weniger als 10 Beschäftigte (52 %). Ein Drittel der Unternehmen beschäftigt zwischen 10 und 49 Mitarbeiter, mehr als 50 Beschäftigte hatten 15 % der Unternehmen. Bei den *Versicherungsvermittlern/-maklern* sind es vor allem kleinere Büros mit weniger als 10 Mitarbeitern (70 %). Über die Hälfte der *Güterhändler* (56 %) beschäftigen ebenfalls weniger als 10 Mitarbeiter. Zur Zusammensetzung der Stichprobe siehe Tab. 2.1:

Tab. 2.1 Merkmale der Stichprobe

Wirtschaftssektor	N	Geldwäsche-beauftragter vorhanden
Versicherungsmakler/-vertreter	100	25 %
Rechtsberatende und vermögensverwaltende Berufsgruppen	392	25 %
… Rechtsanwälte	150	5 %
… Notare	60	27 %
… Inkassounternehmen, Vermögensverwalter und Treuhänder	60	48 %
… Wirtschaftsprüfer und vereidigte Buchprüfer	61	51 %
… Steuerberater und Steuerbevollmächtigte	61	20 %
Immobilienmakler	150	22 %
Güterhändler	300	13 %
… Kraftfahrzeughändler	90	19 %
… Händler mit Edelsteinen, Gold/Silber, Perlen, Schmuck	90	18 %
… Händler mit Kunst, Antiquitäten, Auktionshäuser/Galeristen	90	7 %
… Boots/-Yachthändler	30	0 %
Baugewerbe (Bauträger, Architekten)	60	entfällt
	N = 1002	21 %

Kapitel 3
Awareness im Markt

3.1 Strukturelle Probleme der Awareness

Das GwG sieht neben dem Finanz- und Versicherungssektor einen großen Kreis von Verpflichteten nach § 2 Abs. 1 Nr. 10–16 GwG vor, denen es Sorgfalts-, Organisations-, Dokumentations- und Meldepflichten aufbürdet. Am bekanntesten ist sicherlich das „Know your customer" Prinzip. Voraussetzungen für die Wirksamkeit eines Gesetzes sind jedoch seine Bekanntheit und Akzeptanz bei den Adressaten, wenn es kein „law in the books" bleiben will, sondern ein „law in action". Ohne Rechtskenntnis und Akzeptanz und somit Awareness kann kein Gesetz auf seine Befolgung hoffen.

Bei einem großen Teil der Verpflichteten im Nicht-Finanzsektor fehlt es jedoch entweder an der erforderlichen Rechtskenntnis, an der Akzeptanz ihrer Pflichten oder an der Bereitschaft zur Wahrnehmung ihrer Meldepflichten. So stuften die in der Studie interviewten Experten die Rechtskenntnisse in den Sektoren *Immobilienhandel, Güterhandel* und *Online-Glücksspiele nahezu ausnahmslos* als sehr niedrig ein ((sehr) gut: 16 %, 21 %, 7 %).[1] Noch geringer wurde die Akzeptanz in diesen Sektoren beurteilt.[2] Nur 4 % gehen von einer (sehr) hohen Akzeptanz im Immobilienhandel aus. Ähnlich (sehr) niedrige Akzeptanz wird auch in den Sektoren *Güterhandel* und *Online-Glücksspiele vermutet* (4 %, 7 %).

Diese auffällig geringe Awareness im Nicht-Finanzsektor beruht im Wesentlichen auf sechs Gründe:

1. **Systemisches Delikt mit hohem Eigeninteresse:** Bei der Geldwäsche handelt es sich um ein systemisches Delikt der Wirtschaft, wie Betrug, Korruption und Kartelldelikte zuvor beschrieben. Marktwirtschaft endet nicht an den Grenzen

---

[1] Fragetext: Wie beurteilen Sie den Kenntnisstand bezüglich der Vorschriften des GwG für die folgenden Wirtschaftszweige?

[2] Fragetext: Wie bewerten Sie die Akzeptanz der Sorgfalts- und Meldepflichten bei der Mehrheit in den folgenden Wirtschaftszweigen?

© Springer-Verlag GmbH Deutschland, ein Teil von Springer Nature 2018
K.-D. Bussmann, *Geldwäscheprävention im Markt*,
https://doi.org/10.1007/978-3-662-56185-0_3

des Rechts, sondern läuft über diese Grenzen weit hinaus. Die Geldwäsche ist daher untrennbar mit den Mechanismen des Marktes verbunden. An der Grenze zwischen legaler und illegaler Wirtschaft verschmelzen durch die Geldwäsche die Grenzen zwischen beiden Welten. Zumindest aus Sicht der Wirtschaft. Dies zeigt sich an einer weitreichenden Interessenkohäsion. Der geschäftliche Verkehr mit Vortätern oder ihren Strohmännern führt auf Seiten der legalen Geschäftspartner gerade zu keinen wirtschaftlichen Nachteilen, da Immobilien oder teure Kunst- und Luxusgüter zu Höchstpreisen verkauft werden können. In diesem Sinne kann ein Geschäft, bei dem inkriminierte Gelder fließen, also „ein gutes Geschäft" sein.

2. **Rechtliche Wertungswidersprüche:** Bereits die Redewendung „Geld stinkt nicht" bringt zum Ausdruck, sich bei der Annahme von Bargeld oder bei einem Eingang von Giralgeld über die Herkunft des Geldes keine Gedanken machen zu müssen. Unsere Rechtsordnung sieht das zumindest teilweise ähnlich, wenn § 935 Abs. 2 BGB den gutgläubigen Erwerb an gestohlenem Geld zulässt. Die Verkehrsauffassung und sogar tradierte Wertungen des Rechts stehen daher nicht im Einklang mit den vergleichsweise jungen Bestrebungen der Geldwäschebekämpfung, die gerade darauf abzielt, das Einschleusen jedweder Erlöse aus Vortaten im Sinne des § 261 StGB in den Finanzkreislauf zu verhindern.

3. **Geringe Sichtbarkeit aufgrund Einbettung im Geschäftsalltag:** Bei der Annahme von inkriminiertem Geld handelt es sich in der Regel um eine normale Geschäftshandlung. Die Zäsur zwischen legal und illegal erfolgt einzig durch das (Straf-)Recht, sodass diese rechtliche Linie für den Geschäftsalltag der Verpflichteten immer eine künstliche ist. Das Waschen illegaler Profite ist daher für die Wirtschaft normal, da die Bezahlung von Dienstleistungen und Gütern zur Marktwirtschaft gehören. Es bedarf einer besonderen Awareness, um diese feine Grenze zur Geldwäsche zu erkennen.

4. **Geringe Sichtbarkeit der direkten Schäden:** Die primäre Schädlichkeit der Geldwäsche erschließt sich erst, wenn sich die Verpflichteten die Vortaten vorstellen. Dass man bspw. als Güterhändler typische OK-Kriminalitätsformen wie Menschen-, Waffen- oder Drogenhandel durch die bloße Durchführung eines Verkaufs fördert, bedarf einer gewissen Reflektion. So trivial es auch klingt, Geldwäsche selbst ist kein Menschenhandel, sondern nur eine zeitlich nachgeordnete Unterstützungshandlung. Erst recht fällt es offenbar schwer, sich die Schädlichkeit von Vortaten vorzustellen, die gar keinen OK-Bezug haben müssen, wie Bestechlichkeit oder gewerbsmäßige Steuerhinterziehung. Allerdings verlangt das Strafrecht auch mit dem Tatbestand der Hehlerei von Güterhändlern diese Vorstellungskraft über die Schädlichkeit des Handels mit zuvor auf strafbare Weise erlangten Gütern.

5. **Geringe Betroffenheit auf Seiten der Verpflichteten und Bürger:** Auch Schadensfolgen, die die Verpflichteten selbst direkt treffen könnten, bedürfen einer erhöhten Reflektion. So wird leicht übersehen, dass Geldwäsche zu einem verdeckten indirekten Wettbewerbsschaden führt, wenn Wettbewerber beispielsweise in der Gastronomie und Hotellerie durch „Schwarzgelder" unterhalten

werden. Diese Unternehmen können unter ihren realen Kosten betrieben werden und somit alle Wettbewerber durch Umsatzeinbußen schädigen oder gar vom Markt verdrängen. Auch auf Seiten der Bevölkerung wird nicht erkannt, dass sie auch durch Geldwäsche direkt geschädigt werden können, wenn vor allem bei hochpreisigen Gütern wie Immobilien oder Kunst die Marktpreise durch inkriminierte Gelder getrieben werden. Als ein typisches Verdachtsmerkmal gilt nicht ohne Grund ein offenkundig geringes Interesse am Produkt oder seinem Preis.

6. **Mangelnde Ächtung in der Gesellschaft:** Anders als bei allen Formen der klassischen Kriminalität müssen Verpflichtete zum gegebenen Zeitpunkt noch keine Reputationsschäden befürchten, wenn sie im Rahmen ihres normalen Geschäftsalltags inkriminierte Gelder annehmen.

Diese strukturellen Hemmnisse führen jedoch nicht zwangsläufig zu einer Aussichtslosigkeit der Bekämpfung der Geldwäsche. Zwar handelt es sich bei dem Straftatbestand der Geldwäsche, wie beschrieben, nicht um ein selbsterklärendes Delikt, auch fehlt es an jeglicher Sozialisation in der Familie und im sozialen Umfeld, anders als bei den klassischen Straftatbeständen.[3] Es fällt nicht nur schwerer, Geldwäsche als Kriminalität zu verstehen, es hat auch keiner einem beigebracht, dabei ein schlechtes Gewissen zu haben. Eine Geldwäsche-Awareness im Berufsalltag muss somit durch Aufklärung und Kontrollmaßnahmen erst geschaffen werden und dies kann durchaus gelingen.

So besteht aus Sicht der befragten Experten eine starke Diskrepanz zwischen dem Finanzsektor und dem Nicht-Finanzsektor. 89 % bzw. 87 % der Befragten bezeichneten die Rechtskenntnis und die Akzeptanz im *Finanzsektor* als (sehr) gut. Ähnlich positiv wurde auch die Kenntnis und Akzeptanz im Versicherungssektor eingestuft (61 % bzw. 57 %). Demgegenüber fiel die Beurteilung gegenüber den *rechtsberatenden und vermögensverwaltenden Berufen* gemischt aus, etwa die Hälfte (52 %) der Experten stufte die Rechtskenntnis hinsichtlich des Geldwäschegesetzes als sehr gut ein und nur jeder vierte Befragte geht von einer hohen Akzeptanz aus (26 %).

Auch hinsichtlich der Umsetzung der Sorgfalts- und Meldepflicht attestieren die Experten dem *Finanzsektor* eine befriedigende (23 %) bis gute (59 %) Umsetzung (siehe Abb. 3.1), vermutlich auch aufgrund der hohen Anzahl der Verdachtsmeldungen. Ähnlich positiv wird auch die *Versicherungsbranche* bewertet, über die Hälfte der Experten (61 %) geht von einer mindestens befriedigenden Umsetzung aus. Als mangelhaft bewertet hingegen über die Hälfte der Experten die Umsetzung bei den *Immobilienmaklern* (53 %), jeder Zehnte geht sogar davon aus, dass die Sorgfalts- und Meldepflichten bei Maklern gar nicht umgesetzt werden (11 %). Auch gegenüber den *Güterhändlern* fallen die Einschätzungen der Experten nicht positiver aus. Über ein Drittel (36 %) meint, dass den Pflichten nur mangelhaft nachgekommen wird und etwa jeder Zehnte nimmt an, dass den Pflichten gar nicht nachgekommen wird (13 %).

---

[3] Vgl. *Bussmann* (2011).

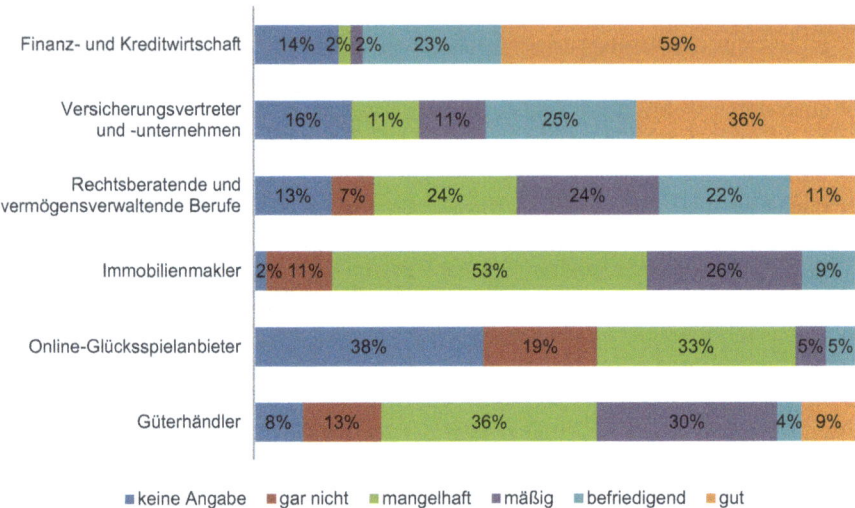

Abb. 3.1 Einschätzung der Experten zur Umsetzung der Sorgfalts- und Meldepflicht[4]

Es gibt somit zwei weitere Gründe, warum die Awareness im Nicht-Finanzsektor so gering ist:

7. **Unzureichende Aufklärung durch Verbände:** Es ist nicht nur eine Frage der Aufklärung über die rechtlichen Pflichten, die sich aus dem GwG für die jeweilige Branche und Berufsgruppe ergeben, sondern es muss auch ein Problembewusstsein geschaffen werden, insbesondere über die weitreichenden auch internationalen Schadensfolgen der Geldwäsche. Ohne diese Awareness kann man weder ein Interesse an Informationen noch eine Akzeptanz erwarten. Die Schaffung von Awareness ist in den Branchen- und Berufsverbänden insgesamt noch unzureichend (Abschn. 3.2 und 3.3).
8. **Mangelnde Kontrollmaßnahmen**: Das gegenwärtige Kontrollumfeld ist ebenfalls unzureichend ausgeformt (Kap. 4). Die Ernsthaftigkeit der Geltung einer Rechtsnorm muss letztlich in der Sanktionierung von Verstößen seiner Rechtspraxis ausgedrückt werden. Die Norm wird hierdurch nicht nur de facto, sondern auch gegenüber abweichenden Geschäftspraktiken symbolisch bestätigt.

3.2   Allgemeine Rechtskenntnis

Es verwundert nicht, dass die Verpflichteten selbst ihren Kenntnisstand deutlich höher einstufen als die befragten Experten. Der überwiegende Teil gab an, über die Sorgfalts- und Meldepflichten informiert worden zu sein. 89 % der Verpflichteten

---

[4] Fragetext: Wie gut kommt die Mehrheit in den folgenden Wirtschaftszweigen den Sorgfalts- und Meldepflichten aus Ihrer Sicht nach?

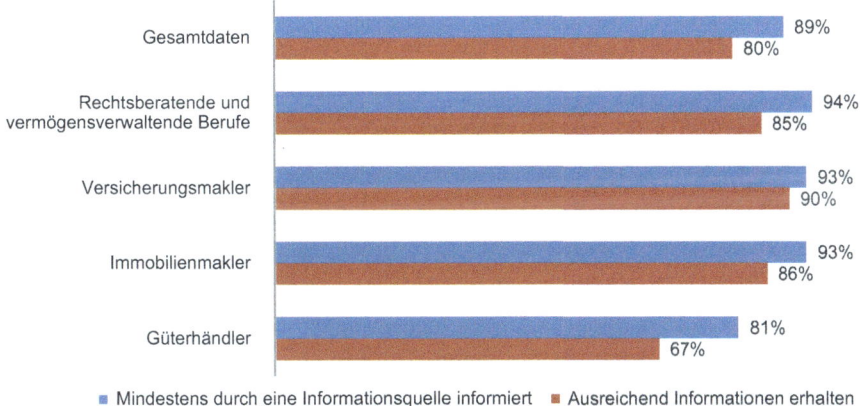

Abb. 3.2 Erhalt von Informationen zu den Sorgfalts- und Meldepflichten[5]

gaben hiernach an, über mindestens eine der sechs im Fragebogen vorgegebenen
Quellen (s.u. Abb. 3.3) Informationen über ihre Sorgfalts- und Meldepflichten nach
dem Geldwäschegesetz erhalten zu haben, wie Abb. 3.2 zeigt. Dabei ist der Anteil
unter den *rechtsberatenden und vermögensverwaltenden Berufen* mit 94 % am
größten und bei *Güterhändlern* am geringsten (81 %).

Allerdings wurde die Qualität der Information vielfach kritischer gesehen. Nur
zwei Drittel (67 %) der *Güterhändler* gaben an, auch ausreichende Informationen zu ihren Pflichten erhalten zu haben. Bei den *Versicherungsvermittlern* ist die
Einschätzung, ausreichend informiert zu sein, am größten ausgeprägt (90 %). Insgesamt gesehen fühlen sich im Durchschnitt 80 % der Verpflichteten ausreichend
über ihre Sorgfalts- und Meldepflichten informiert. Man wundert sich daher, warum
gleichwohl so selten Verdachtsmeldungen erfolgen. Ihren Angaben zufolge kann es
zumindest nicht an einer unzugänglichen Information liegen.

Offenbar kommt es für die Schaffung einer Awareness auch darauf an, von wem
die Aufklärung geleistet wird. Eine wichtige Rolle nehmen zwar auch Kollegen ein,
aber die bedeutsamsten Informationsquellen sind

• unternehmensinterne Informationen und Schulungen, berufliche Aus- und
  Weiterbildung,
• Informationen durch Berufs- bzw. Wirtschaftsverbände und Kammern,
• Fachzeitschriften und Presseberichte.

Für die Bildung eines Problembewusstseins kommt es jedoch vor allem auf Informationen an, die speziell auf den Geschäftsalltag und die berufliche Praxis zuge-
schnitten sind und nicht nur informieren, sondern auch ein berufliches Commit-
ment kommunizieren. In der gegenwärtigen Situation scheinen die Verbände und

---

[5] Fragetext: Durch wen und wie gut wurden Sie über Ihre Sorgfalts- und Meldepflichten informiert?

Ausreichend informiert durch ...

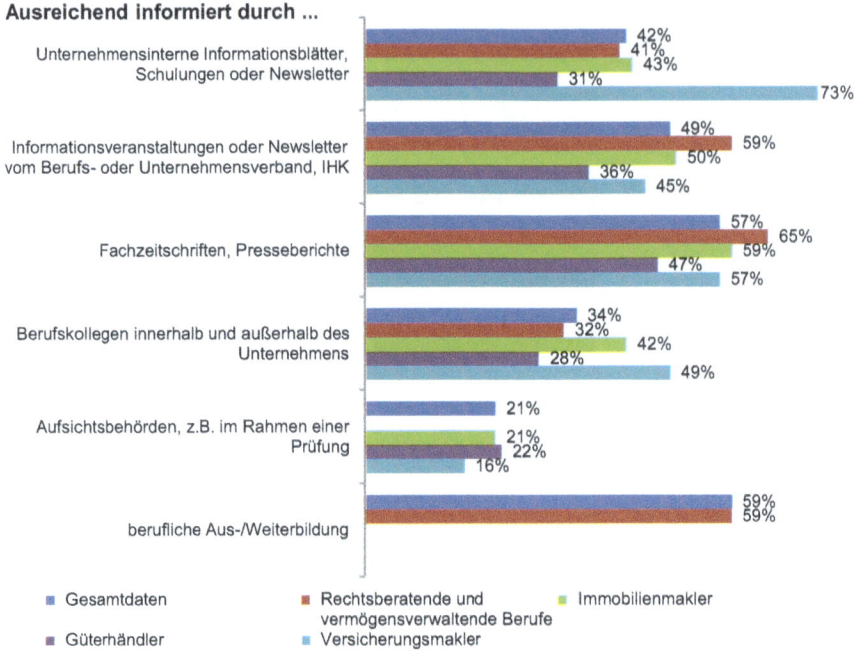

Abb. 3.3 Quellen der Information über allgemeine Sorgfalts- und Meldepflichten[6]

Kammern dieser Aufgabe, zumindest quantitativ gesehen, nur unzureichend nachzukommen, da sie ihre Adressaten zu selten erreichen. Bemerkenswerterweise beziehen die Verpflichteten ihren Angaben zufolge am häufigsten ihre als hilfreich qualifizierten Informationen aus Fachzeitschriften und Presseberichten (57 %) und weniger von ihren berufs – ständischen Verbänden bzw. Kammern. Nur jeder zweite Verpflichtete fühlte sich durch seinen Berufs- bzw. Unternehmensverband ausreichend informiert (49 %), gefolgt von unternehmensinternen Informationsblättern, Schulungen oder Newsletter (42 %, Abb. 3.3).

Für die Gruppe der *Versicherungsvermittler* spielen vor allem unternehmensinterne Maßnahmen wie Newsletter und Schulungen eine große Rolle (73 %). Hingegen erhalten Vertreter der *rechtsberatenden und vermögensverwaltenden Berufe* ihre Kenntnis eher aus Fachzeitschriften, Presseberichten (65 %), aber auch aus Informationsveranstaltungen bzw. Newsletter der Berufskammern (59 %). Ihre Kenntnis haben sie teilweise auch im Rahmen der beruflichen Weiterbildung erworben (59 %). Die Gruppe der *Immobilienmakler* erhalten ihre als ausreichend bewerteten Informationen seltener durch Berufsverbände (50 %) und häufiger durch Fachzeitschriften (59 %). Auch für *Güterhändler* stellen Fachzeitschriften und Presseberichte eine zentrale Informationsquelle (47 %) dar, während ihre Berufs- und

---

[6] Fragetext: Durch wen und wie gut wurden Sie über Ihre Sorgfalts- und Meldepflichten informiert?

Unternehmensverbände im Vergleich zu allen anderen Sektoren am schwächsten abschnitten. Nur jeder dritte Güterhändler fühlte sich durch seinen Verband ausreichend informiert (36 %).

3.3   Konkrete Kenntnis über Kriterien und Anhaltspunkte

Für die erforderliche Rechtskenntnis genügt beim Geldwäschegesetz nicht die eher abstrakte Information, dass man zum Kreis der Verpflichteten zählt und daher einem Sorgfalts- und Meldepflichten obliegt, sondern man muss auch über konkrete Kriterien und Anhaltspunkte informiert worden sein, die einen Verdacht auf Geldwäsche begründen, um diesen Pflichten überhaupt nachkommen zu können. Über die Hälfte der befragten Experten vermuteten als Hemmnis Unklarheiten über die Kriterien der Sorgfaltspflichten (57 %). Die Verpflichteten bestätigen diese Einschätzung (Abb. 3.4). Konkrete Hilfestellungen erhielten nach den Angaben der Verpflichteten kaum mehr als die Hälfte (56 %). Am besten fühlen sich die Befragten in den *rechtsberatenden und vermögensverwaltenden Berufen* und im *Versicherungsbereich* über konkrete Kriterien und Anhaltspunkte informiert, hier sind es etwa zwei Drittel. Am schlechtesten schneidet erneut die große Gruppe der *Güterhändler* ab, nur 37 % gaben an, entsprechend informiert zu sein.

Erwartungsgemäß bilden die Hauptinformationsquellen für derartige konkrete Kenntnisse Materialien des jeweiligen Berufsverbands bzw. der Kammer (61 %; Abb. 3.5). Alle anderen Quellen sind in der Praxis von vergleichsweise untergeordneter Relevanz. Am seltensten haben Verpflichtete Informationen zu den Anhaltspunkten und Kriterien von den Behörden erhalten. Vor allem die Informationen des BKA (17 %) und der FATF (12 %) tragen offenkundig kaum zur Aufklärung bei, obwohl sie am überzeugendsten über Verdachtsmerkmale informieren könnten.

Abb. 3.4 Erhalt von Informationen über Kriterien und Anhaltspunkte[7]

---

[7] Fragetext: Wurden Sie auch über Kriterien und Anhaltspunkte informiert, die einen Verdacht auf Geldwäsche begründen?

Ausreichend über Kriterien und Anhaltspunkte informiert ...

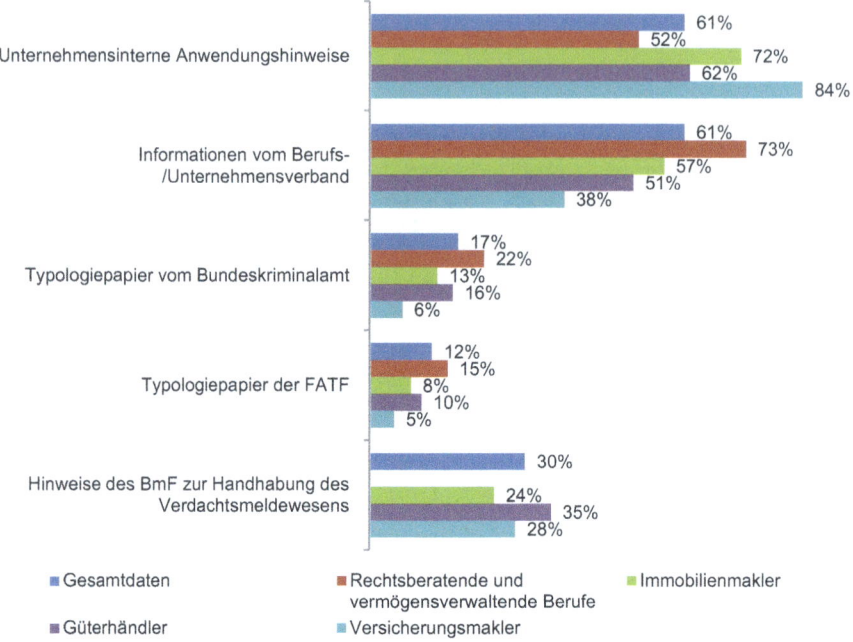

Abb. 3.5 Quellen der Information über Kriterien und Anhaltspunkte[8]

Offenbar vertrauen vor allem die Strafverfolgungsbehörden auf die bloße Andro-
hung von Sanktionen. Informationen, die zur Ergreifung des Täters führen, wie es in
entsprechenden TV-Sendungen oder Fahndungsplakaten heißt, sollen offenkundig
in gleicher Weise aus dem Kreis der Verpflichteten kommen. Bei der Geldwäsche
handelt es sich jedoch um kein vergleichbar leicht wahrnehmbares Delikt wie ein
Totschlag, Raub oder Diebstahl. Die bei der Bekämpfung der Geldwäsche bestehenden Besonderheiten sind offensichtlich auch noch nicht bei den Strafverfolgungsbehörden angekommen, aber man beklagt sich über die mangelnde Zuarbeit der
Wirtschaft.

Eine weitergehende Frage betraf die Selbsteinschätzung der Verpflichteten hinsichtlich ihrer Sicherheit in der Anwendung der Kriterien.[9] Das Ergebnis ist ernüchternd und lässt im Nicht-Finanzsektor an der Wirksamkeit der Geldwäschebekämpfung zweifeln. Nur die Hälfte aller befragten Verpflichteten fühlt sich sicher im
Umgang mit den Anhaltspunkten und Kriterien. Jeder zweite Verpflichtete gab
an, nur eine vage Vorstellung zu haben (41 %) oder sich sogar unsicher (8 %) im

---

[8] Fragetext: Durch wen und wie gut wurden Sie über Kriterien und Anhaltspunkte informiert, die
einen Verdacht auf Geldwäsche begründen?

[9] Fragetext: Wie sicher fühlen Sie sich im Umgang mit Kriterien, die auf das Verwenden von illegal
erwirtschafteten Geldern hindeuten können?

Umgang mit den Anhaltspunkten zu fühlen (ohne Abb.). Die Unterschiede zwischen den Gruppen setzen sich weitgehend fort. Am sichersten stuften sich *Versicherungsmakler* ein, gefolgt von *Immobilienmaklern* und den *rechtsberatenden und vermögensverwaltenden Berufen*, das Schlusslicht bilden die Güterhändler.

3.3.1 Schwerpunkt: Rechtsberatende und vermögensverwaltende Berufe

Unsere Stichprobe erlaubt, innerhalb der Gruppe der *rechtsberatenden und vermögensverwaltenden Berufe* zu differenzieren. Informationen zu den Sorgfalts- und Meldepflichten haben bislang 94 % der befragten Verpflichteten aus den *rechtsberatenden und vermögensverwaltenden Berufen* erreicht.

Die Unterschiede zwischen den Berufsgruppen sind zwar eher gering, es setzt sich jedoch die Tendenz fort. Der Anteil der *Rechtsanwälte*, die durch mindestens eine Quelle über ihre Sorgfalts- und Meldepflichten informiert wurden, ist innerhalb der *rechtsberatenden und vermögensverwaltenden Berufe* mit 89 % am geringsten, auch fühlen sie sich seltener ausreichend über ihre Pflichten informiert (75 %). Hingegen gaben von den *Notaren* 98 % an, Informationen erhalten zu haben, zudem ist der Anteil der Verpflichteten, die sich ausreichend über ihre Pflichten informiert fühlen, bei den *Notaren* am größten (97 %). Bei den *Wirtschafts-/Buchprüfern* und *Steuerberatern* sind die Sorgfalts- und Meldepflichten ähnlich weit verbreitet, bei diesen beiden Berufsgruppen wird jedoch die Qualität der Informationen etwas seltener als ausreichend angesehen.

Hinsichtlich der Informationsquellen nehmen innerhalb der *rechtsberatenden und vermögensverwaltenden Berufe* Fachzeitschriften und Presseberichte (65 %) eine zentrale Rolle ein, direkt gefolgt von Informationsveranstaltungen vom Berufsverband bzw. der Kammer und der beruflichen Aus-/Weiterbildung. Dabei stellt die Bundesnotarkammer als zuständige Berufskammer eine entscheidende Informationsquelle für ihre Mitglieder dar, 92 % der *Notare* fühlen sich ausreichend durch die Kammer informiert. Die berufliche Aus-/Weiterbildung ist ebenfalls eine wichtige Informationsquelle für *Notare* (82 %) und für die Gruppen der *Wirtschafts-/Buchprüfer* (72 %) und *Vermögensverwalter* (68 %; Abb. 3.6).

Rechtsanwälte wurden über die Hauptinformationsquellen bislang am unterdurchschnittlichsten informiert. Lediglich 41 % haben ihren Angaben zufolge ausreichende Informationen von der Bundesrechtsanwaltskammer oder über kanzleiinterne Informationen, Newsletter oder Schulungen erhalten (22 %). Der überwiegende Teil der befragten *Rechtsanwälte* bezog seine Informationen aus Fachzeitschriften und Presseberichten.

Dehnen wir unsere Frage auf die Information über *konkrete* Kriterien und Anhaltspunkte aus, die auf Geldwäsche hindeuten können, gaben zwar im Durchschnitt zwei Drittel (68 %) der Befragten in den *rechtsberatenden und vermögensverwaltenden Berufen* an, hierüber informiert zu sein, aber am häufigsten meinten

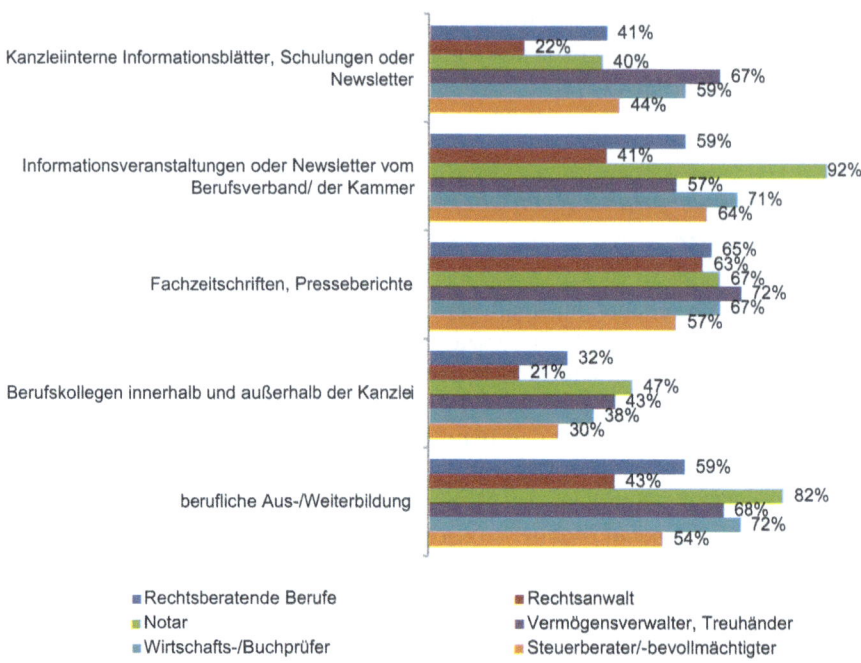

Ausreichend informiert durch ...

Abb. 3.6 Quellen der Information über allgemeine Sorgfalts- und Meldepflichten[10]

dies *Notare* (83 %), während bei den befragten *Rechtsanwälten* und *Steuerberatern* der Anteil deutlich geringer ausfiel (58 %, Abb. 3.7).

Kriterien und Anhaltspunkte werden bei den *rechtsberatenden und vermögensverwaltenden Berufen* vor allem über den Berufsverband und die zuständige Kammer vermittelt, gefolgt von kanzleiinternen Anwendungshinweisen (52 %). Für *Notare* stellt die Berufskammer den wichtigsten Informationsweg dar. 100 % der *Notare* haben hierüber Kriterien erhalten, während dies nur bei 62 % der Rechtsanwälte und 58 % der Vermögensverwalter und Treuhänder der Fall war (ohne Abb.).

Die Typologiepapiere vom BKA oder der FATF spielen eine eindeutig untergeordnete Rolle. Lediglich jeder zehnte *Rechtsanwalt* (9 %) erhielt durch das Typologiepapier vom BKA ausreichend Informationen zu Kriterien und Anhaltspunkten, die auf Geldwäsche hindeuten können. Damit sind für einen Großteil der Verpflichteten aus den *rechtsberatenden und vermögensverwaltenden Berufen* die Typologiepapiere des BKA und der FATF unzureichend bzw. ihnen sogar unbekannt.

In der weiteren Frage nach ihrer Sicherheit im Umgang mit den Kriterien meinte zwar die Mehrheit aus den *rechtsberatenden und vermögensverwaltenden Berufen*, dass ihnen Anhaltspunkte und Kriterien vorliegen, aber weniger als die Hälfte

---

[10] Fragetext: Durch wen und wie gut wurden Sie über Ihre Sorgfalts- und Meldepflichten informiert?

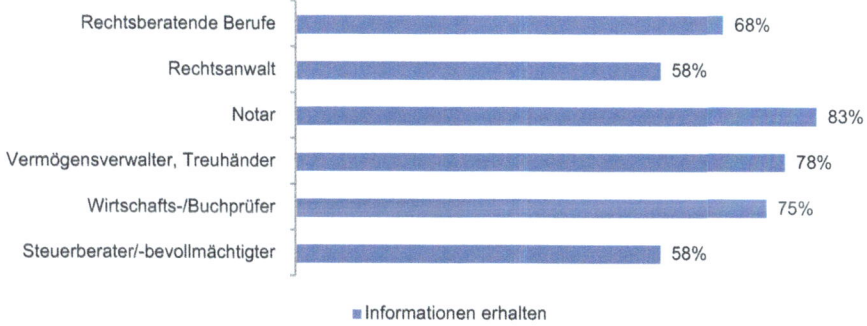

Abb. 3.7 Erhalt von Informationen über Kriterien und Anhaltspunkte[11]

(46 %) fühlt sich sicher im Umgang mit diesen Hinweisen. Unter den *Vermögens-verwaltern* und *Treuhändern* (62 %) ist der Anteil noch am höchsten, bei den *Wirt-schafts- und Buchprüfern* ist es noch rund jeder Zweite (52 %). Obwohl prozentual gesehen *Notare* am häufigsten ausreichende Informationen zu den Sorgfalts- und Meldepflichten und auch zu konkreten Anhaltspunkten erhalten haben, gab knapp die Hälfte an, nur eine vage Vorstellung darüber zu haben, wie diese Anhaltspunkte anzuwenden sind. Knapp jeder zehnte *Notar* (9 %) ist sich sogar unsicher (ohne Abb.). Auch unter den *Steuerberatern* herrscht eine Unsicherheit, wie die Kriterien anzuwenden sind.

Fazit: Auch innerhalb der *rechtsberatenden und vermögensverwaltenden Berufe* sind Unsicherheiten über konkrete Kriterien und Anhaltspunkte, die einen Verdacht auf Geldwäsche begründen können, weit verbreitet. Die unzureichende Awareness ist nicht nur eine Frage mangelnder Rechtskenntnis und Akzeptanz, sondern auch fehlender praktischer Anwendungshinweise.

3.3.2   *Schwerpunkt: Güterhändler*

Angesichts der großen Heterogenität in der Gruppe der *Güterhändler* wurden auch hier Subgruppen gebildet. Zwar verfügen nach den Angaben der *Güterhändler* 81 % über Informationen zu ihren Pflichten, aber nur 67 % fühlten sich auch aus-reichend über ihre Sorgfalts- und Meldepflichten informiert. Im Umkehrschluss ist festzustellen, jeder fünfte (19 %) *Güterhändler* hat überhaupt keine Informationen erhalten und jeder dritte sieht sich unzureichend informiert.

---

[11] Fragetext: Wurden Sie auch über Kriterien und Anhaltspunkte informiert, die einen Verdacht auf Geldwäsche begründen?

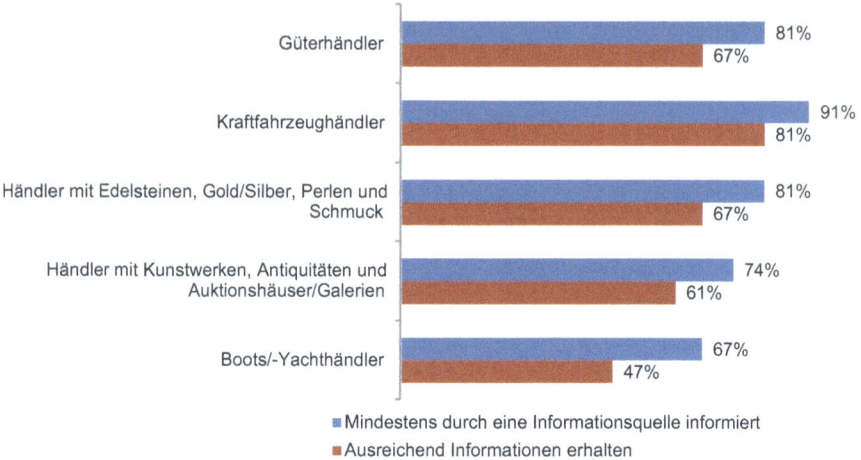

Abb. 3.8 Erhalt von Informationen zu den Sorgfalts- und Meldepflichten[12]

Zudem sind die Informationen zu den Sorgfalts- und Meldepflichten in der Gruppe der *Güterhändler* sehr unterschiedlich verbreitet. Von den befragten *KFZ-Händlern* haben 91 % Informationen zu ihren Pflichten nach dem GwG erhalten, bei den *Boots-/Yachthändlern* sind es lediglich zwei Drittel (67 %; Abb. 3.8). Auch hinsichtlich der Qualität der Informationen zeigen sich erhebliche Diskrepanzen zwischen den Gruppen. Bei den *KFZ-Händlern* fühlten sich, ihren Angaben zufolge, 81 % ausreichend über ihre Pflichten informiert, bei den *Boots-/Yachthändler* sind es weniger als die Hälfte (47 %).

Sensibilisierungsmaßnahmen und Prüfungen werden bei der Vielzahl der *Güterhändler* in Deutschland allerdings auch erst seit einigen Jahren durchgeführt und bedürfen offenbar noch Zeit, um weiter zu diffundieren. Die Hauptinformationsquelle der *Güterhändler* (47 %) besteht ebenfalls wieder in Form von Fachzeitschriften und Presseberichten (Abb. 3.9). Vor allem für Händler aus den Bereichen *KFZ* sowie *Schmuck und Edelsteine* ist dieses Medium eine wichtige Informationsquelle. Unternehmensinterne Informationen sind für jeden zweiten *KFZ-Händler* zusätzlich von Bedeutung. Bei *KFZ-Händlern,* die Vertragspartner eines Automobilkonzerns sind, dürfte dies auf die Compliance Bemühungen des Konzerns zurückzuführen sein. Laut den Einschätzungen der Experten können unabhängige *KFZ-Händler* auf diese Unterstützung und aktive Vermittlung der Sorgfalts- und Meldepflichten jedoch nicht zurückgreifen.

Insbesondere kleinere *Güterhändler,* die einen eher lokalen Geschäftsfokus haben, sind eher auf Informationen des Berufs- oder Unternehmensverbands angewiesen. Allerdings stellen in der Gruppe der *Güterhändler* für nur 36 % die Informationsveranstaltungen oder Newsletter von dem Verband ausreichende

---

[12] Fragetext: Durch wen und wie gut wurden Sie über Ihre Sorgfalts- und Meldepflichten informiert?

Ausreichend informiert durch ...

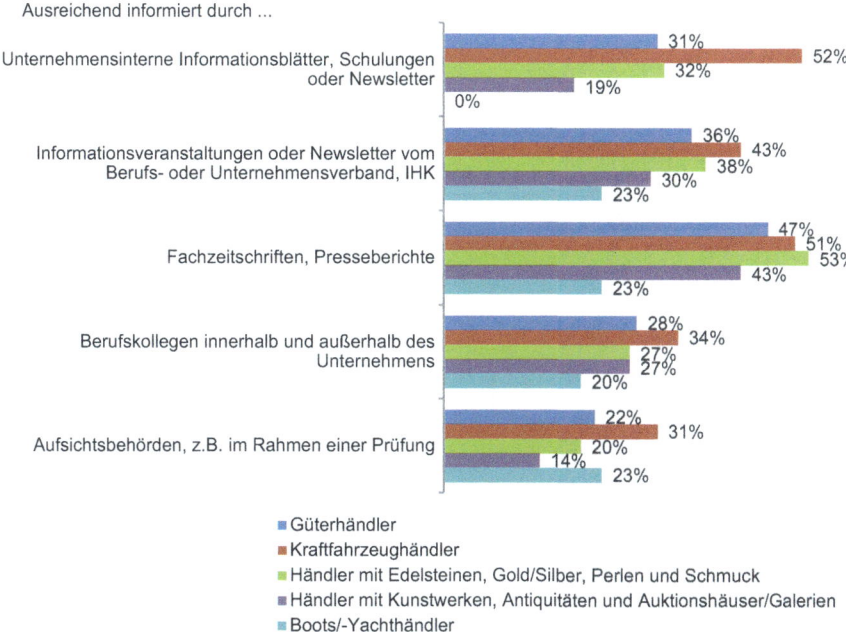

Abb. 3.9 Informationsquellen über allgemeine Sorgfalts- und Meldepflichten[13]

Informationsquellen dar. Nur etwa ein Viertel der *Boots-/Yachthändler* (23 %) haben ihrer Meinung zufolge ausreichende Informationen vom Berufs- oder Unternehmensverband bekommen. Auch in der Gruppe der *Händler mit Kunstwerken und Antiquitäten* erfolgte eine ausreichende Information durch den Verband nur bei einem knappen Drittel (30 %; Abb. 3.9).

Auch sind Aufsichtsbehörden für *Güterhändler* hinsichtlich der Kommunikation ihrer Pflichten eher von untergeordneter Bedeutung (22 %). Laut den befragten Aufsichtsbehörden werden Prüfungen bei *Güterhändlern* erst seit wenigen Jahren konsequent durchgeführt und derzeit weiter intensiviert (vgl. Abschn. 12.4).

Die *Qualität* des Kenntnisstands ist auch hinsichtlich konkreter Kriterien und Anhaltspunkte für Verdachtsmeldungen relativ gering. Durchschnittlich verfügen 37 % der befragten *Güterhändler* über konkrete Kriterien und Anhaltspunkte, um auffällige Transaktionen oder Personen zu identifizieren (Abb. 3.10). Demzufolge ist einem Großteil nicht bekannt, an welchen Kriterien auffälliges Verhalten oder Geschäftsabschlüsse erkannt werden können. Innerhalb der Gruppe der *Güterhändler* haben am häufigsten *KFZ-Händler* (52 %) angegeben, dass sie über derartige Anhaltspunkte und Kriterien verfügen, die auf Geldwäsche hindeuten können. Der Anteil der *Händler mit Kunstwerken* und der *Boots-/Yachthändler* ist auch hier deutlich geringer, nur 24 % bzw. 20 % sind hierüber informiert.

---

[13] Fragetext: Durch wen und wie gut wurden Sie über Ihre Sorgfalts- und Meldepflichten informiert?

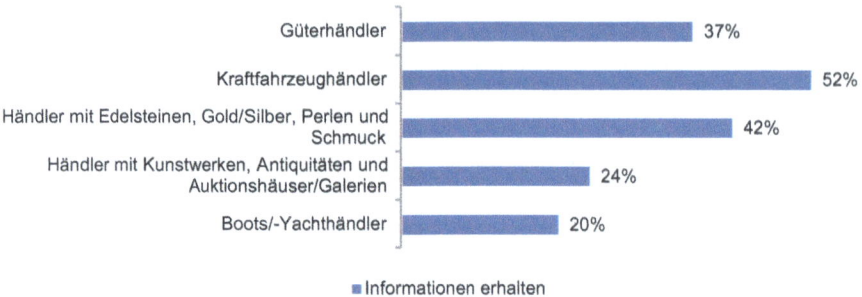

Abb. 3.10 Erhalt von Informationen über Kriterien und Anhaltspunkte[14]

Konkrete Kriterien und Anhaltspunkte werden innerhalb des *Güterhandels* hauptsächlich über unternehmensinterne Anwendungshinweise (62 %) kommuniziert, für *KFZ-Händler* (72 %) ist diese Informationsquelle von größter Bedeutung (Abb. 3.11). Wie bei den allgemeinen Pflichten, nimmt vermutlich die Unterstützung der Automobilkonzerne hierbei eine entscheidende Rolle ein.

Die Vermittlung ausreichender Informationen durch Berufs- oder Unternehmensverbände erreicht nur jeden zweiten *Güterhändler* (51 %). Ein Drittel der Befragten hat eigenen Angaben zufolge über die Anwendungshinweise vom Bundesministerium der Finanzen (BMF) genügende Anwendungshinweise erhalten. Wie generell im Nicht-Finanzsektor bilden die Typologiepapiere vom BKA oder der FATF nur für einen kleinen Teil der *Güterhändler* eine (ausreichende) Informationsgrundlage. Den befragten *Boots-/Yachthändlern* sind diese Typologiepapiere gar nicht bekannt.

Soweit überhaupt eine Kenntnis besteht, fühlt sich die Hälfte (53 %) der befragten *Güterhändler* sicher im Umgang mit Kriterien und Anhaltspunkten (ohne Abb.). Bei den *Händlern mit Edelsteinen und Schmuck* (57 %) ist dieser Anteil am höchsten, bei *Händlern mit Kunstwerken und Auktionshäusern* sowie bei *Boots-/Yachthändlern* am niedrigsten (49 % bzw. 50 %). Demgegenüber betrachtet sich rund jeder zehnte *Güterhändler* (12 %) als unsicher bei der Anwendung der Anhaltspunkte. Unabhängig der spezifischen Branche innerhalb des *Güterhandels*, hat ein Drittel nur eine vage Vorstellung davon, wie solche Kriterien angewendet werden sollen.

Fazit: Die Verpflichtetengruppe der Güterhändler weist in jeder Hinsicht die geringste Awareness auf. Sie verfügen nicht nur über die geringste allgemeine Kenntnis ihrer Sorgfalts- und Meldepflichten, sondern auch über die geringste praktisch bedeutsame Kenntnis über Kriterien und Verdachtsmomente, die eine

---

[14] Fragetext: Wurden Sie auch über Kriterien und Anhaltspunkte informiert, die einen Verdacht auf Geldwäsche begründen?

Ausreichend über Kriterien und Anhaltspunkte infomiert ...

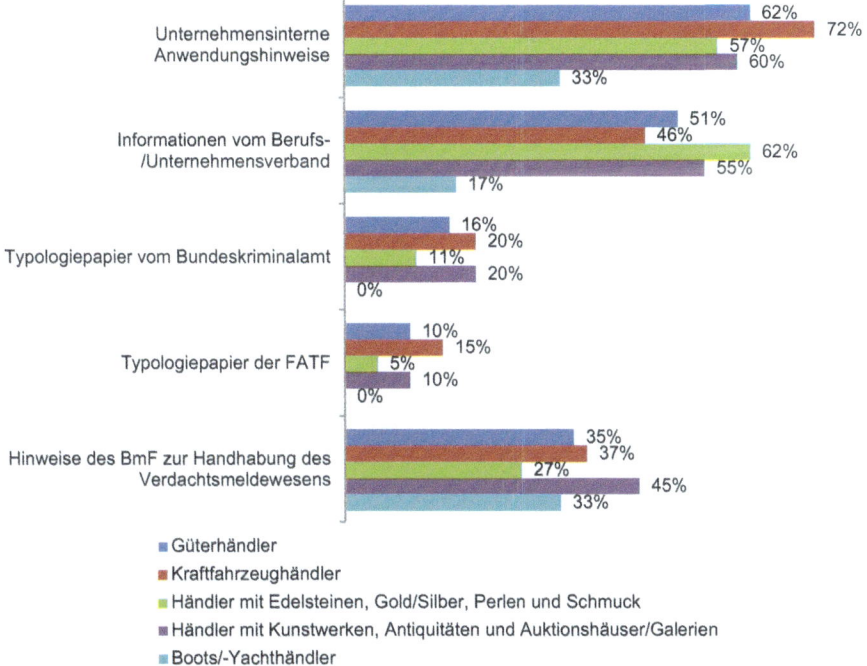

Abb. 3.11 Quellen der Information über Kriterien und Anhaltspunkte[15]

Verdachtsmeldung begründen können. Innerhalb der Gruppe der Güterhändler ist die Awareness am geringsten bei *Händlern mit Kunstwerken und Auktionshäusern* sowie bei *Boots-/Yachthändlern* entwickelt.

---

[15] Fragetext: Durch wen und wie gut wurden Sie über Kriterien und Anhaltspunkte informiert, die einen Verdacht auf Geldwäsche begründen?

Kapitel 4
Ausübung der Sorgfaltspflichten

4.1 Bedeutung von Transaktionen mit Bargeld

Im Bereich der Geldwäscheprävention nimmt das Thema Bargeldgeschäfte eine wichtige Rolle ein, da sie keine „Papierspur" hinterlassen. Bargeld weist eine hohe Mobilität bei gleichzeitiger Anonymität auf und ist damit äußerst attraktiv, um unerkannt illegale Geschäfte zu tätigen. In Italien und weiteren EU-Ländern ist daher die Verwendung von Bargeld nur eingeschränkt möglich. Legale Bargeschäfte sind in Frankreich, Italien und anderen EU-Mitgliedsstaaten nur bis zu einem Wert von 1.000 bis 3.000 Euro möglich. Alle Geschäfte, die dieses gesetzliche Limit übersteigen, können nicht in bar abgewickelt werden.[1]

In Deutschland gibt es keine Begrenzung bei der Verwendung von Bargeld. Zum Zeitpunkt der Studie in 2014/15 mussten Güterhändler bei einer Transaktion im Wert von 15.000 Euro oder mehr mit Bargeld allgemeine Sorgfaltspflichten erfüllen,[2] sodass sich die Fragen diesbezüglich auf die Schwelle von 15.000 € beziehen. Mit Wirkung zum 26.06.2017 wurde diese Schwelle jetzt jedoch auf 10.000 abgesenkt.[3] Abgesehen von dieser Restriktion ist somit für alle anderen Gruppen, innerhalb einer Geschäftsbeziehung, die Verwendung von Barmitteln in Deutschland ohne Höchstgrenzen möglich.[4] Dies gilt auch für hochpreisige Luxusgüter, Kunst oder die Nutzung von Anderkonten. Für die *rechtsberatenden und vermögensverwaltenden Berufe* stellen Transaktionen mit Bargeld auf Treuhand- und Anderkonten ein besonderes Risiko dar, sodass sich die Frage hierauf konzentrierte. Für *Notare* besteht jedoch die berufsständische Ausnahme gemäß § 54a Beurkundungsgesetz kein Bargeld entgegennehmen zu dürfen.

---

[1] *Simons und Schlamp* (2016).

[2] § 3 Abs. 1 und 2 S. 5 i.V.m. § 2 Abs. 1 Nr. 13 GwG a.F.

[3] Vgl. § 10 Abs. 1 und 6 i.V.m. § 2 Abs. 1 Nr. 16 GwG.

[4] Außerhalb bestehender Geschäftsbeziehungen bestehen für alle Verpflichteten allgemeine Sorgfaltspflichten gemäß § 3 Abs. 1 und 2 Satz 1 Nr. 2 GwG, wenn Transaktionen d. h. auch Bargeldannahmen im Wert von mindestens 15.000 Euro erfolgen.

© Springer-Verlag GmbH Deutschland, ein Teil von Springer Nature 2018
K.-D. Bussmann, *Geldwäscheprävention im Markt*,
https://doi.org/10.1007/978-3-662-56185-0_4

Die Frageformulierungen wurden den Besonderheiten der Verpflichtetengruppen angepasst:

Rechtsberatende und vermögensverwaltende Berufe: „Wie häufig erfolgen Barzahlungen auf Treuhand- bzw. Anderkonten Ihrer Kanzlei bzw. Sozietät?"
Immobilienmakler: „Wie häufig nehmen Sie bzw. wird in Ihrem Unternehmen Bargeld zum Kauf von vermittelten Immobilien angenommen?"
Versicherungsmakler: „Wie häufig zahlen Kunden ihre Versicherungsprämien, die einen jährlichen Betrag von über 15.000 Euro übersteigen, bei Ihnen bzw. in Ihrem Vermittlungsbüro in bar ein?"
Güterhändler: „Wie häufig werden Bargeschäfte ab 15.000 Euro in Ihrem Unternehmen durchgeführt?"

In der Studie gaben mehr als zwei Drittel der Verpflichteten an, keine Bargeldgeschäfte vorzunehmen. Erwartungsgemäß spielt Bargeld bei *Güterhändlern* im Vergleich zu den anderen Verpflichtetengruppen die größte Rolle. Etwa jeder zehnte *Güterhändler* (9 %) stuft diese Bargeldpraxis mit hohen Beträgen über 15.000 Euro als häufig ein und mehr als jeder Dritte als gelegentlich/selten (38 %; Abb. 4.1).

Auch innerhalb der *rechtsberatenden und vermögensverwaltenden Berufe* erfolgen noch relativ häufig Barzahlungen auf Treuhand- bzw. Anderkonten der Kanzlei bzw. Sozietät, 29 % gaben an, gelegentlich oder selten Transaktionen mit Bargeld auf ihre Sonderkonten anzunehmen. Für *Immobilienmakler* gilt, dass der Kaufpreis einer Immobilie direkt an den Käufer entrichtet wird, Bargeld bei Immobilienmaklern praktisch keine Rolle spielt. Ähnliches gilt für *Versicherungsmakler*.

4.2 Ausübung der Sorgfaltspflichten

In verkürzter Form sieht das Geldwäschegesetz in § 10 Abs. 1 vor, dass (1) der Vertragspartner identifiziert, (2) der wirtschaftlich Berechtigte bestimmt und identifiziert, (3) der Zweck der Geschäftsbeziehung geklärt, (4) festgestellt wird, ob der Vertragspartner bzw. wirtschaftlich Berechtigte eine politisch exponierte Person ist und (5) die Geschäftsbeziehung kontinuierlich überwacht und die entsprechenden Dokumente in

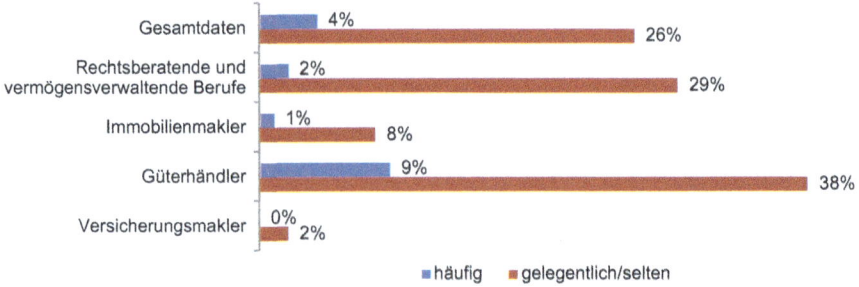

Abb. 4.1 Häufigkeit von Bargeldzahlungen in den Sektoren

angemessenen zeitlichen Abständen aktualisiert werden müssen. Die Frageformulierungen wurden den Besonderheiten der Verpflichtetengruppen angepasst:[5]

Rechtsberatende und vermögensverwaltende Berufe: „Wenn Mandanten Ihrer
Kanzlei bzw. Sozietät Barzahlungen auf Treuhand- bzw. Anderkonten vornehmen, wie häufig werden dann die folgenden Aspekte in Ihrer Kanzlei bzw. Sozietät geprüft?"

Versicherungsmakler: „Wenn Sie bzw. Ihr Vermittlungsbüro mit einem neuen
Kunden einen Versicherungsvertrag abschließen, bei dem die jährliche Versicherungsprämie über 15.000 Euro liegt und diese in bar gezahlt werden soll. Wie
häufig werden dann die folgenden Aspekte in Ihrem Unternehmen geprüft?"

Güterhändler: „Wenn in Ihrem Unternehmen mit einem neuen Kunden ein Geschäftsabschluss vereinbart wird, der in bar bezahlt werden soll und über 15.000 Euro liegt.
Wie häufig werden dann die folgenden Aspekte in Ihrem Unternehmen geprüft?"

Trotz der o.g. Regelungen führen nur 82 % der befragten Verpflichteten in der Regel
eine Identifizierung des Vertragspartners durch (Abb. 4.2). Auch die weiteren essentiellen Elemente der Sorgfaltspflichten werden nur lückenhaft beachtet. Weniger als
drei Viertel (72 %) überprüfen und dokumentieren die Angaben der Verpflichteten
regelmäßig und die Feststellung des Geschäftszwecks erfolgt nur bei zwei Drittel
der Verpflichteten regelmäßig (66 %). Ob es sich um eine *Politisch Exponierte
Person* (PEP) gemäß §§ 10 Abs. 1 Nr. 4, 15 Abs. 3 Nr. 1 lit. a) GwG[6] handelt, wird
nur von jedem vierten *Verpflichteten* (24 %) überprüft.[7]

Insbesondere bei den *rechtsberatenden und vermögensverwaltenden Berufen*
war eine höhere Sorgfaltspflicht zu vermuten. Die Identifizierung des Vertragspartners wird von dieser Gruppe bei Bareinzahlungen auf Treuhand- bzw. Anderkonten
genauso häufig durchgeführt (83 %) wie bei *Güterhändlern* im Falle von Bargeschäften über 15.000 Euro (82 %; Tab. 4.1).

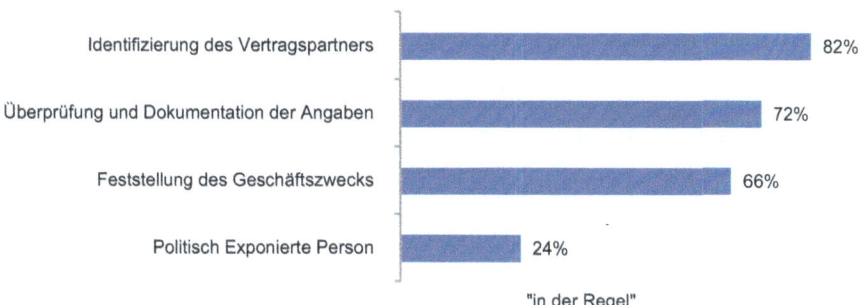

Abb. 4.2 Ausübung der Sorgfaltspflichten bei Bargeldzahlungen

---

[5] Auf die Gruppe der Immobilienmakler wurde bei dieser Frage verzichtet, da Transaktionen mit
Bargeld zu selten vorkommen.

[6] Vormals § 6 Abs. 2 Nr. 1 GwG a.F.

[7] Die Feststellung, ob es sich um eine PEP handelt, muss nur im Rahmen der verstärkten Sorgfaltspflichten getroffen werden.

Tab. 4.1 Ausübung der Sorgfaltspflichten bei Barzahlungen

	„In der Regel"			
	Identifizierung des Vertrags- partners	Überprüfung und Dokumentation der Angaben	Feststellung des Geschäfts- zwecks	Politisch Exponierte Person
Rechtsberatende und vermögensverwaltende Berufe	83 %	63 %	76 %	33 %
Güterhändler	82 %	80 %	60 %	18 %
Versicherungsvermittler/- makler	100 %	100 %	100 %	100 %

Eine regelmäßige Überprüfung der Angaben findet in diesen Fällen bei den *rechtsberatenden und vermögensverwaltenden Berufen* sogar nur bei 63 % statt und lediglich drei Viertel stellen den Geschäftshintergrund fest (76 %). Dies ist speziell bei der Nutzung von Treuhand- und Anderkonten problematisch, da zur Nutzung ein konkreter Sicherungsgrund bestehen muss. Kann dieser nicht schlüssig nach-gewiesen werden, sollte das Vertragsverhältnis nicht weitergeführt werden.

Auch bei den *Güterhändlern* wird der Geschäftszweck bei Transaktionen mit Bargeld über 15.000 Euro in der Regel nur von 60 % der Verpflichteten festgestellt. Der Geschäftszweck ist jedoch vor allem bei Barzahlungen hochwertiger Konsumgü-ter wie dem Kauf von Kraftfahrzeugen, Antiquitäten und Kunstobjekten von Interesse.

Um ein valideres Bild zu erhalten, wurde auch nach der Praxis bei den Berufskol-legen bzw. direkten Wettbewerbern gefragt. Erwartungsgemäß fällt die Einschätzung im Vergleich zu den eigenen Angaben deutlich kritischer aus. Während 82 % der Verpflichteten angaben, dass sie in der Regel bei Bargeschäften (über 15.000 Euro) ihren Identifizierungspflichten nachkommen, vermuten sie dies nur bei jedem zweiten Kollegen bzw. Wettbewerber (49 %; Abb. 4.3). Auch eine Überprüfung und Dokumentation der Angaben erfolgt ihrer Einschätzung nach nur bei 42 % der Kol-legen bzw. Wettbewerber, während ihrem Selbstreport zufolge fast drei Viertel dieser Verpflichtung regelmäßig nachkommen (72 %). Eine Prüfung des Geschäftszwecks erfolgt nach Einschätzung der befragten Verpflichteten in ihrem beruflichen Umfeld ebenfalls seltener (39 % versus Selbstreports 66 %; s.o. Abb. 4.2).

Differenzieren wir zwischen den Gruppen, so kommen vor allem *Güterhändler* ihren Sorgfaltspflichten am wenigsten nach. Demgegenüber schneidet die Gruppe der *Versicherungsvermittler/-makler* erneut überdurchschnittlich ab. Die *rechtsbe-ratenden und vermögensverwaltenden Berufe* und die *Immobilienmakler* befinden sich nur graduell abgestuft im Mittelfeld (Abb. 4.3.).

4.2.1   Schwerpunkt: Rechtsberatende und vermögensverwaltende Berufe

Innerhalb der *rechtsberatenden und vermögensverwaltenden Berufe* sind Transak-tionen mit Bargeld bei *Rechtsanwälten* am häufigsten. 42 % der Anwälte nehmen

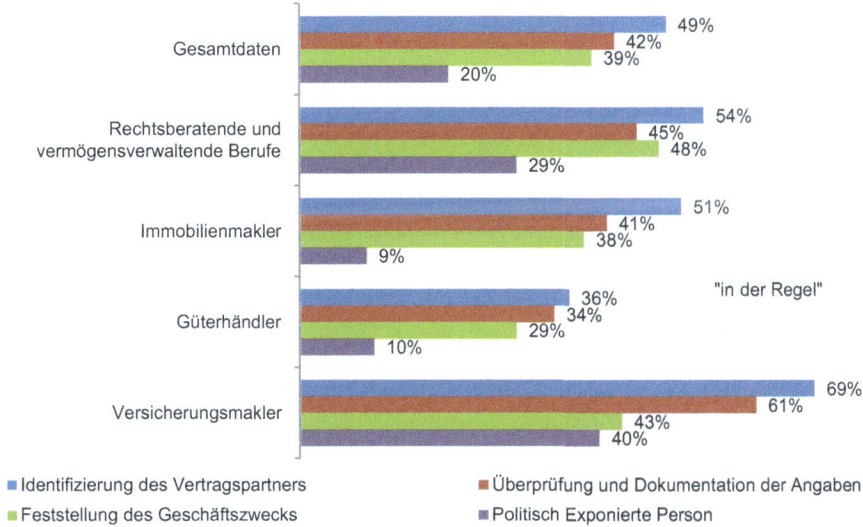

Abb. 4.3 Fremdeinschätzung der allgemeinen Praxis bei Bargeldgeschäften bei Wettbewerbern[8]

Bareinzahlungen auf Treuhand- bzw. Anderkonten selten bis gelegentlich an, um es im Auftrag des Mandanten auf ihr Anderkonto zu deponieren. Bei den anderen *rechtsberatenden und vermögensverwaltenden Berufen* ist diese Praxis deutlich weniger verbreitet, wie Abb. 4.4 zeigt.

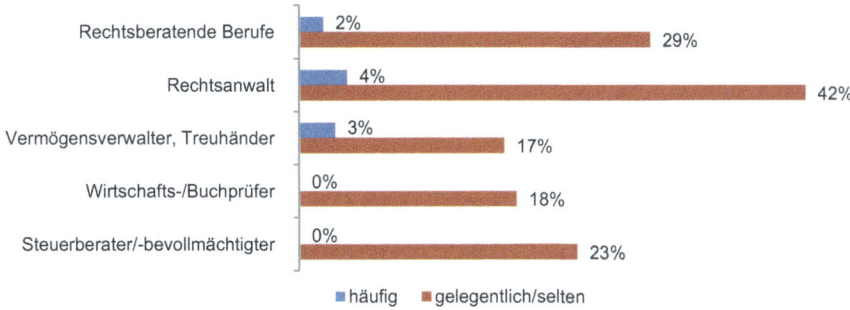

Abb. 4.4 Häufigkeit von Bargeldzahlungen (ohne Notare)[9]

---

[8] *Rechtsberatende und vermögensverwaltende Berufe*: Was denken Sie, wie häufig Berufskollegen den Pflichten bei Barzahlungen auf Treuhand- bzw. Anderkonten nachkommen? *Güterhändler/ Immobilienmakler*: Was denken Sie, wie häufig Wettbewerber in Ihrer Branche den folgenden Pflichten bei Bargeschäften über 15.000 Euro bzw. beim ersten Maklerkontakt nachkommen? *Versicherungsmakler* jährlicher Beitrag über 15.000 Euro.

[9] Fragetext: Wie häufig erfolgen Barzahlungen auf Treuhand bzw. Anderkonten Ihrer Kanzlei bzw. Sozietät?

Die Identifizierung des Mandanten wird lediglich von 84 % der *Rechtsanwälte* regelmäßig durchgeführt, die Transaktionen mit Bargeld auf Anderkonten akzeptieren (Tab. 4.2). Nur jeder zweite Befragte überprüft und dokumentiert in der Regel die Angaben (53 %). Ob ein hinreichender Sicherungsgrund bei den Mandanten zur Nutzung des Anderkontos vorliegt, somit die Feststellung des Geschäftszwecks, wird in der Regel nur von drei Viertel der *Rechtsanwälte* geprüft (75 %), obwohl Barzahlungen auf ein Anderkonto vorgenommen wurden.

Bei *Vermögensverwaltern* und *Treuhändern* gehören bei Transaktionen mit Bargeld auf Treuhand- bzw. Anderkonten diese Sorgfaltspflichten ebenfalls nicht zum festen Bestandteil. Nur bei *Wirtschafts- und Buchprüfern* werden diese Pflichten konsequent eingehalten.

In Anbetracht der hohen Transaktionssummen, die von Verpflichteten dieser Gruppe auch in bar angenommen werden, bietet die teilweise unzureichende Erfüllung der Sorgfaltspflichten ein Einfallstor zur Einbringung illegal erwirtschafteter Gelder.

Berücksichtigt man zudem die Einschätzung der Befragten gegenüber ihren Berufskollegen (Fremdeinschätzung), stellt sich die Durchführung der Identifizierungs- und Dokumentationspflicht erwartungsgemäß noch schlechter dar. Nur gut die Hälfte der Befragten (54 %) aus den *rechtsberatenden und vermögensverwaltenden Berufen* geht davon aus, dass die Berufskollegen den Mandanten bzw. Klienten im Falle von Bareinzahlungen auf Treuhand- bzw. Anderkonten in der Regel auch identifizieren.

Tab. 4.2 Ausübung der Sorgfaltspflichten bei Bargeschäften (ohne Notare)[10]

Anteil in % (n)	Verpflichtete mit Bareinzahlungen auf Treuhand- bzw. Anderkonten (n)	"In der Regel"			
		Identifizierung des Vertragspartners	Überprüfung und Dokumentation der Angaben	Feststellung des Geschäftszwecks	Politisch Exponierte Person
Rechtsberatende und vermögensverwaltende Berufe	31 % (105)	83 % (87)	63 % (66)	76 % (80)	33 % (35)
Rechtsanwalt	45 % (68)	84 % (57)	53 % (36)	75 % (51)	31 % (21)
Vermögensverwalter, Treuhänder	20 % (12)	75 % (9)	67 % (8)	50 % (6)	33 % (4)
Wirtschafts-/Buchprüfer	18 % (11)	100 % (11)	100 % (11)	100 % (11)	55 % (6)
Steuerberater/-bevollmächtigter	23 % (14)	71 % (10)	79 % (11)	86 % (12)	29 % (4)

---

[10] Notare werden hier nicht mitaufgeführt, da sie gemäß § 54a Beurkundungsgesetz kein Bargeld entgegennehmen dürfen.

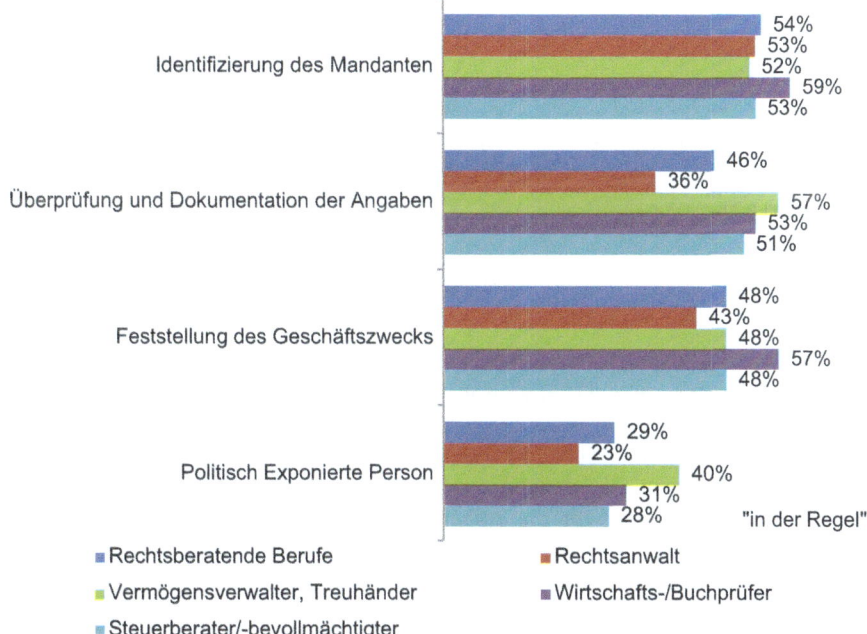

Abb. 4.5 Ausübung der Sorgfaltspflichten bei Bargeldzahlungen durch Wettbewerber (Fremdeinschätzung)[11]

Die Einschätzung des beruflichen Umfelds fällt zudem bei *Rechtsanwälten* in allen Prüfaspekten deutlich schlechter aus. Speziell bei der Überprüfung und Dokumentation der Angaben und hinsichtlich der Feststellung des Geschäftszwecks schneiden *Rechtsanwälte* (43 %) auch bei der Einschätzung ihres eigenen Berufsstandes bemerkenswert unterdurchschnittlich ab (Abb. 4.5).

4.2.2   Schwerpunkt: Güterhändler

Erwartungsgemäß führen *Güterhändler* (47 %) am häufigsten Bargeschäfte über 15.000 Euro durch. Bei den *KFZ-Händlern* nimmt jeder fünfte Befragte (22 %) häufig Bargeldbeträge von mindestens 15.000 Euro an, bei knapp zwei Dritteln erfolgt dies gelegentlich bzw. selten. Auch bei den weiteren Verpflichteten innerhalb des *Güterhandels* stellen Bargeschäfte über 15.000 Euro keine Ausnahmen dar. Für ein Drittel der *Schmuck- und Edelsteinhändler* (32 %) und der *Boots-/Yachthändler* (33 %) erfolgen Barzahlungen in dieser Größenordnung häufig oder zumindest gelegentlich/selten (Abb. 4.6).

---

[11] Fragetext: Was denken Sie wie häufig Ihre Berufskollegen den folgenden Pflichten bei Barzahlungen auf Treuhand- bzw. Anderkonten nachkommen?

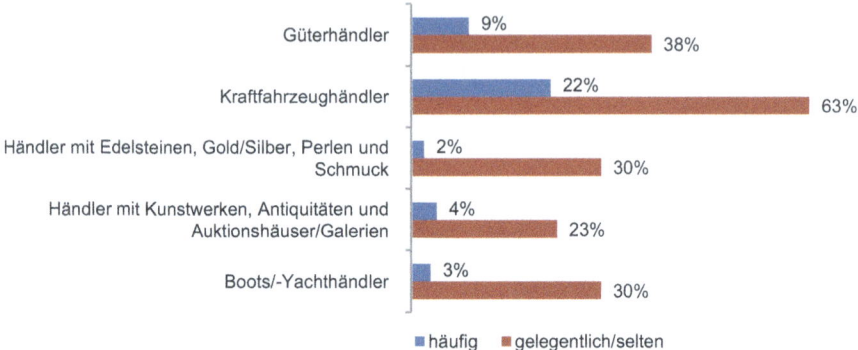

Abb. 4.6 Häufigkeit von Bargeldzahlungen über 15.000 Euro[12]

Geschäfte über 15.000 Euro mit Bargeld abzuwickeln, stellt demnach für einen Teil der verpflichteten Güterhändler keine ungewöhnliche Praxis dar, sodass sich hieraus eine Anfälligkeit für die Annahme inkriminierten Bargelds und seines Transfers in den legalen Wirtschaftskreislauf ergibt. Vermutlich stellen hohe Bargeldzahlungen insbesondere für *Güterhändler*, die mit hochpreisigen Konsumgütern handeln, eine eher normale Geschäftspraxis dar.

Aufgrund dessen kommt es auf die Durchführung der Sorgfaltspflichten i.S.d. § 10 Abs. 6 i.V.m. § 10 Abs. 1 GwG[13] bei Bargeschäften in besonderem Maße an. Diesen Verpflichtungen kommen die Gruppen der *Güterhändler* teilweise sehr unterschiedlich nach. Eine routinemäßige *Identifizierung* des Vertragspartners oder dem wirtschaftlich Berechtigten erfolgt bei Bargeschäften über 15.000 Euro bei deutlich über 80 % der *KFZ-, Schmuck- und Edelsteinhändler*. Bei *Boots-/Yacht-händlern* (60 %) und *Händlern mit Kunst und Antiquitäten* (64 %) wird deutlich seltener dieser Pflicht routinemäßig nachgekommen. Der Geschäftszweck wird ebenfalls nur von weniger als der Hälfte der *Händler mit Edelsteinen, Schmuck, Kunst, Antiquitäten* oder *Booten und Yachten* hinterfragt. Am seltensten wird den Sorgfaltspflichten nachgekommen bei *Händlern mit Booten und Yachten*, gefolgt von *Händlern mit Kunst und Antiquitäten* (Tab. 4.3).

Insgesamt ist festzustellen, dass in allen Wirtschaftssektoren des *Güterhandels* die gesetzlich vorgesehenen Sorgfaltspflichten bei Bargeschäften über 15.000 Euro vielfach nicht zur Regel geworden sind.

Folgt man der Einschätzung der Befragten zur Praxis ihrer Wettbewerber, so zeigen sich wiederum erheblich größere Defizite in der Implementation des Geldwäschegesetzes. Nur etwa die Hälfte der *KFZ-Händler* nimmt an, dass ihre Wettbewerber den Sorgfaltspflichten regelmäßig nachkommen. Die Fremdeinschätzung der *Güterhändler* in den anderen Sektoren fällt sehr viel kritischer aus. Demnach kommt nicht mal ein Drittel der Händler den Sorgfaltspflichten bei Bargeschäften über 15.000 Euro nach, am kritischsten werden *Händler mit Booten und Yachten* vom eigenen Berufsstand beurteilt (Abb. 4.7).

---

[12] Fragetext: Wie häufig werden Bargeschäfte ab 15.000 Euro in Ihrem Unternehmen durchgeführt?

[13] Vormals: § 3 Abs. 2 S. 5 i.V.m. § 3 Abs. 1 GwG a.F.

Tab. 4.3 Ausübung der Sorgfaltspflichten bei Bargeschäften über 15.000 Euro

		„In der Regel"			
Im Falle von Bargeschäften über 15.000 Euro	Anteil der Verpflichteten (n)	Identifizierung des Vertrags-partners	Überprüfung und Dokumentation der Angaben	Feststellung des Geschäfts-zwecks	Politisch Exponierte Person
Güterhändler	47 % (141)	82 % (115)	80 % (113)	60 % (84)	18 % (26)
Kraftfahr-zeughändler	86 % (77)	88 % (68)	91 % (70)	70 % (54)	21 % (16)
Händler mit Edelsteinen, Gold/Silber, Perlen und Schmuck	32 % (29)	86 % (25)	79 % (23)	48 % (14)	14 % (4)
Händler mit Kunst, Anti-quitäten und Auktionshäu-ser/Galerien	28 % (25)	64 % (16)	60 % (15)	48 % (12)	20 % (5)
Boots/-Yachthändler	33 % (10)	60 % (6)	50 % (5)	40 % (4)	10 % (1)

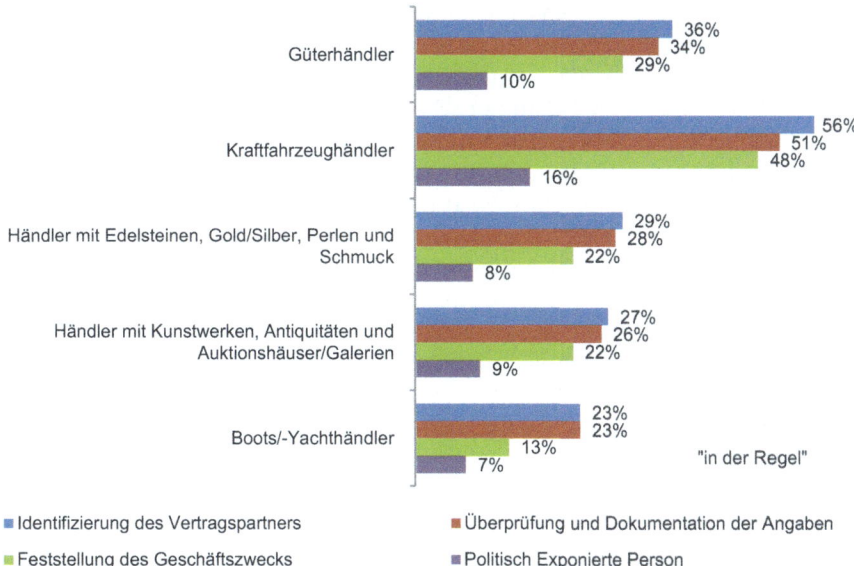

Abb. 4.7 Ausübung der Sorgfaltspflichten bei Bargeldzahlungen über 15.000 Euro bei Wettbe-werbern (Fremdeinschätzung)[14]

---

[14] Fragetext: Was denken Sie wie häufig Wettbewerber in Ihrer Branche den folgenden Pflichten bei Bargeschäften über 15.000 Euro nachkommen?

Unter Berücksichtigung der Selbst- und Fremdreports zeigt sich, dass der *Güter-handel* für die Einbringung von teilweise hohen Bargeldsummen ein hohes Risiko aufweist, da die Umsetzung der Sorgfaltspflichten keinesfalls konsequent erfolgt.

4.3   Fortsetzung der Geschäftsbeziehung bei Bargeschäften

Das Geldwäschegesetz geht hinsichtlich der einzelnen Sorgfaltspflichten von einem flexiblen, d.h. risikoorientierten Ansatz aus (vgl. § 10 Abs. 2 GwG).[15] Den konkreten Umfang der Maßnahmen müssen daher die Verpflichteten anhand des Risikos des jeweiligen Vertragspartners, der Geschäftsbeziehung und der Transaktion selbst einschätzen, vgl. § 10 Abs. 2 GwG. Gemäß § 10 Abs. 9 S. 1 GwG[16] darf eine Geschäftsbeziehung nicht begründet, fortgesetzt oder eine Transaktion nicht durchgeführt werden, wenn der Verpflichtete die Sorgfaltspflichten des § 10 Abs. 1 Nr. 1 (Identifizierung), Nr. 2 (Ermittlung des wirtschaftlich Berechtigten) und Nr. 3 (Information über Geschäftszweck) und Nr. 4 (Feststellung, ob Vertragspartner bzw. wirtschaftlich Berechtigter eine politisch exponierte Person ist) nicht erfüllen kann, die Verpflichteten entweder die Identität des Mandanten nicht feststellen können und/oder die Angaben zweifelhaft erscheinen.

Mit Ausnahme der Gruppe der *Notare*, die gemäß § 54a Beurkundungsgesetz kein Bargeld entgegennehmen dürfen, können alle Gruppen Transaktionen mit Bargeld in unbegrenzter Höhe vornehmen. Dies betrifft die *rechtsberatenden und vermö-gensverwaltenden Berufe* insbesondere bei Bareinzahlungen auf Anderkonten. Bei der Gruppe der *Güterhändler* entstehen bei Annahme von Bargeld 10.000 Euro oder mehr (vormals: 15.000 Euro), unabhängig von der Risikolage, zwingend die Sorgfaltspflichten gemäß § 10 Abs. 6 i.V.m. § 10 Abs. 1 GwG (vormals § 3 Abs. 2 S. 5 i.V.m. § 3 Abs. 1 GwG a. F.). Kommen Versicherungsverträge durch einen *Versicherungsmakler* (Verpflichtete i.S.d. § 2 Abs. 1 Nr. 7 GwG[17]) zustande, so hat dieser gem. § 10 Abs. 1 und 3 GwG[18] die allgemeinen Sorgfaltspflichten zu erfül-len, wobei der Umfang der Maßnahmen dem konkreten Risiko angepasst werden kann, vgl. § 10 Abs. 2 GwG. Darüber hinaus hat dieser gemäß § 10 Abs. 8 GwG[19] dem Versicherungsunternehmen gegenüber eine Mitteilungspflicht, sofern Prämien-einziehungen in bar erfolgen und den Betrag von 15.000 Euro im Kalenderjahr übersteigen.

Der Fragetext wurde den Regelungen für die Verpflichtetengruppen jeweils ange-passt. Für die Gruppe der *Immobilienmakler* war diese Fragengruppe nicht sinnvoll,

---

[15] *Löwe-Krahl* (2012), Rn. 86 zu § 3 Abs. 4 GwG a.F.

[16] Siehe § 3 Abs. 6 S. 1 GwG a.F.

[17] Vgl. § 2 Abs. 1 Nr. 4 GwG a.F.

[18] Vgl. § 3 Abs. 1 und Abs. 2 S. 1 Nr. 1 GwG a.F.

[19] Vgl. § 3 Abs. 5 GwG a.F.

da sie selbst den Kaufpreis nicht annimmt. Die Frageformulierungen lauteten im Einzelnen wie folgt:

Rechtsberatende und vermögensverwaltende Berufe: „Wie wird in Ihrer Kanzlei bzw. Sozietät damit umgegangen, wenn Mandanten Barzahlungen auf Treuhand- bzw. Anderkonten vornehmen, aber keine bzw. keine glaubhaften Angaben zu sich, der wirtschaftlich berechtigten Person oder dem Geschäftszweck machen?"

Versicherungsmakler: „Wie wird in Ihrem Vermittlungsbüro damit umgegangen, wenn ein neuer Kunde keine bzw. keine glaubhaften Angaben zu sich, dem wirtschaftlich Berechtigten oder dem Geschäftszweck mllacht und die jährliche Prämie über 15.000 Euro liegt, die in bar gezahlt werden soll?"

Güterhändler: „Wie wird in Ihrem Unternehmen damit umgegangen, wenn bei Bargeldgeschäften ab 15.000 Euro ein neuer Kunde keine bzw. keine glaubhaften Angaben zu sich, dem wirtschaftlich Berechtigten oder dem Geschäftszweck macht?"

Nur 39 % würden ein zweifelhaftes Geschäft auf keinen Fall weiterführen, jeder zehnte Verpflichtete (12 %) würde das Geschäft gleichwohl fortsetzen (Abb. 4.8). Zwischen den Gruppen zeigen sich erhebliche Diskrepanzen. In der Gruppe der *Versicherungsmakler* führen derartige Unklarheiten immer zum Abbruch der Geschäftsbeziehung. Eine vergleichsweise strikte Praxis ist bei den *rechtsberatenden und vermögensverwaltenden Berufen* nicht annähernd erkennbar, nur 37 % würden die Geschäftsbeziehung abbrechen. Damit schneiden sie nicht besser als

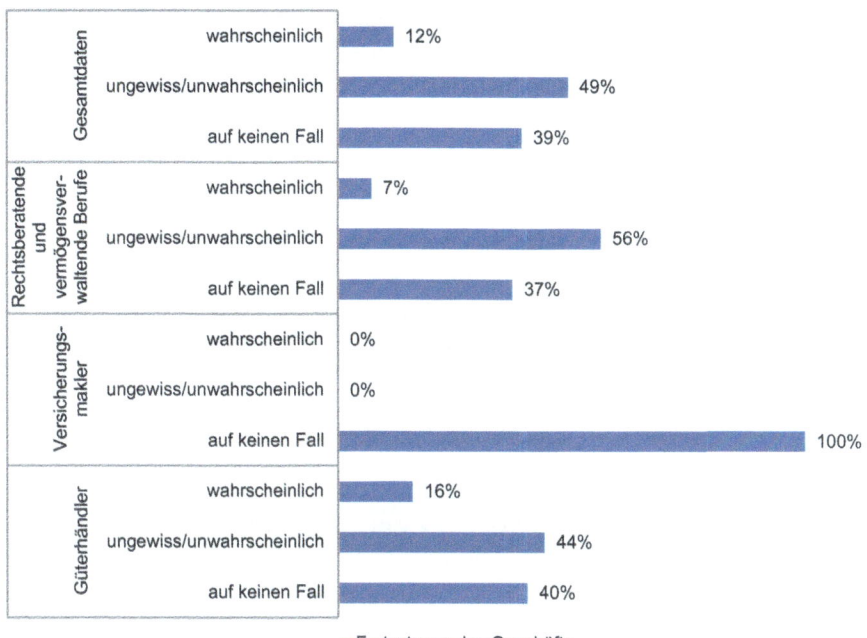

Abb. 4.8 Fortsetzung von zweifelhaften Bargeschäften in den Sektoren

die Gruppe der *Güterhändler* ab, auch hier sind es nur 40 %, die das Geschäft nicht mehr fortsetzen würden.

Werfen wir einen Blick auf den Anteil derjenigen, die die Geschäftsbeziehung fortsetzen würden, so würde jeder zehnte Verpflichtete (12 %) seine geschäftlichen Interessen weiterverfolgen und die verbleibenden 49 % halten dies für unwahrscheinlich. Am ehesten würden *Güterhändler* (16 %) und Verpflichtete aus den *rechtsberatenden und vermögensverwaltenden Berufen* das Geschäft fortsetzen (7 %), während dies für *Versicherungsmakler* nicht in Betracht kommt.

Unabhängig von der Einhaltung der Sorgfaltspflichten hatten die Verpflichteten gem. § 11 Abs. 1 S. 1 GwG a.F. eine Meldepflicht, d.h. eine Verdachtsmeldung musste unverzüglich an die zuständigen Institutionen, d.h. BKA/FIU oder den zuständigen Strafverfolgungsbehörden erfolgen. Mit der jüngsten Reform des GwG erfolgt die Abgabe der Verdachtsmeldungen ausschließlich an die Zentralstelle für Finanztransaktionsuntersuchungen (§ 43 Abs. 1 i.V.m. § 27 GwG). Die Bereitschaft hierzu ist jedoch im *Nicht-Finanzsektor* relativ gering. Nur jeder zweite Verpflichtete würde dem LKA (46 %) oder dem BKA/FIU (45 %) diesen Vorgang melden. Zwischen den Verpflichtetengruppen zeigen sich keine signifikanten Unterschiede (Abb. 4.9).

Aufgrund der damaligen rechtlichen Sonderregelungen für *Rechtsanwälte und Notare* gem. § 11 Abs. 4 S. 1 GwG a.F. sind Verdachtsmeldungen zuerst an die Berufskammern zu richten gewesen. Einen Filtereffekt können wir den Antworten jedoch nicht entnehmen, nur 41 % der Verdachtsmeldungen erfolgten an die Kammern (siehe auch unten für Rechtsanwälte Abb. 4.11).

Insofern es bei *Güterhändlern* bei Transaktionen mit Bargeld in Höhe von mindestens 15.000 Euro zu Identifizierungsproblemen kommt oder der Geschäftshintergrund unklar bleibt, würden hypothetisch gefragt 16 % das Geschäft wahrscheinlich dennoch fortsetzen (Abb. 4.10). In der Gruppe der *KFZ-Händler* ist dies die Praxis

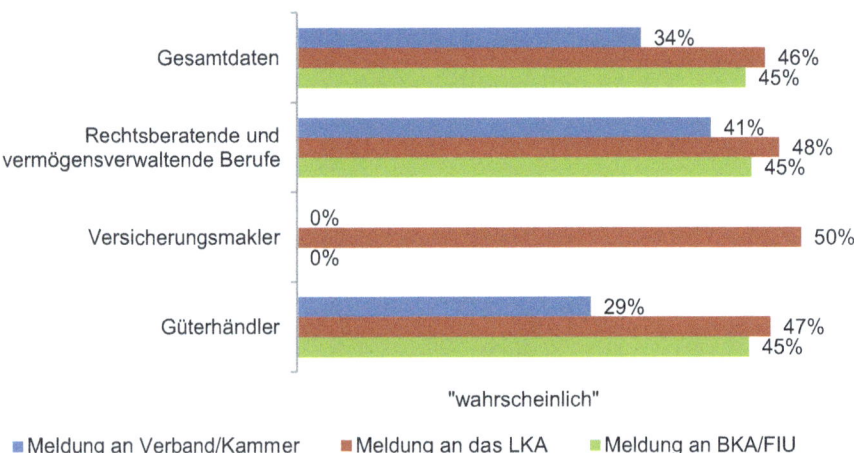

Abb. 4.9 Meldung von zweifelhaften Bargeschäften in den Sektoren

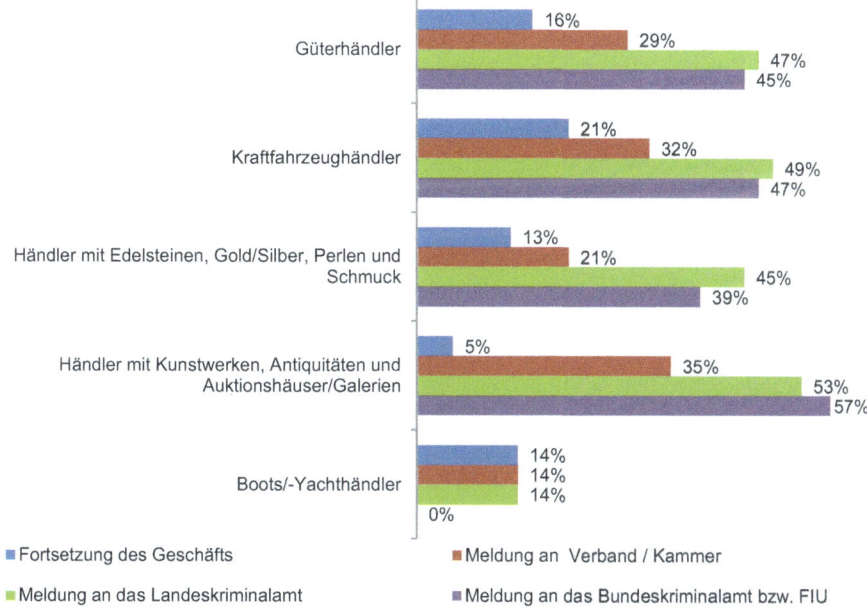

Abb. 4.10 Reaktion auf zweifelhafte Bargeschäfte bei Güterhändlern

bei fast jedem fünften Verpflichteten (21 %) und jedem zehnten *Schmuck-* und *Edel-steinhändler* (13 %). Demgegenüber würde nur etwa jeder zweite *Güterhändler* das LKA (47 %) oder BKA (45 %) über ihren Verdachtsfall informieren. Eine Meldung an das BKA (57 %) würden am häufigsten *Kunst- und Antiquitätenhändler* abgeben. *Boots- und Yachthändler* würden trotz zweifelhafter Angaben genauso häufig das Geschäft fortsetzen wie eine Meldung an das LKA einreichen (14 %).

Fazit: Auch in der Praxis zeigt sich eine unzureichende Umsetzung der Obliegen-heiten des GWG. Zu häufig werden Geschäftsbeziehungen trotz zweifelhaftem Hin-tergrund fortgesetzt und selten erachten die Verpflichteten eine Verdachtsmeldung für obligatorisch. *Boots- und Yachthändler* scheinen das Geldwäschegesetz weit-gehend zu missachten.

4.3.1   *Praxis rechtsberatender und vermögensverwaltender Berufe*

Für die Gruppe der *rechtsberatenden und vermögensverwaltenden Berufe* sieht das GwG besondere Regelungen vor, die in der besonderen Vertrauensbeziehung zwi-schen ihnen und ihrer Mandantschaft begründet ist. Grundsätzlich sind *Rechtsan-wälte* und *Notare* Verpflichtete im Sinne des GwG, wenn sie für ihre Mandanten an der Planung oder Durchführung der in § 2 Abs. 1 Nr. 10 GwG abschließend aufgeführten Geschäfte mitwirken bzw. wenn sie im Namen oder auf Rechnung des Mandanten Finanz- oder Immobilientransaktionen durchführen. Daher unterliegen diese Personengruppen auch grundsätzlich der Meldepflicht von Verdachtsfällen gemäß § 43 Abs. 1 GwG. Konsequenz dieser Meldepflicht ist eine Durchbrechung der berufsständischen Verschwiegenheitsverpflichtung gemäß § 43a Abs. 2 Bundesrechtsanwaltsordnung bzw. § 18 Abs. 1 Bundesnotarordnung.[20] *Wirtschaftsprüfer* und *Steuerberater* sind ebenfalls gemäß § 2 Abs. 1 Nr. 12 GwG Verpflichtete, denen eine Meldepflicht nach § 43 Abs. 1 GwG obliegt.

Abweichend von § 43 Abs. 1 GwG sieht allerdings § 43 Abs. 2 S. 1 GwG eine Befreiung von der Meldepflicht für diese Verpflichtetengruppen vor. Danach müssen *Rechtsanwälte* und *Notare* keine Verdachtsmeldung abgeben, wenn sich der meldepflichtige Sachverhalt auf diejenigen Informationen bezieht, die sie im Rahmen der Rechtsberatung bzw. Prozessvertretung des Vertragspartners erhalten haben.[21] Dieses Beraterprivileg gilt auch für *Wirtschaftsprüfer* und *Steuerberater* (§ 43 Abs. 2 S. 1 GwG). Eine Meldepflicht für die vorgenannten Personengruppen besteht gemäß § 43 Abs. 2 S. 2 GwG wiederum dann, wenn diese positiv wissen, dass der Vertragspartner die Rechtsberatung für den Zweck der Geldwäsche bzw. Terrorismusfinanzierung in Anspruch genommen hat oder nimmt. Mit anderen Worten besteht dann wieder eine Meldepflicht, wenn der Vertragspartner das geschützte Vertrauensverhältnis zu einer strafbaren Handlung unter Mitwirkung eines Rechtsberaters missbrauchen will.[22]

Dieses besondere Privileg für die Rechtsberatung war jedoch nicht die Konstellation in unserer Fragestellung, sie lautete: „*Wie wird in Ihrer Kanzlei bzw. Sozietät damit umgegangen, wenn Mandanten Barzahlungen auf Treuhand- bzw. Anderkonten vornehmen, aber keine bzw. keine glaubhaften Angaben zu sich, der wirtschaftlich berechtigten Person oder dem Geschäftszweck machen?*"

Gleichwohl ist die Meldebereitschaft bei zweifelhaften Barzahlungen auf Treuhand- oder Anderkonten auch bei den *rechtsberatenden und vermögensverwaltenden Berufen* eher gering ausgeprägt. Bei den *Vermögensverwaltern* und *Treuhändern* ist die Bereitschaft, einen Verdacht beim LKA (78 %) oder BKA/FIU (67 %) zu melden, am höchsten ausgeprägt. Unter den *Wirtschafts-/Buchprüfern* ist die Meldebereitschaft deutlich geringer (33 %). Trotz fehlender oder unglaubhafter Angaben zum Mandanten oder dem wirtschaftlich Berechtigten, würden 17 % der befragten *Wirtschafts-/Buchprüfer* das Geschäft fortsetzen (Abb. 4.11).

Die Meldebereitschaft bei *Rechtsanwälten* ist ebenfalls zu gering. Auch an ihre berufsständische Kammer würden nach eigenen Angaben nur 38 % der

---

[20] *Warius*, in: Herzog et al. (2014), GwG, § 2 Rn. 151.

[21] Vgl. § 11 Abs. 3 Satz 1 GwG, bspw. Mandant offenbart einem Rechtsanwalt, dass dieser zuvor bei einem anderen Anwalt über Anderkonten Geldwäschehandlungen vornehmen ließ und sich jetzt prozessual vertreten oder rechtlich beraten lassen will. Eine Meldepflicht besteht in diesem Fall nicht.

[22] *Herzog/Achtelik*, in: Herzog et al. (2014), GwG, § 11 Rn. 33.

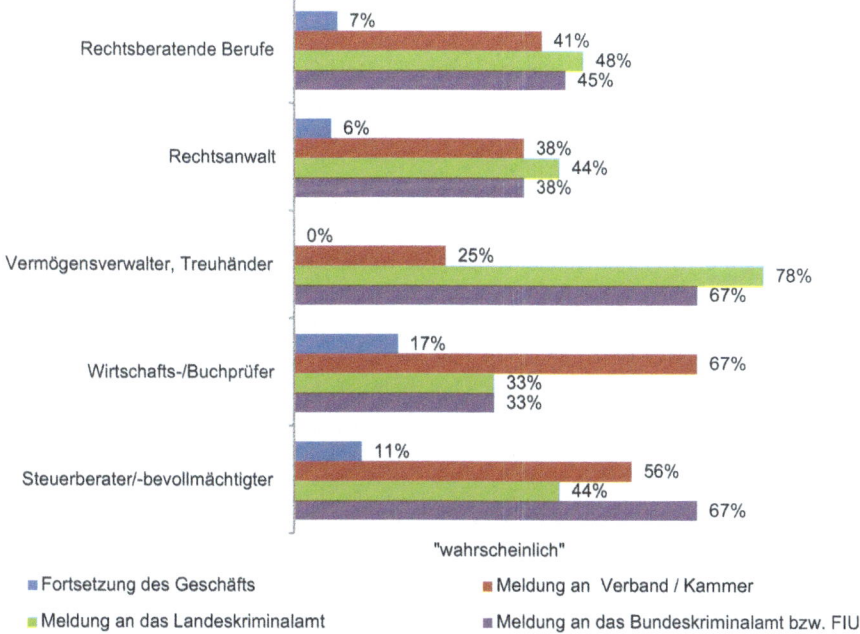

Abb. 4.11 Reaktion auf zweifelhafte Bargeschäfte bei den rechtsberatenden Berufen[23]

Rechtsanwälte einen Verdacht melden. Ein Grund für diese Zurückhaltung kann, wie zuvor ausgeführt, in der besonderen rechtlichen Beziehung von Rechtsanwälten zu ihren Mandanten bestehen, die jedoch in dieser Konstellation von Barzahlungen auf Treuhand- bzw. Anderkonten unberechtigt sind.

4.4   Geschäftsbeziehung bei Verdacht auf Geldwäsche

In einer weiteren Frage wurden keine Kriterien wie zweifelhafte Bargeschäfte genannt, die auf einen Verdachtsfall nur hindeuten, sondern es wurde von einem konkreten Fall des Verdachts auf Geldwäsche ausgegangen. Die Auswertung beruht insoweit auf die von den Verpflichteten in unserer Studie selbst berichteten 68 Verdachtsfälle.

---

[23] Fragetext: Wie wird in Ihrer Kanzlei bzw. Sozietät damit umgegangen, wenn Mandanten Barzahlungen auf Treuhand- bzw. Anderkonten vornehmen, aber keine bzw. keine glaubhaften Angaben zu sich, der wirtschaftlich berechtigten Person oder dem Geschäftszweck machen?

Die Frageformulierungen lauteten wie folgt:

Rechtsberatende und vermögensverwaltende Berufe: „Wie häufig hielten Ihre
   Kanzlei bzw. Ihre Sozietät es in den letzten zwei Jahren für möglich, dass Ihr
   Mandat bspw. durch Nutzung eines Treuhand- bzw. Anderkonto für Geldwäsche
   genutzt werden sollte?"
Immobilienmakler: „Wie häufig hielten Sie bzw. Ihr Unternehmen es in den letzten
   zwei Jahren für möglich, dass bei dem Kauf einer von Ihnen vermittelten Immobilie illegal erwirtschaftete Gelder genutzt werden sollten?"
Versicherungsmakler: „Wie häufig hielten Sie bzw. Ihr Vermittlungsbüro es in den
   letzten zwei Jahren für möglich, dass bei der Prämienzahlung einer Personenver-
   sicherung illegal erwirtschaftete Gelder genutzt werden sollten?"
Güterhändler: „Wie häufig hielt Ihr Unternehmen es in den letzten zwei Jahren
   für möglich, dass bei einem Geschäftsabschluss illegal erwirtschaftete Gelder
   genutzt werden sollten?"

Zusätzlich wurde erhoben, wie Verpflichtete, die keine Verdachtsfälle genannt
haben, mit einer solchen Situationen hypothetisch umgehen würden, in denen es für
möglich gehalten wird, dass bei einem Geschäftsabschluss illegal erwirtschaftete
Gelder genutzt werden sollen.

Erwartungsgemäß wird das eingeschätzte hypothetische Verhalten eher regelkon-
form ausgerichtet. Nur jeder zehnte *Güterhändler* (12 %) und *Immobilienmakler*
(9 %) würde trotz konkretem Geldwäscheverdacht sein Geschäft fortsetzen, alle
Gruppen insgesamt nur 7 %. Die Realität sieht jedoch anders aus. Von den Verpflichteten, die selbst einen Verdachtsfall festgestellt haben (7 %; n = 68), haben
29 % das Geschäft trotzdem fortgesetzt. Ein Drittel der *Immobilienmakler* (33 %)
hat ebenfalls am Geschäft festgehalten. Am größten ist der Anteil bei den *Güterhändlern,* von denen über die Hälfte (56 %) das Geschäft fortgesetzt hat (Abb. 4.12).

Abb. 4.12 Fortsetzung des Geschäfts trotz Verdachtsfalls[24]

---

[24] Fragetext 1: Wie ging man in Ihrem Unternehmen oder Kanzlei/Sozietät mit der letzten Situation um?
Fragetext 2: Wie würde ihr Unternehmen oder Ihre Kanzlei/Sozietät mit dieser Situation umgehen?

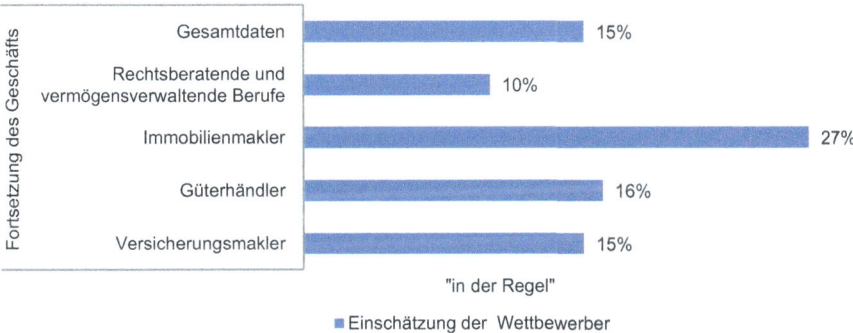

Abb. 4.13 Fortsetzung des Geschäfts trotz Verdachtsfalls (Fremdeinschätzung)[25]

Innerhalb der *Güterhändler* erlaubt die kleine Zahl der berichteten Verdachts-fälle (n = 14) nur eine eingeschränkte Analyse des tatsächlichen Verhaltens, dies gilt insbesondere für die *Händler mit Kunst und Antiquitäten* und für *Boots- und Yachthändler.* Mit diesem Vorbehalt setzten am häufigsten *Händler mit Edelsteinen, Gold/Silber und Schmuck* das Geschäft trotz ihres Geldwäscheverdachts fort. Am häufigsten brachen hingegen *KFZ-Händler* das Geschäft ab, etwas mehr als jeder Vierte setzte es fort (29 %, ohne Abb.).

Bei den *rechtsberatenden und vermögensverwaltenden Berufen* erlaubt die Fall-zahl eine differenzierte Auswertung (Verdachtsfälle n = 27). Jeder zweite *Notar* und *Wirtschafts-/Buchprüfer* verzichtete auf eine Fortsetzung des Mandats, allerdings nur jeder vierte *Rechtsanwalt* (23 %). Das selbsteingeschätzte hypothetische Ver-halten fällt erwartungsgemäß auch in der Gruppe der *rechtsberatenden und vermö-gensverwaltenden Berufe* deutlich konsequenter aus. Ethos und (selbstberichtete) Realität sind jedoch auch hier weit voneinander entfernt.

Auch das Verhalten der Berufskollegen und Wettbewerber schätzen die Befrag-ten deutlich kritischer als bei sich selbst ein. Die Einschätzung ihres beruflichen Umfelds dürfte daher der eigenen Realität am ehesten entsprechen. Die Beurtei-lung der *Immobilienmakler* durch ihre Berufskollegen und Wettbewerber fällt am schlechtesten aus. Mehr als jeder Vierte (27 %) geht davon aus, dass andere Makler das Geschäft trotz konkreten Verdachts fortsetzen würden (Abb. 4.13).

---

[25] Fragetext: Was meinen Sie wie Ihre Wettbewerber bzw. Berufskollegen mit solchen Situationen umgehen?

Kapitel 5
Praxis der Typologie-Kriterien

5.1   Wahrnehmung von Typologie-Kriterien

Eine effiziente Geldwäschebekämpfung in Deutschland ist letztlich von der Umsetzung der Sorgfalts- und Meldepflicht abhängig, da Strafverfolgungsbehörden auf Verdachtsmeldungen der Verpflichteten angewiesen sind. Dabei attestieren die Experten dem *Finanzsektor* eine gute Umsetzung, vermutlich auch aufgrund der hohen Anzahl der Verdachtsmeldungen. Ähnlich gut schneidet auch die *Versicherungsbranche* ab, fast zwei Drittel der Experten (61 %) gehen von einer mindestens befriedigenden Umsetzung aus.

Als mangelhaft bewertet über die Hälfte der Experten die Umsetzung bei den *Immobilienmaklern* (53 %), jeder Zehnte geht sogar davon aus, dass die Sorgfalts- und Meldepflichten bei Maklern gar nicht umgesetzt werden (11 %). Auch gegenüber den *Güterhändlern* fallen die Einschätzungen der Experten nicht positiver aus, über ein Drittel (36 %) meint, dass den Pflichten nur mangelhaft, etwa jeder Zehnte nimmt an, dass den Pflichten gar nicht nachgekommen wird (13 %, ohne Abb.).

Zur weiteren Untersuchung ihrer Awareness wurden die Verpflichteten mit vier allgemeinen Verdachtskriterien konfrontiert, die auf Geldwäsche hindeuten können.[1] Die Befragten sollten angeben, wie häufig sie diese beobachtet haben. Trotz der großenteils geringen Awareness nahm im Durchschnitt etwa jeder zehnte Verpflichtete mindestens ein Verdachtskriterium wahr. In der Stichprobe der Studie hätten rund 130 Verpflichtete (14 %) mindestens einmal einen Verdacht auf Geldwäsche schöpfen können, da

- *Zweifel an der Identität bzw. Integrität des Vertragspartners* bestanden haben (Abb. 5.1).

---

[1] Um die Befragten nicht zu beeinflussen, wurde nicht mitgeteilt, dass es sich bei den einzelnen Aspekten um Typologien handelt, die zum Teil auf dem Typologiepapier des BKA basieren.

© Springer-Verlag GmbH Deutschland, ein Teil von Springer Nature 2018
K.-D. Bussmann, *Geldwäscheprävention im Markt*,
https://doi.org/10.1007/978-3-662-56185-0_5

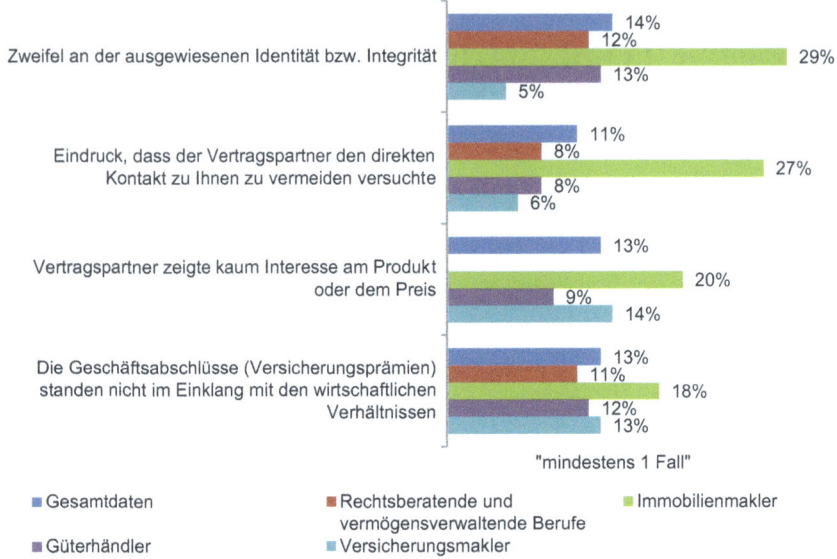

Abb. 5.1 Wahrnehmung allgemeiner Verdachtsmerkmale[2]

Eine Verdachtsmeldung erfolgte in der Regel jedoch nicht, wie bereits der Blick auf die Gesamtzahl der aus dem Nicht-Finanzsektor zum Zeitpunkt der Studie stammenden jährlichen knapp 250 Verdachtsmeldungen zeigt (vgl. Abschn. 7.1.1).

Auch anhand der anderen drei Kriterien bemerkte etwa jeder zehnte Befragte in den letzten zwei Jahren mindestens ein Kriterium, das ausreichend gewesen wäre, um eine Verdachtsmeldung abzugeben. Im Vergleich zu den anderen Gruppen berichteten *Immobilienmakler* am häufigsten über Verdachtsmerkmale wie,

- es bestanden Zweifel an der Identität und Integrität des Interessenten bzw. wirtschaftlich Berechtigten (29 %),
- Vertragspartner versuchte den direkten Kontakt (27 %) zu vermeiden und
- zeigte ein geringes Interesse an der Immobilie und ihrem Preis (20 %).

In einer weiteren Frage wurden weitere Verdachtsmerkmale vertieft erhoben, die den Verpflichteten in den letzten zwei Jahren aufgefallen sind. Neben einem Kern von allgemeinen Kriterien wurde basierend auf den Erkenntnissen aus unseren Experteninterviews für jeden Wirtschaftssektor zusätzlich ein angepasster spezifischer Kriterienkatalog verwendet (Tab. 5.1). Bei den meisten der Kriterien liegen die Voraussetzungen für eine Verdachtsmeldung vor.

Relativ selten gaben die Verpflichteten an, dass die *Identität des Vertragspartners* bzw. *wirtschaftlich Berechtigten* nicht geklärt werden konnte. Allerdings ist zu vermuten, dass die Befragten sich vielfach auf eine bloße Feststellung der Identität des *direkten* Vertragspartners beschränken.

---

[2] Fragetext: Wie häufig kam Folgendes in Ihrem Unternehmen bzw. Ihrer Kanzlei/Sozietät vor?

Tab. 5.1 Typologie-Kriterien differenziert nach Verpflichtetengruppen

Verpflichtetengruppe	Typologie-Kriterien
Alle Verpflichtetengruppen	Identität des Vertragspartners bzw. des wirtschaftlich Berechtigten nicht geklärt.
	Geschäftshintergrund oder Verwendungszweck unklar.
	Gesellschafter einer Scheinfirma als wirtschaftlich Berechtigte.
	Überweisung aus Ländern mit hoher Korruption oder niedrigem Anti-Geldwäsche-Standard/Zahlungen an zweifelhaft ausländische Institute.
Rechtsberatende und vermögensverwaltende Berufe, Immobilienmakler, Güterhändler	Auffällig komplexe Finanzierungskonstrukte.
Rechtsberatende und vermögensverwaltende Berufe, Immobilienmakler	Geschäftsbeträge liegen deutlich über dem üblichen Wert.
Rechtsberatende und vermögensverwaltende Berufe	Buchungen werden mehrfach oder sogar fiktiv vorgenommen.
	Auffällig hohe Einnahmen, die nicht zur Geschäftslage passen.
Immobilienmakler, Güterhändler, Versicherungsvermittler/-makler	Branchenunübliche Bargeschäfte (z. B. Stückelung bei Bargeschäften über 15.000 EUR).
Immobilienmakler	Immobilien wechseln in kurzen Abständen den Eigentümer.
	Wunsch nach ungewöhnlich schnellem Vertragsabschluss.
	Kaufpreis ohne Inanspruchnahme einer Fremdfinanzierung oder eines Kredits.
	Angebot der Bezahlung der Immobilie in bar.
Versicherungsvermittler/-makler	Auffällig hohe Einmalbeträge werden in Beitragsdepots eingezahlt.
	Versicherungsleistungen sollen in High-Risk Länder überwiesen werden.
	Prämienzahlungen werden durch unbekannte Dritte getätigt.
	Monatliche Beiträge über 1.000 EUR werden vereinbart.
Güterhändler	Rücktritt von einem Bargeschäft über 15.000 EUR oder Transferierung.

Bei natürlichen Personen sind hierzu gem. § 11 Abs. 4 Nr. 1 GwG[3] Feststellungen zum Namen, Geburtsort und -datum sowie Staatsangehörigkeit und Wohnanschrift des Vertragspartners erforderlich und somit festzustellen. Bei juristischen Personen

---

[3] Vgl. die früheren Regelungen in § 4 GWG a.F.

sind gem. § 11 Abs. 4 Nr. 2 GwG Firma, Name oder Bezeichnung, Rechtsform, Registernummer, Anschrift des Sitzes, Namen der gesetzlichen Vertreter zu ermitteln. Zur Überprüfung genügen bei natürlichen Personen amtliche Ausweise (§ 12 Abs. 1 S. 1 Nr. 1 GwG[4] und bei juristischen Personen ein Auszug aus dem Handels- bzw. Genossenschaftsregister, vergleichbaren amtlichen Register bzw. amtliche Gründungsdokumente oder einer dokumentierten Einsichtnahme des Verpflichteten in die Register- oder Verzeichnisdaten (§ 12 Abs. 2 GwG.

Demgegenüber ist die Feststellung des *wirtschaftlich Berechtigten* (vgl. § 11 Abs. 5 GwG) erheblich aufwendiger und schwieriger.[5] Trotz der zum Zeitpunkt der Studie noch fehlenden Unterstützung durch ein Transparenzregister[6] berichteten zwar nur 3 % der Befragten über (mindestens) einen Fall, bei dem die Feststellung der Identität bzw. wirtschaftlich Berechtigten nicht gelang, aber 4 % berichteten über eine *Scheinfirma* als wirtschaftlich Berechtigten und 7 % über Vertragspartner, bei denen der Geschäftshintergrund oder Verwendungszweck des Geschäfts unklar waren.

Alles Konstellationen, die einen Verdacht auf Geschäftsabschlüsse mit „Strohmännern" nahelegen. Bei einigen Berufsgruppen und Branchen traten derartige zweifelhafte Vertragsbeziehungen überdurchschnittlich häufig auf. Jeder zehnte *Immobilienmakler* und Angehörige der *rechtsberatenden und vermögensverwaltenden Berufe* berichtete über mindestens einen Fall, bei dem der Geschäftshintergrund bzw. Verwendungszweck unklar war (Abb. 5.2).

Überdies berichteten *Immobilienmakler* überdurchschnittlich häufig von Überweisungen aus Hoch-Risiko Ländern (10 %), auffällig komplexen Finanzierungs- (11 %) und Scheinfirmenkonstruktionen (7 %). Bezüglich der *rechtsberatenden und vermögensverwaltenden Berufe* fällt auf, dass sie relativ häufig über branchenunübliche Bargeschäfte berichten (13 %). Bei jeder dieser Auffälligkeiten bestand Grund für eine Verdachtsmeldung.

5.1.1   Wahrnehmung von Typologie-Kriterien im Immobiliensektor

Die Belastung bzw. das potenzielle Geldwäscherisiko im *Immobiliensektor* wird zusätzlich an den branchenspezifischen Typologien ersichtlich. Knapp jeder zweite *Immobilienmakler* (48 %) hatte in den letzten zwei Jahren mindestens einen Fall, bei dem die Immobilie ohne Inanspruchnahme einer Finanzierung gekauft werden konnte (o. Abb.).

Der Verzicht auf jegliche Finanzierung begründet zwar nicht generell einen Verdacht auf Geldwäsche, aber in Verbindung mit anderen Merkmalen durchaus. Hierzu gehört u. a. die Bezahlung einer Immobilie in bar, bei 13 % erfolgte ein solches Angebot mindestens einmal in den letzten zwei Jahren (Abb. 5.3). Auch

---

[4] Seit der jüngsten Reform daneben noch zahlreiche andere Methoden, vgl. § 12 I S. 1 Nr. 2–5 GwG.

[5] *Diergarten und Barreto da Rosa* (2015), Kap. 3, Rn. 91 ff.

[6] *BMF* (2016).

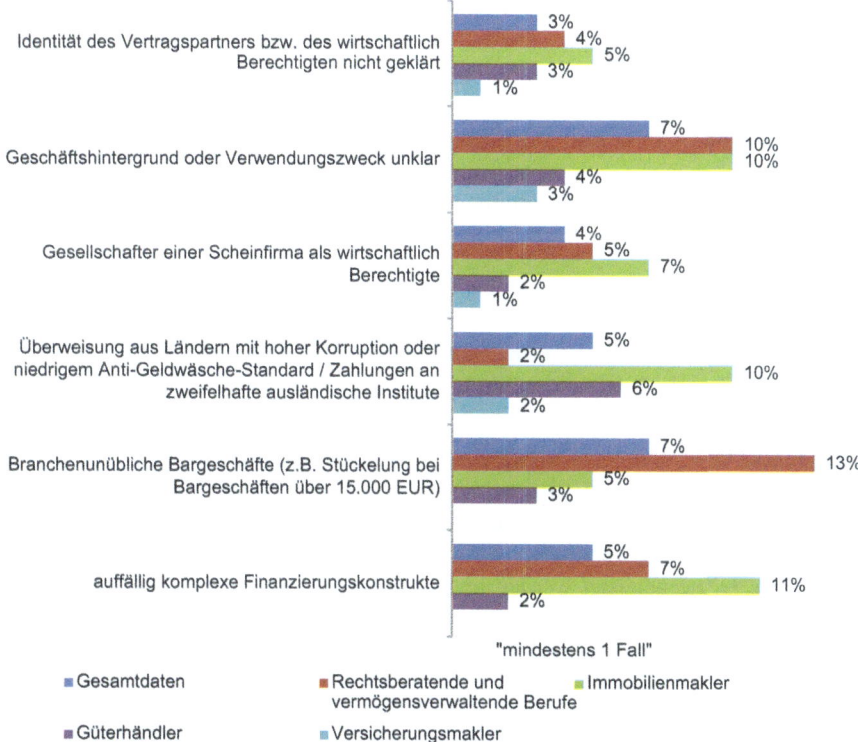

Abb. 5.2 Wahrnehmung spezifischer Verdachtsmerkmale in den letzten zwei Jahren[7]

Abb. 5.3 Wahrnehmung spezifischer Verdachtsmerkmale[8]

---

[7] Fragetext: Wie häufig kam es Ihrer Erfahrung nach in Ihrem Unternehmen oder Kanzlei/Sozietät in den letzten zwei Jahren vor, dass … ?

[8] Fragetext: Wie häufig kam es Ihrer Erfahrung nach in Ihrem Unternehmen in den letzten zwei Jahren vor, dass … ?

berichteten 22 % über einen kurzfristigen Eigentümerwechsel, 17 % zeigten ein Interesse an einem ungewöhnlich schnellen Vertragsabschluss und bei 15 % lag der Preis deutlich über dem üblichen Immobilienwert.

Die Selbstreports der befragten Immobilienmakler zeigen, dass ihr Wirtschaftszweig besonders häufig mit Anhaltspunkten konfrontiert wird, die auf Geldwäsche hindeuten können. Nur wenige dieser Anhaltspunkte werden jedoch als Kriterien auf Geldwäsche wahrgenommen und führen daher letztlich nicht zu einer Verdachtsmeldung.

5.1.2   *Wahrnehmung von Typologie-Kriterien bei Versicherungsvermittlern*

Jeder fünfte *Versicherungsvermittler/-makler* berichtete in den letzten zwei Jahren über mindestens einen Fall, in dem die Höhe der monatlichen Beitragszahlungen 1.000 Euro überstieg. In Verbindung mit anderen Merkmalen kann sich ein Verdacht auf Geldwäsche begründen. Beispielsweise, wenn Prämienzahlungen durch unbekannte Dritte geleistet werden und insbesondere, wenn hohe Einmalbeträge auf Beitragsdepots eingezahlt werden, immerhin 17 % der Befragten berichteten über mindestens einen derartigen Fall (Abb. 5.4).

5.2   Wahrnehmung von konkreten Verdachtsfällen

Für die Geldwäschebekämpfung ist letztlich entscheidend, ob bei den Verpflichteten anhand von konkreten Kriterien und Anhaltspunkten überhaupt ein Verdacht auf Geldwäsche entsteht. Die Studie erhob daher auch, wie häufig die Verpflichteten es

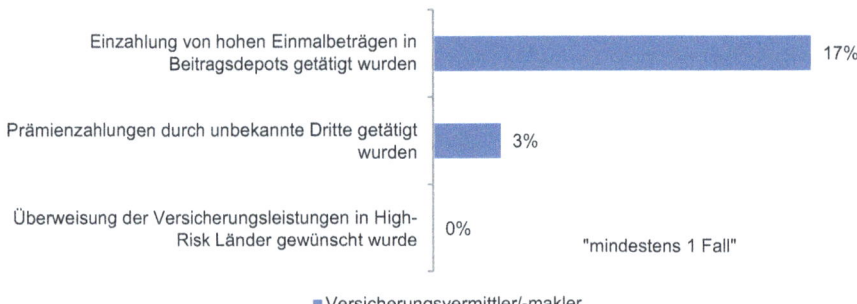

Abb. 5.4 Wahrnehmung spezifischer Verdachtsmerkmale[9]

---

[9] Fragetext: Wie häufig kam es Ihrer Erfahrung nach in Ihrem Vermittlungsbüro in den letzten zwei Jahren vor, dass ... ?

in den letzten zwei Jahren für möglich hielten, dass bei einem Geschäftsabschluss illegal erwirtschaftete Gelder genutzt werden sollten. Die Frageformulierungen lauteten wie folgt:

Rechtsberatende und vermögensverwaltende Berufe: „Wie häufig hielten Ihre
  Kanzlei bzw. Ihre Sozietät es in den letzten zwei Jahren für möglich, dass Ihr
  Mandat bspw. durch Nutzung eines Treuhand- bzw. Anderkonto für Geldwäsche
  genutzt werden sollte?"
Immobilienmakler: „Wie häufig hielten Sie bzw. Ihr Unternehmen es in den letzten
  zwei Jahren für möglich, dass bei dem Kauf einer von Ihnen vermittelten Immobilie illegal erwirtschaftete Gelder genutzt werden sollten?"
Versicherungsmakler: „Wie häufig hielten Sie bzw. Ihr Vermittlungsbüro es in den
  letzten zwei Jahren für möglich, dass bei der Prämienzahlung einer Personenver-
  sicherung illegal erwirtschaftete Gelder genutzt werden sollten?"
Güterhändler: „Wie häufig hielt Ihr Unternehmen es in den letzten zwei Jahren
  für möglich, dass bei einem Geschäftsabschluss illegal erwirtschaftete Gelder
  genutzt werden sollten?"

Von den 942 Verpflichteten[10] hielten es in den letzten zwei Jahren insgesamt nur 68 Befragte, somit nur 7 % mindestens einmal für möglich, dass für den Geschäftsabschluss inkriminierte Gelder genutzt werden sollten. Ein äußerst kleiner Anteil, der allerdings die außerordentlich geringe Zahl der Verdachtsmeldungen aus dem Nicht-Finanzsektor erklärt (Abb. 5.5).

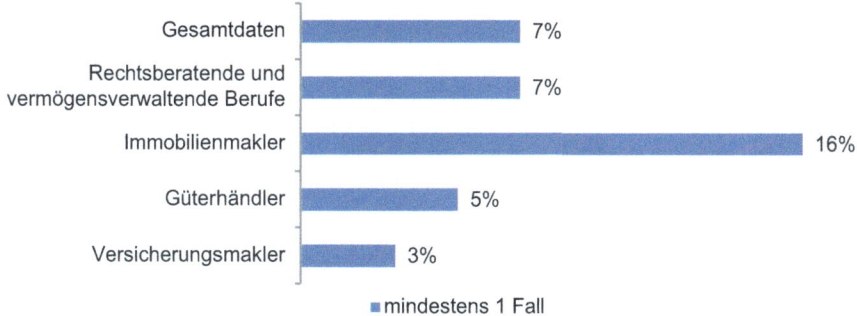

Abb. 5.5 Wahrnehmung mindestens eines Verdachtsfalls in den letzten zwei Jahren[11]

---

[10] Insgesamt wurden 1002 Interviews geführt, die 60 hierin enthaltenen Bauträger und Architekten wurden diesbezüglich nicht einbezogen, da ihnen nach dem GWG keine Pflicht zur Verdachtsmeldung obliegt.

[11] Fragetext: Wie häufig hielt Ihr Unternehmen es in den letzten zwei Jahren für möglich, dass bei einem Geschäftsabschluss illegal erwirtschaftete Gelder genutzt werden sollten? *Rechtsberatende und vermögensverwaltende Berufe*: Wie häufig hielt Ihre Kanzlei bzw. Ihre Sozietät es in den letzten zwei Jahren für möglich, dass Ihr Mandant bspw. durch Nutzung eines Treuhand- bzw. Anderkonto für Geldwäsche genutzt werden sollte?

Die Situation, dass illegal erwirtschaftete Gelder bei einem Geschäftsabschluss verwendet werden sollten, wurde am häufigsten von *Immobilienmaklern* berichtet (16 %; n = 24). Bei den *rechtsberatenden und vermögensverwaltenden Berufen* berichteten hingegen nur 7 % über mögliche Verdachtsfälle (n = 27), am wenigsten berichtete hierüber die Gruppe der *Güterhändler* (5 %; n = 14) und der *Versicherungsvermittler/-makler* (3 %; n = 3).[12]

Allerdings ist nicht auszuschließen, dass trotz Anonymität die Bereitschaft der Befragten gering war, über ihre Wahrnehmung von Verdachtsfällen zu berichten. Aus diesem Grund beschränkt sich das Studienkonzept nicht auf *Selbstreports* der Verpflichteten und Risikogruppen, sondern bezieht auch *Fremdeinschätzungen* über Wettbewerber mit ein. Da es sich bei den Zielgruppen um Praktiker handelt, liefern ihre Wahrnehmungen und Einschätzungen zum beruflichen Umfeld validere und realistischere Antworten zur tatsächlichen Praxis.

Es verwundert nicht, dass die Zahl der Verdachtsfälle in der eigenen Branche eher höher eingeschätzt wird, als im eigenen Unternehmen (Abb. 5.6). Jeder zweite Befragte war zwar der Auffassung, dass die Wettbewerber genauso häufig mit

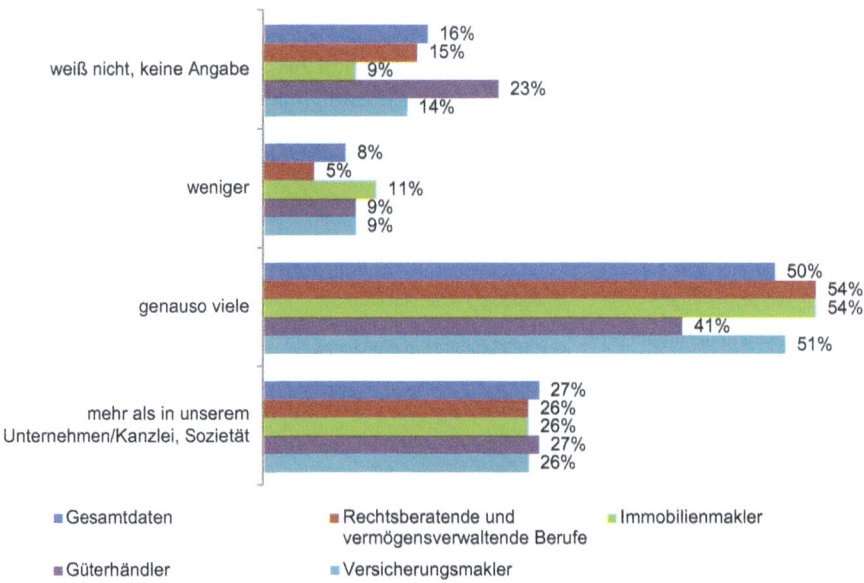

Abb. 5.6 Vermutete Verdachtsfälle bei Wettbewerbern (Fremdreport)[13]

---

[12] Die Prozentuierung bezieht sich auf die Stichprobengröße der jeweiligen Berufsgruppe, daher sind die absoluten Fallzahlen nicht miteinander vergleichbar.

[13] Fragetext: Verglichen mit Ihrem Unternehmen, wie hoch schätzen Sie die Zahl der Fälle in denen direkte Wettbewerber, die bspw. in Ihrer Region oder mit ähnlichem Angebotsprofil handeln, einen Verdacht auf Geldwäsche in den letzten zwei Jahren hatten? *Rechtsberatende und vermögensverwaltende Berufe*: Verglichen mit Ihrer Kanzlei bzw. Sozietät, wie hoch schätzen Sie die Zahl der Fälle in denen Berufskollegen, die bspw. in Ihrer Region ansässig sind und ein ähnliches Rechtsgebiet betreuen, in den letzten zwei Jahren gezielt zur Geldwäsche genutzt werden sollten?

Verdachtsfällen auf Geldwäsche konfrontiert sind, aber über ein Viertel vermutete (27 %), dass die Zahl der Situationen in anderen Unternehmen größer sein dürfte, eine geringere Fallzahl nahmen nur 8 % an. **Die berichteten Verdachtsfälle dürften daher eine deutliche Unterschätzung darstellen.**

Um diese Annahme einer Unterschätzung der in unserer Studie berichteten Verdachtsfälle zu untersuchen, wurden in der Studie nicht nur die Verdachtsfälle, sondern auch die selbst berichteten Verdachtsmerkmale berücksichtigt (nicht zu verwechseln mit einer förmlichen Verdachtsmeldung).

Hierzu wurde ein Vergleich zwischen der Häufigkeit der in unserer Studie berichteten Verdachtsfälle und den Verdachtsmerkmalen vorgenommen, die in den letzten zwei Jahren von den Befragten selbst festgestellt wurden. Unter den befragten Verpflichteten, die für die letzten zwei Jahre *keinen* Verdachtsfall berichteten (n = 874), war jedoch bei 16 % der Befragten (n = 152) mindestens ein Typologie-Kriterium in mindestens einem Fall erfüllt.[14] Als Verdachtsfall wurde dies von den Befragten jedoch nicht gewertet. Aus der Abb. 5.7 lässt sich auch entnehmen, dass die Differenz zwischen wahrgenommenen Verdachtsmerkmalen und in unserer Studie berichteten Verdachtsfällen bei der Gruppe der *Immobilienmakler* mit Abstand am höchsten ausfällt.

Aus den Angaben der Verpflichteten wurde zusätzlich eine *Erkennungsquote*, basierend auf den berichteten Verdachtsfällen und den erfüllten Typologie-Kriterien berechnet. Die Erkennungsquoten fallen erwartungsgemäß recht niedrig aus (Tab. 5.2). Die Unsicherheit im Umgang mit Merkmalen, die auf einen Verdachtsfall hindeuten können, trägt zu der außerordentlich geringen Anzahl an Verdachtsmeldungen bei. Insgesamt wurde nur jedes dritte Verdachtsmerkmal (31 %) als Verdachtsfall eingeordnet.

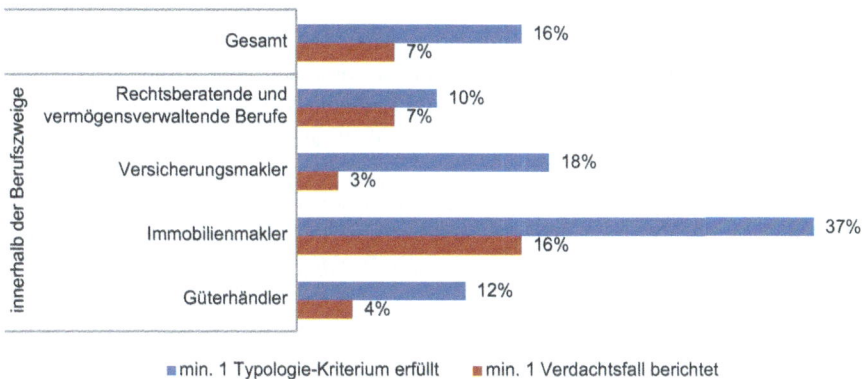

Abb. 5.7 Wahrnehmung von Verdachtsmerkmalen und Beobachtung eines Verdachtsfalls[15]

---

[14] Unter den Befragten, die von einem Verdachtsfall berichteten, sahen 42 % (n = 29) kein Typologie-Kriterium als erfüllt an. Die vorgegebene Liste der Kriterien vermag offenkundig nicht alle Fallkonstellationen zu erfassen.

[15] Fragetext 1: Wie häufig kam es Ihrer Erfahrung nach in Ihrem Unternehmen in den letzten zwei Jahren vor, dass … ? Fragetext 2: Wie häufig hielt Ihr Unternehmen es in den letzten zwei Jahren für möglich, dass bei einem Geschäftsabschluss illegal erwirtschaftete Gelder genutzt werden sollten?

Tab. 5.2 Vergleich zwischen berichteten Verdachtsfällen und Verdachtsmerkmalen[16]

	mind. 1 Typologie-Kriterium erfüllt	mind. 1 Verdachtsfall in der Studie berichtet	Summe aus erfüllten Typologie-Kriterien und berichteten Verdachtsfällen	Erkennungs-quote[17]
Gesamt	152	68	220	31 %
Rechtsberatende und vermögensverwaltende Berufe	41	27	68	40 %
Immobilienmakler	56	24	80	30 %
Güterhändler	37	14	51	27 %

Diese Analyse erlaubt überdies die Ermittlung der Erkennungsquote potenzieller Verdachtsfälle für jede Gruppe der Verpflichteten. Die Differenz zwischen dem Anteil der berichteten Verdachtsfälle und den selbst wahrgenommenen Verdachtsmerkmalen ist vor allem bei *Immobilienmaklern* besonders hoch. Nur 30 % der Verdachtsmerkmale wurden als Verdachtsfall eingeordnet. Bei den *rechtsberatenden und vermögensverwaltenden Berufen* hingegen ist die Erkennungsquote etwas besser ausgeprägt (40 %) und bei den *Güterhändlern* mit einer Erkennungsquote von 27 % am niedrigsten.

Unter der Annahme, dass es für die Verpflichteten oftmals nicht ausreichend ist, wenn nur ein Verdachtsmerkmal erfüllt ist, wurde die Analyse erweitert. Bei der folgenden Analyse mussten mindestens zwei Verdachtsmerkmale erfüllt sein (Tab. 5.3).

Die durchschnittliche Erkennungsquote steigt bei zwei Verdachtsmerkmalen immerhin auf insgesamt 51 %. Außerdem gibt es eine kleine Gruppe Befragter (n = 29), die einen Verdachtsfall ohne Bezug zu einem Typologie-Kriterium berichtet haben. Dies dürfte auf Auffälligkeiten beruhen, die nicht in unserer Liste aufgeführt wurden.

Bei den *Immobilienmaklern* ergibt sich eine Erkennungsquote von 47 %, damit blieben 27 Verdachtsmerkmale unerkannt. Die höchste Erkennungsquote ist bei den *rechtsberatenden und vermögensverwaltenden Berufen* mit 57 % festzustellen.

---

[16] Diese Analyse war bei den *Versicherungsmaklern* aufgrund der niedrigen Fallzahl nicht sinnvoll (n = 3), sodass diese Gruppe in der Tabelle fehlt.

[17] Erkennungsquote gibt den Anteil der berichteten Verdachtsfälle an der Gesamtzahl aus erfüllten Typologie-Kriterien und berichteten Verdachtsfällen wider.

Tab. 5.3 Vergleich zwischen berichteten Verdachtsfällen und Verdachtsmerkmalen[18]

	mind. 2 Typologie-Kriterien erfüllt	mind. 1 Verdachtsfall in der Studie berichtet	Summe aus erfüllten Typologie-Kriterien & berichteten Verdachtsfällen	Erkennungsquote[19]
Gesamt	66	68	134	51 %
Rechtsberatende und vermögensverwaltende Berufe	20	27	47	57 %
Immobilienmakler	27	24	51	47 %
Güterhändler	16	14	30	47 %

---

[18] Diese Analyse war bei den *Versicherungsmaklern* aufgrund der niedrigen Fallzahl nicht sinnvoll (n = 3), sodass diese Gruppe in der Tabelle fehlt.

[19] Die Erkennungsquote gibt den Anteil der berichteten Verdachtsfälle an der Gesamtzahl aus erfüllten Typologie-Kriterien und berichteten Verdachtsfällen wider.

Kapitel 6
Praxis der Verdachtsmeldungen

6.1 Akzeptanz des Instituts der Verdachtsmeldung

Das gesamte Rechtssystem zur Bekämpfung der Geldwäsche führt de facto und de jure nicht nur zu einer Vorverlagerung, sondern auch zu einer Auslagerung eines Teils der strafrechtlichen Verfolgung eines Kontrolldeliktes. Zum ersten Mal besteht auch für Vergehen eine Anzeigepflicht für große Teile der Gesellschaft, die hier als Verdachtsmeldung firmiert. Dies bedeutet ein Paradigmawechsel in der Strafrechtspflege (Abschn. 1.1). Unternehmen werden rechtlich zu Verpflichteten, sodass Ihnen eine eigentlich staatliche Aufgabe der Kriminalitätsbekämpfung überantwortet wird. Eine derartige Einstellung äußerten 81 % der befragten Unternehmen jedoch nicht. Nur jeder fünfte Befragte äußerte die Ansicht, dass die Bekämpfung der Geldwäsche eine rein staatliche Aufgabe ist (19 %), allerdings etwas häufiger in der Gruppe der *Immobilienmakler* (27 %) und *Güterhändler* (25 %, Abb. 6.1). Auch wurde nur selten der Vorwurf der Schnüffelei in geschäftlichen Dingen anderer Leute geäußert, obwohl die gesetzlichen Sorgfaltspflichten den Verpflichteten insbesondere eine Identifizierungspflicht und Meldepflicht auferlegen. Als Schnüffelei empfanden dies nur 15 % der Verpflichteten, am häufigsten allerdings *Immobilienmakler* (20 %) und *Güterhändler* (18 %, Abb. 6.1).

Angesichts der bereits zu Beginn festgestellten Awareness Defizite, die sich vor allem an einer verbreiteten Unsicherheit über die rechtlichen Obliegenheiten festmachen lässt, verwundert es allerdings kaum, dass jeder dritte (32 %) angab, hinsichtlich der Anforderungen an die Voraussetzungen einer Verdachtsmeldung unsicher zu sein. Es scheint bei rund einem Drittel der Verpflichteten unbekannt zu sein, dass die Schwelle für einen meldepflichtigen Verdacht sehr niedrig liegt und bloße Anhaltspunkte ausreichen.[1] Vielfach bestehen außerdem Unsicherheiten darüber, an wen man sich wenden soll. Für jeden vierten Verpflichteten (24 %)

---

[1] *Löwe-Krahl* (2012), S. 1607, Rn. 69; *Herzog/Achtelik*, in: Herzog et al. (2014), GwG, § 11, Rn. 7; vgl. a. *Bausch und Voller* (2014), S. 63 ff.

© Springer-Verlag GmbH Deutschland, ein Teil von Springer Nature 2018
K.-D. Bussmann, *Geldwäscheprävention im Markt*,
https://doi.org/10.1007/978-3-662-56185-0_6

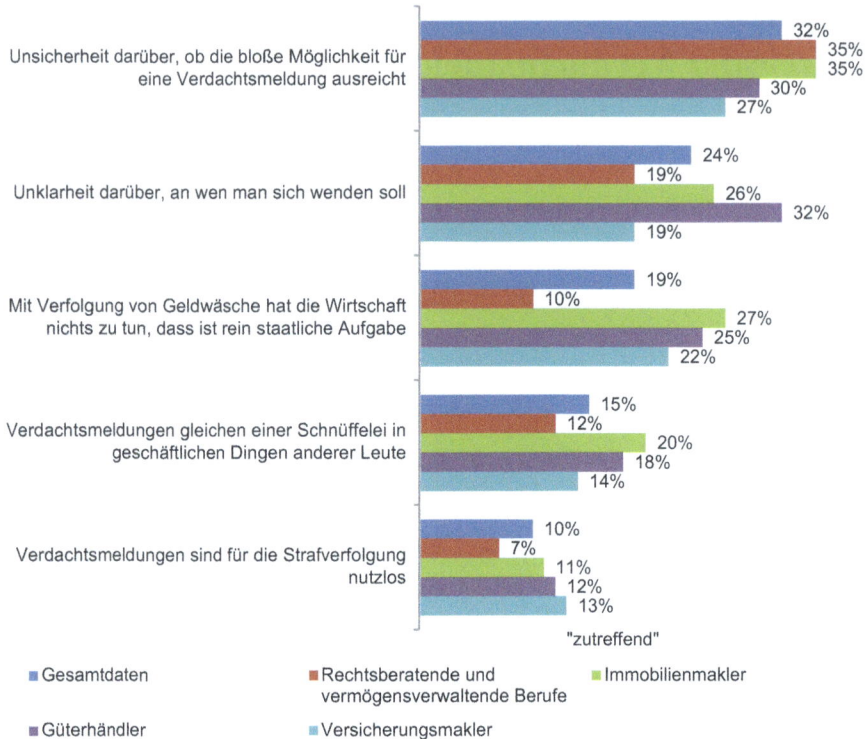

Abb. 6.1 Vorbehalte bei einer Verdachtsmeldung in den Sektoren[2]

bestand hierüber Unklarheit, am häufigsten in der Gruppe der *Güterhändler* (32 %, Abb. 6.1).

Auch den Einschätzungen von mehr als der Hälfte der befragten Experten zufolge (57 %) bestehen in der Praxis der meisten Verpflichteten im Nicht-Finanzsektor Unklarheiten über die Kriterien der Sorgfaltspflichten. Es handelt sich wohl in der Regel um keine bloße Schutzbehauptung, offenbar fehlt es an ausreichenden Informationen über Verdachtskriterien, die einen Verdacht auf Geldwäsche begründen.

Die primären Bedenken der Verpflichteten betreffen somit weniger allgemeine Bedenken zum Verfahren und zur Geldwäschebekämpfung als eigentlich staatliche Aufgabe, als ihre Sorge um damit verbundene geschäftliche Risiken. Zwar werden Verdachtsmeldungen nicht allgemein als geschäftsschädigend eingestuft, nur ein Viertel äußerte diese Auffassung (23 %). Im Vordergrund steht vielmehr der durch eine Verdachtsmeldung womöglich gefährdete Geschäftsabschluss (48 %) und das Risiko von Fehleinschätzungen mit späterem Vertrauensverlust beim Kunden

---

[2] Fragetext: Welche Bedenken hätten Sie bei einer Verdachtsmeldung?

(43 %). Zu befürchtende Kundenrepressalien spielen indes nur bei wenigen Befragten eine Rolle (16 %), aber immerhin, sie wurden von mehr als jedem Zehnten
genannt, am häufigsten von Güterhändlern (18 %, Abb. 6.2).

Insbesondere die *rechtsberatenden und vermögensverwaltenden Berufe* sind
von der Notwendigkeit ihrer Mitarbeit überzeugt, nur 10 % sehen es anders. Bei
dieser Gruppe stellt indessen das besondere, rechtlich geschützte *Vertrauensverhältnis* zum Mandanten zwar unter den Voraussetzungen des GwG keine rechtliche,[3] aber eine motivationale Hürde dar. Für *Rechtsanwälte* besteht gemäß § 43a
Abs. 2 Bundesrechtsanwaltsordnung grundsätzlich eine *Verschwiegenheitspflicht*.
Diese Pflicht des *Rechtsanwalts* bezieht sich auf alles, was diesem in Ausübung
seines Berufes bekannt geworden ist. Dasselbe gilt für *Notare* gemäß § 18 Abs. 1
Bundesnotarordnung. Es soll durch die Entbindung von der Meldepflicht gem. § 43
Abs. 2 S. 1 GwG[4] gewährleistet werden, dass sich ein Vertrauensverhältnis zwi-
schen Rechtsanwalt und Mandant aufbauen kann.

Im Rahmen dieses *Vertrauensverhältnisses* muss es auch grundsätzlich möglich
sein, dass der Mandant mit dem Rechtsanwalt über finanzielle Angelegenheiten
sprechen kann.[5] Zu dem aus dem gleichen Grund insoweit privilegierten Perso-
nenkreis gehören auch *Wirtschaftsprüfer* und *Steuerberater*, für die ebenfalls eine
bedingte Befreiung von der Meldepflicht vorgesehen ist (§ 43 Abs. 2 S. 1 GwG),
soweit kein Missbrauch der Rechtsberatung zum Zwecke der Geldwäsche bzw. Terrorismusfinanzierung anzunehmen ist (§ 43 Abs. 2 S. 2 GwG).

Auf ihre besondere Verschwiegenheitspflicht verwies immerhin jeder Fünfte
in der Gruppe der *rechtsberatenden und vermögensverwaltenden Berufe* (19 %,
Abb. 6.2).[6] Innerhalb dieser Gruppe wurde dieser Einwand am häufigsten von
Rechtsanwälten vorgetragen (31 %), vergleichsweise selten in den Gruppen *Notare*
(14 %) und *Vermögensverwalter, Treuhänder* (6 %, ohne Abb.).

Fazit: Zwar schwingen bei den meisten Verpflichteten gewisse Bedenken gegenüber ihrer neuen Rolle als Strafrechtsverfolger in Sachen Geldwäsche vielfach mit,
zumindest bei mehr als jedem Vierten, aber von der Mehrheit der Verpflichteten
wurden keine gewichtigen moralischen oder rechtlichen Argumente gegen eine Verdachtsmeldung vorgetragen. Die Bedenken bei einer Verdachtsmeldung konzentrieren sich vielmehr auf Unsicherheiten und Unklarheiten bezüglich des Meldeweges
und auf die Risiken für die eigene Berufstätigkeit und das Business.

---

[3] Für die Fälle des Missbrauchs der Rechtsberatung zum Zwecke der Geldwäsche bzw. Terrorismusfinanzierung vgl. § 11 Abs. 3 Satz 2 GwG.

[4] Vgl. § 11 Abs. 3 GwG a.F.

[5] *Herzog/Achtelik*, in: Herzog et al. (2014), GwG, § 11 Rn. 32.

[6] Diese Frage wurde sinnvollerweise nur bei der Gruppe der *rechtsberatenden und vermögensverwaltenden Berufe* gestellt.

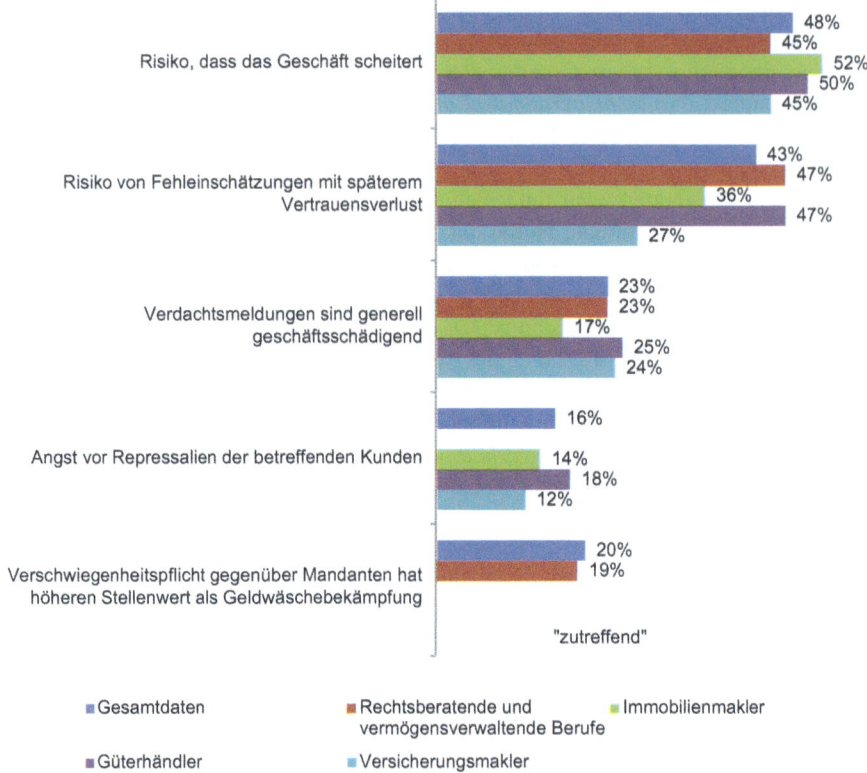

Abb. 6.2 Bedenken bei einer Verdachtsmeldung in den Sektoren[7]

6.2   Häufigkeit von Verdachtsmeldungen

Von den insgesamt 68 Verdachtsfällen, die in unserer Studie von den befragten 942 Verpflichteten genannt wurden, gelangten insgesamt 9 Fälle (13 %) ins Hellfeld der Strafverfolgungsbehörden und wurden dem LKA *oder* dem BKA/FIU gemeldet (Tab. 6.1). Zudem wurden weitere 7 Verdachtsfälle an den entsprechenden Verband *oder* an die zuständige Kammer geleitet, deren weiteren Verlauf wir in dieser Studie nicht verfolgen konnten. Vor allem Verpflichtete der *rechtsberatenden und vermögensverwaltenden Berufe* wendeten sich zunächst an ihre Kammer (22 %). Die Meldebereitschaft ist bei den *Güterhändlern* (7 %) am geringsten.

In der Diskussion mit Verpflichteten wird die auffällig geringe Bereitschaft häufiger eher relativiert. Vielfach wird eine höhere Bereitschaft vorgetragen. Um die Validität der gruppenspezifischen Selbsteinschätzung zu überprüfen, wurde zwischen Befragten, die einen Verdachtsfall selbst berichtet haben und Befragten, die bisher

---

[7] Fragetext: Welche Bedenken hätten Sie bei einer Verdachtsmeldung?

Tab. 6.1 Beobachtete und offiziell gemeldete Verdachtsfälle[8]

	Mind. 1 Verdachtsfall in der Studie berichtet	Anteil (n) gemeldeter Verdachtsfälle an LKA oder BKA/FIU	Anteil (n) gemeldeter Verdachtsfälle an Verband/Kammer
Gesamt	68	13 % (9)	10 % (7)
Rechtsberatende und vermögensverwaltende Berufe	27	15 % (4)	22 % (6)
Versicherungsvermittler/-makler	3	33 % (1)	–
Immobilienmakler	24	13 % (3)	4 % (1)
Güterhändler	14	7 % (1)	–

keinen Fall vorliegen hatten, differenziert. Bei Letzteren musste daher die Frage zur Bereitschaft einer Verdachtsmeldung hypothetisch gestellt werden (Abb. 6.3).

Zuerst zum *tatsächlichen* (berichteten) Verhalten: In der Gruppe mit einem tatsächlichen Verdachtsfall hat nach den Angaben der Befragten nur jeder zehnte Verpflichtete das LKA (10 %) und/oder das BKA/FIU (9 %) über den Verdachtsfall auch benachrichtigt, obwohl gemäß § 43 Abs. 1 GwG ihnen eine Pflicht zur Meldung ihres Verdachts obliegt. In der Gruppe der *Güterhändler* ist die Meldebereitschaft am geringsten ausgeprägt. Lediglich ein Verdachtsfall (7 %) von 14 vorliegenden Verdachtsfällen wurden nach den Angaben der Güterhändler dem BKA bzw. FIU mitgeteilt (Tab. 6.1; Abb. 6.3).

Berufs- und Unternehmensverbände werden ebenfalls nur selten über einen Verdachtsfall informiert (12 %, Abb. 6.3). *Güterhändler* und *Versicherungsmakler* nehmen ihren zuständigen Unternehmensverband gar nicht in Anspruch. Von den 14 Verdachtsfällen, von denen die Güterhändler berichteten, wurde nur ein Fall an eine zuständige Behörde gemeldet, dieser wurde von einem *Kunst- und Antiquitätenhändler* bzw. *Galeristen* eingereicht. Laut der Selbstreports handelte es sich dabei um eher geringe Geldsummen, die bis 100.000 Euro reichten. Nur in einem Fall eines *Boots- und Yachthändlers* ging es um ein Transaktionsvolumen über eine Million Euro. Auch in der Gruppe der *rechtsberatenden und vermögensverwaltenden Berufe* erfolgte eine Meldung an die zuständige Kammer bzw. den zuständigen Verband nicht regelmäßig. Nur jeder vierte tatsächliche Verdachtsfall (26 %) von insgesamt 27 Fällen wurde weitergeleitet (Abb. 6.3).

Die geringe Meldebereitschaft bei den *rechtsberatenden und vermögensverwaltenden Berufen* gilt nicht ausschließlich für zweifelhafte Bargeschäfte. Auch der Umgang mit Verdachtsfällen, bei denen die Identität nicht geklärt werden kann, der wirtschaftlich Berechtigte unklar ist oder andere Anhaltspunkte vorliegen, ist alarmierend. Von den Verdachtsfällen, die den *Rechtsanwälten, Notaren* oder den *Steuerberatern* vorlagen, wurde keiner an eine zuständige Behörde gemeldet.

---

[8] Bereinigt um Mehrfachmeldungen an Strafverfolgungsbehörden und Verbände/Kammern.

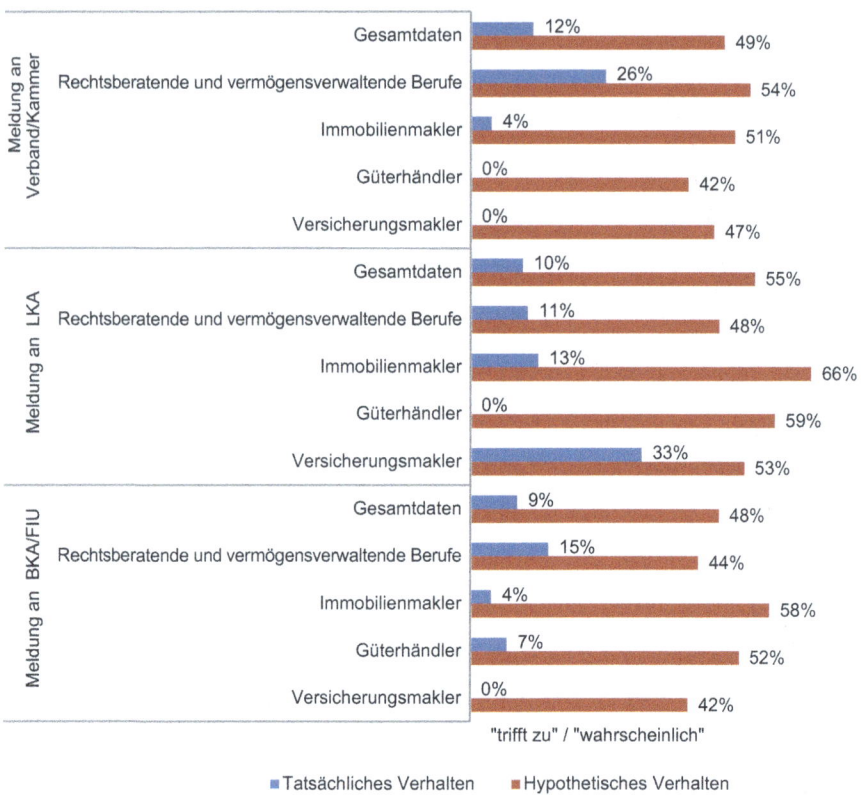

Abb. 6.3 Tatsächliche versus hypothetische Verdachtsmeldungen[9]

Verdachtsmeldungen wurden nur von *Vermögensverwaltern, Treuhändern* und *Wirtschaftsprüfern* eingereicht.

Auch die nach alter Rechtslage verpflichtende Meldung an die zuständige Kammer (BRaK, BNotK) erfolgte nur in seltensten Fällen, obwohl aufgrund der rechtlichen Sonderregelungen für *Rechtsanwälte* und *Notare* Verdachtsmeldungen zuerst an die Berufskammern zu richten waren (§ 11 Abs. 4 S. 1 GwG a.F.) Dabei handelt es sich um bedeutende Geldvolumen. In drei Viertel der Verdachtsfälle ging es um Summen bis zu einer Million Euro, bei jedem fünften Fall um Summen über eine Million Euro. Insbesondere bei den *Notaren* ging es bei 75 % der Verdachtsfälle um Geschäftsvolumen über eine Million Euro.

Die tatsächliche Praxis ist somit ernüchternd. Die *hypothetische Meldebereitschaft* wird erwartungsgemäß deutlich höher und somit falsch eingeschätzt, als es

---

[9] Fragetext 1: Wie ging man in Ihrem Unternehmen oder Kanzlei/Sozietät mit der letzten Situation um? Fragetext 2: Wie würde ihr Unternehmen oder Ihre Kanzlei/Sozietät mit dieser Situation umgehen?

in der Praxis tatsächlich der Fall ist (Abb. 6.3). Die Verpflichteten überschätzen ihre tatsächliche Meldebereitschaft erheblich.

Allerdings scheint selbst diese optimistische Selbsteinschätzung nicht von dem Gedanken getragen zu sein, einer Obliegenheit zu unterliegen. Nur jeder zweite Verpflichtete (49 %) würde den eigenen Angaben zufolge seinen Verdacht bei der zuständigen Kammer bzw. dem zuständigen Verband melden und/oder das LKA (55 %) bzw. das BKA/FIU (48 %) über den Verdachtsfall informieren (Abb. 6.3). Die wenigen Verdachtsmeldungen des Nicht-Finanzsektors können somit u. a. auf eine nur schwach ausgeprägte Meldebereitschaft zurückgeführt werden. Dies erklärt die relative geringe Zahl der registrierten Verdachtsmeldungen.

Überdies wurde von den Befragten die Meldebereitschaft der Wettbewerber bzw. Berufskollegen und -kolleginnen als noch geringer eingestuft, diese Quoten nähern sich der niedrigen tatsächlichen Meldebereitschaft ein wenig an (Abb. 6.4). Nach ihren Angaben würden nur 29 % der *Immobilienmakler* und jeder dritte *Güterhänd-ler* (35 %) dem LKA oder BKA/FIU ihren Verdacht melden. Bei den Kollegen und

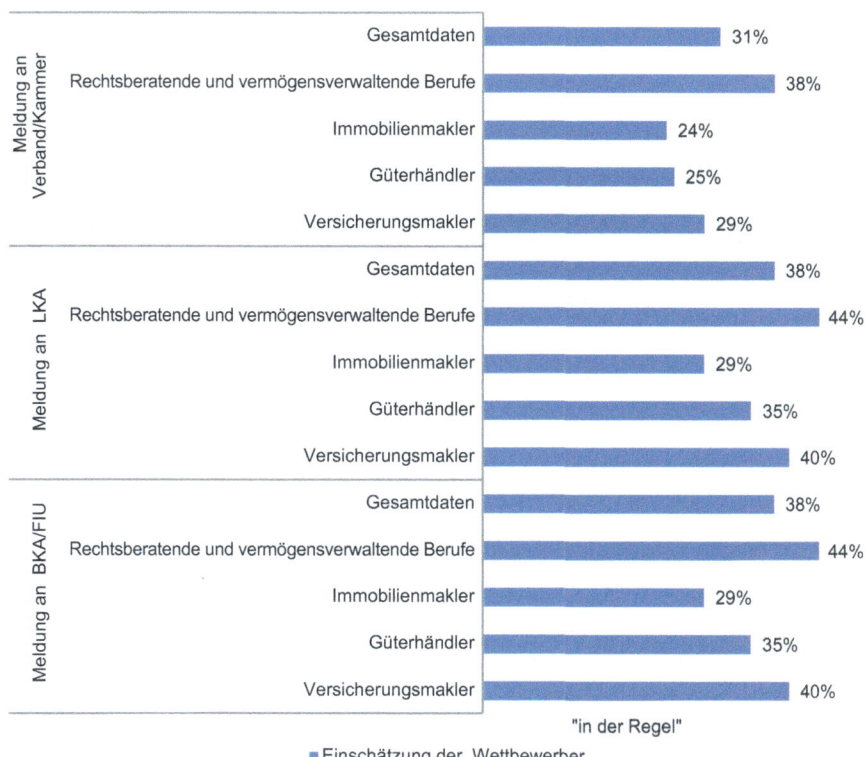

Abb. 6.4 Meldung von Verdachtsfällen bei Wettbewerbern (Fremdeinschätzung)[10]

---

[10] Fragetext: Was meinen Sie wie Ihre Wettbewerber bzw. Berufskollegen mit solchen Situationen umgehen?

Kolleginnen in den *rechtsberatenden und vermögensverwaltenden Berufen* vermuten die Befragten eine kaum höhere Meldebereitschaft.

Fazit: Für eine effektive Geldwäscheprävention/-bekämpfung im Nicht-Finanzsektor stellt das Zusammenspiel der fehlenden Awareness, der geringen Erkennungsquote und einer geringen Meldebereitschaft eine große Hürde dar. Die Ergebnisse der folgenden Hochrechnungen zeigen, dass bei richtiger und konsequenter Anwendung die Anzahl der Verdachtsmeldungen deutlich über dem bisherigen Niveau und auf dem des Finanzsektors liegen müsste.

Kapitel 7
Schätzung des Umfangs der Geldwäsche

7.1 Relatives Dunkelfeld der Verdachtsmeldungen im Nicht-Finanzsektor

7.1.1 Hellfeld der registrierten Verdachtsmeldungen im sektoralen Vergleich

Alle nach dem Geldwäschegesetz Verpflichteten haben eine Verdachtsmeldung bei der zuständigen Staatsanwaltschaft und Zentralstelle des Zoll (FIU) abzugeben (§ 43 Abs. 1 GwG), wenn Tatsachen vorliegen, die auf eine mögliche Geldwäsche hindeuten. Rechts- oder steuerberatende Berufe konnten nach alter Rechtslage die Verdachtsmeldung auch an ihre berufsständige Kammer abgeben (§ 11 Abs. 4 GwG a.F.). Nach neuer Rechtslage gibt es nur noch eine zentrale Meldestelle zur Verhinderung, Aufdeckung und Unterstützung von Geldwäsche und Terrorismus, namentlich die Zentralstelle für Finanztransaktionsuntersuchungen (vgl. § 27 Abs. 1 GwG). Diese Pflicht besteht, unabhängig von der Höhe der Transaktion oder Art der Geschäftsbeziehung (§ 43 Abs. 1 GwG) und obliegt sowohl den Verpflichteten im Finanzsektor, als auch im Nicht-Finanzsektor.

Grundsätzlich wird man eine deutlich höhere Anzahl von Verdachtsmeldungen aus dem Nicht-Finanzsektor zu erwarten haben, da dieser, gemessen an der Anzahl der Unternehmen, sehr viel umfangreicher ist, als der Finanzsektor. In Deutschland sind bei der BaFin 1.740 Banken und 674 Finanzdienstleistungsinstitute registriert.[1] Demgegenüber stehen allein hinsichtlich der in der vorliegenden Studie berücksichtigten Branchen und Berufe aus dem Nicht-Finanzsektor etwa 68.000 Güterhändler, über 116.000 rechtsberatende und vermögensverwaltende Verpflichtete, wie Rechtsanwälte, Steuerberater und Wirtschaftsprüfer sowie rund 15.000 Versicherungsvermittler.[2]

---

[1] BaFin, <www.bafin.de> → Aufsicht → Banken & Finanzdienstleister.
[2] Siehe oben im Abschnitt „Nachweis der Statistik".

© Springer-Verlag GmbH Deutschland, ein Teil von Springer Nature 2018
K.-D. Bussmann, *Geldwäscheprävention im Markt*,
https://doi.org/10.1007/978-3-662-56185-0_7

Soweit der Zahlungsverkehr über Konten verläuft, können Finanzinstitute zwar mehr Details und somit auch Auffälligkeiten feststellen, die auf Geldwäsche hindeuten, als Verpflichtete im Nicht-Finanzsektor. Auf der anderen Seite sehen Verpflichtete im Nicht-Finanzsektor nicht nur den Kunden bzw. den Mandanten, wie teilweise auch Finanzinstitute bei der Kontoeröffnung, sondern sie erhalten einen tieferen Einblick in den geschäftlichen Ablauf und Kontext, aus dem sich eine Vielzahl von Verdachtsmomente ergeben können.[3] Beide Sektoren verfügen somit über spezifische Informationen. Jeder Sektor hat, verkürzt gesagt, seine blinden Flecken, aber keiner von beiden ist quasi blind.

Überdies wird die Einzahlung hoher *Barbeträge* auf ein Konto im Finanzsektor aufgrund der dortigen AML-Compliance Regularien in der Regel abgelehnt bzw. unterliegt besonderen Sorgfaltspflichten. Demgegenüber bestehen im Nicht-Finanzsektor de facto keine vergleichbaren Restriktionen für die Annahme von Bargeld. Zwar obliegen bspw. *Güterhändler* bei Annahme von Bargeld in Höhe von 10.000 Euro (vormals 15.000 Euro) oder mehr, unabhängig von der Risikolage, zwingende Sorgfaltspflichten (§ 10 Abs. 1 i.V.m. § 10 Abs. 6 GwG[4]). In der Praxis jedoch führen diese Obliegenheiten offenkundig nicht zu Verdachtsmeldungen, obwohl Transaktionen mit Bargeld ein deutlich höheres Geldwäscherisiko aufweisen, wie sich sowohl aus der genannten Regelung im GwG ablesen lässt als auch aus der Verteilung des Bargeldvolumens zwischen „legalen und illegalen Händen". Von dem Bargeldbestand in der Eurozone in Höhe von rund 750 Mrd. befinden sich nur etwa 100 Mrd. in der Hand von Privatpersonen und (legalen) Unternehmen (Abschn. 12.6.3).[5]

Mit einer ungleich verteilten Informationslage kann man somit nicht die extreme Schiefe der registrierten Verdachtsmeldungen erklären. Aufgrund des Übergewichts des Nicht-Finanzsektors ist zumindest ein entsprechender sektoraler Bias der Verdachtsmeldungen naheliegend. Tatsächlich stammen die Verdachtsmeldungen aber fast ausschließlich aus dem Nicht-Finanzsektor. Von Anfang an wurden Verdachtsmeldungen in der Statistik der *Financial Intelligence Unit* (FIU) zu rund 99 % aus dem Finanzsektor verzeichnet. Dieses krasse Missverhältnis ist bis heute unverändert. Im Vergleichszeitraum der Studie ergab sich eine Gesamtzahl von nur 467 Verdachtsmeldungen aus dem Nicht-Finanzsektor für die vorhergehenden zwei Jahre (Tab. 7.1).[6] Dies entsprach einem Anteil von etwa 1,5 % aller registrierten Verdachtsmeldungen.

Aufgrund dieser wenigen registrierten Verdachtsmeldungen im Nicht-Finanzsektor geht die FIU von einem großen Dunkelfeld aus. Diese Annahme ist berechtigt, wie die folgenden Hochrechnungen auf der Basis unserer repräsentativen Befragung im Nicht-Finanzsektor zeigen (Abschn. 2.2). Die Schätzung erfolgt in zwei

---

[3] Ausführliche Liste zu den ergänzenden Merkmalen je Branche siehe Abschn. 5.1. Tab. 5.1.

[4] Vgl. § 3 Abs. 1 i.V.m. § 3 Abs. 2 S. 5 GwG a.F.

[5] ECB (2011), S. 81 und 90; Rogoff (2016), S. 73.

[6] *BKA und FIU* (2014), S. 12, aus Vergleichsgründen wurden nur die Verpflichtetengruppen aus dem Nicht-Finanzsektor berücksichtigt, die in dieser Studie befragt wurden.

Tab. 7.1 Registrierte Verdachtsmeldungen bei der Financial Intelligence Unit (FIU)[7]

	2012	2013	Gesamt
Rechtsberatende Berufe	31	17	48
Rechtsanwälte, Patentanwälte	17	11	28
Notare	3	1	4
Inkassounternehmen, Vermögensverwalter	4	0	4
Wirtschafts-/Buchprüfer	3	1	4
Steuerberater/-bevollmächtigte	2	3	5
Treuhänder, Dienstleister für Gesellschaften	2	1	3
Immobilienmakler	2	14	16
Versicherungssektor	105	125	230
Güterhändler	73	100	173
Summe der registrierten Verdachtsfälle von den in der Studie befragten Branchen bzw. Berufen Verpflichteten	211	256	**467**
Finanz- und Kreditsektor	13.772	18.442	32.214
Behörden	325	332	657
Spielbanken	22	32	54
Veranstalter und Vermittler von Glücksspielen im Internet	0	0	0
Sonstige Verdachtsmeldungen	31	33	64
Summe	14.361	19.095	**33.456**

Stufen, zuerst anhand der in den Interviews berichteten Verdachtsfälle und hiernach anhand der von den Befragten wahrgenommenen Verdachtsmomente.

7.1.2 Erster Schritt: Basis berichtete Verdachtsfälle

Nur 7 % der befragten 942 Verpflichteten[8] hielten es in den letzten zwei Jahren mindestens einmal für möglich, dass bei einem Geschäftsabschluss inkriminierte Gelder genutzt werden sollten. Bereits diese relativ geringe Anzahl ist im Vergleich zum Finanzsektor auffällig gering. Sie erklärt sich jedoch durch die festgestellte geringe Awareness im Nicht-Finanzsektor und die geringe Bereitschaft Verdachtsmeldungen abzugeben (Kap. 3 und 6).

---

[7] *BKA und FIU* (2014), S. 12.

[8] Insgesamt wurden 1002 Interviews geführt, die 60 hierin enthaltenen Bauträger und Architekten wurden diesbezüglich nicht einbezogen, da ihnen nach dem GWG keine Pflicht zur Verdachtsmeldung obliegt.

Tab. 7.2 Hochrechnung anhand der Befragten mit mindestens einem Verdachtsfall

Zeitraum: letzten zwei Jahre	Sektorgröße[9]	Anteil Befragter mit mind. Einem Verdachtsfall (n)	Hochgerechnete Verdachtsfälle basierend auf Anzahl Befragter mit mind. Einem Verdachtsfall
Rechtsberatende und vermögensverwaltende Berufe	116.000	7 % (27)	8.120
Versicherungsvermittler/-makler	80.000	3 % (3)	2.400
Immobilienmakler	15.000	16 % (24)	2.400
Güterhändler	68.000	5 % (14)	3.400
Summe der Verdachtsfälle		7 % (68)	**16.320**

Im ersten Schritt wird der Anteil der Befragten mit mindestens einem berichteten Verdachtsfall in den einzelnen Verpflichtetengruppen als Basis für die sektorspezifischen Hochrechnungen verwendet (Tab. 7.2). Für die Anzahl der Verpflichteten wurden die Daten des Statistik-Portals *Statista* zugrunde gelegt, die zumindest in ihren Größenordnungen zutreffend sind.

Allein auf Basis der Selbstreports der Befragten ergibt sich für den Nicht-Finanzsektor eine Dunkelziffer von rund 16.000 Verdachtsfällen im Zeitraum von zwei Jahren, somit von rund 8.000 Fällen innerhalb eines Jahres, die eigentlich in der Statistik der FIU auftauchen müssten.

Berücksichtigen wir zusätzlich, dass viele Verpflichtete über mehr als nur einen Verdachtsfall berichteten, je nach Wirtschaftssektor durchschnittlich zwischen 2 bis 3,5 Verdachtsfälle, so errechnet sich hieraus eine deutliche höhere Verdachtszahl. Legen wir als Basis den Mittelwert für jeden Sektor zugrunde, so ergeben sich in unserer Stichprobe 160 Verdachtsfälle im Zeitraum von zwei Jahren.

Auf diese Weise ergeben sich für den Nicht-Finanzsektor hochgerechnet etwa 39.000 Verdachtsfälle innerhalb von zwei Jahren (Tab. 7.3). Dies bedeutet für die jährliche Jahresstatistik der FIU, dass eigentlich zu den Verdachtsmeldungen aus dem Finanzsektor in etwa gleicher Größenordnung zusätzlich rund 20.000 Verdachtsfälle aus dem Nicht-Finanzsektor kommen müssten. Anders ausgedrückt, den Verpflichteten im Nicht-Finanzsektor fällt es deutlich schwerer, ihr Dunkelfeld stärker auszuleuchten, respektive Verdachtsfälle zu identifizieren und zu melden als dem Finanzsektor, obwohl von ihnen Verdachtsmerkmale in der vorliegenden Studie berichtet und somit wahrgenommen wurden.

Zwar kann man einwenden, dass diese Hochrechnung nur auf 68 Verdachtsfällen basiert und daher zu ungenau ist. Sie beruht jedoch auf einer repräsentativen Erhebung von rund eintausend Verpflichteten, sodass wir zumindest über die

---

[9] Siehe oben im Abschnitt „Nachweis der verwendeten Statistiken".

Tab. 7.3 Hochrechnung anhand der mittleren Häufigkeit von wahrgenommenen Verdachtsfällen

Zeitraum: letzten zwei Jahre	Verdachtsfälle basierend auf Anzahl Befragter mit mind. Einem Verdachtsfall (aus Tab. 3)	Mittelwert zur Häufigkeit berichteter Verdachtsfälle	Hochgerechnete Verdachtsfälle basierend auf Mittelwert
Rechtsberatende und vermögensverwaltende Berufe	8.120	2,0	16.240
Versicherungsvermittler/-makler	2.400	3,5	8.400
Immobilienmakler	2.400	2,5	6.000
Güterhändler	3.400	2,5	8.500
Summe der Verdachtsfälle			**39.140**

Größenordnung des Dunkelfelds zuverlässig informiert werden. Wohlgemerkt allein auf der Basis der Wahrnehmungen der Verpflichteten.

7.1.3   Zweiter Schritt: Basis berichtete Typologie-Kriterien

Für die Hochrechnung von Verdachtsfällen im Dunkelfeld eignet sich nicht nur die Anzahl der berichteten Verdachtsfälle, sondern auch die Häufigkeit der von den Befragten bemerkten *Typologie-Kriterien*, die zumindest einen Verdacht auf Geldwäsche begründen. Für die Annahme eines Verdachts, der zu einer Verdachtsmeldung nach dem GwG verpflichtet, ist eine sehr niedrige Schwelle zugrunde zu legen.[10] Ausreichend sind Anhaltspunkte, die sich anhand vertypter Kriterien aus dem geschäftlichen Prozess ergeben. Die Verpflichteten wurden nach der Wahrnehmung folgender Auffälligkeiten befragt, wie:[11]

- Identität des Vertragspartners bzw. des wirtschaftlich Berechtigten nicht geklärt
- Gesellschafter einer Scheinfirma als wirtschaftlich Berechtigte
- Überweisung aus Ländern mit hoher Korruption oder niedrigem Anti-Geldwäsche-Standard/Zahlungen an zweifelhafte ausländische Institute

Die folgende Hochrechnung (Tab. 7.4) basiert auf den Befragten, die zwar keinen Verdachtsfall genannt, aber mindestens ein Typologie-Kriterium in den letzten zwei Jahren beobachtet haben. Unter der Annahme, dass allein ein Verdachtsmerkmal ausreicht, um eine Verdachtsmeldung zu begründen, ergeben sich für die letzten

---

[10] *Löwe-Krahl* (2012), S. 1607, Rn. 69; *Herzog/Achtelik*, in: Herzog et al. (2014), GwG, § 11 Rn. 7.

[11] Ausführliche Liste zu den ergänzenden Merkmalen je Branche siehe Abschn. 5.1. Tab. 5.1.

Tab. 7.4 Hochrechnung anhand der wahrgenommenen Verdachtsmerkmale

Zeitraum: letzten zwei Jahre	Sektorgröße[12]	Anteil mit mind. 1 erfüllten Typologie-Kriterium (n)	Hochgerechnete Verdachtsfälle auf Basis der Typologie-Kriterien
Rechtsberatende und vermögensverwaltende Berufe	116.000	10 % (41)	11.600
Versicherungsvermittler/-makler	80.000	18 % (18)	14.400
Immobilienmakler	15.000	37 % (56)	5.550
Güterhändler	68.000	12 % (37)	8.160
Summe			**39.710**

zwei Jahre rund 40.000 Verdachtsfälle. Somit doppelt so viele, wie die aus dem Finanzsektor kommenden Fälle.

Allerdings können die Verpflichteten in bestimmten Fallkonstellationen der Ansicht sein, dass für eine Verdachtsmeldung mehr als nur ein Kriterium erfüllt sein sollte. In der Regel dürften jedoch mindestens zwei Verdachtsmerkmale genügen, um einen Geschäftsvorgang im Sinne des GwG als verdächtig identifizieren zu können. Bleibt bspw. der Geschäftshintergrund oder Verwendungszweck unklar *und* erfolgte die Überweisung aus Ländern mit hoher Korruption oder niedrigem Anti-Geldwäsche-Standard, ist ein Verdacht auf Geldwäsche begründet. Auch bei den anderen erhobenen Merkmalen drängt sich bei jeder Kombination von mindestens zwei Merkmalen ein Verdacht auf. Von den Verpflichteten wird eben, wie zuvor ausgeführt (Abschn. 1.1), keinesfalls der Nachweis eines Geldwäscheversuchs verlangt, sondern nur der Hinweis auf mögliche Geldwäsche. Die Meldeschwelle liegt sehr niedrig. Anders ausgedrückt, es handelt sich um nicht mehr als um eine Art begründete Strafanzeige.

Legen wir somit nur die Fälle zugrunde, bei denen den Verpflichteten in einem Fall mindestens zwei Typologie-Kriterien aufgefallen sind, so sinkt die Anzahl der hochgerechneten Verdachtsfälle auf rund 14.000 Verdachtsfälle innerhalb von zwei Jahren (Tab. 7.5).

Diese Hochrechnung erfolgte ohne die Befragten, die bereits einen Verdachtsfall berichtet haben (Tab. 7.5 und 7.6). Um den Umfang des Dunkelfelds präziser abzuschätzen, sind somit sowohl die bereits von den Verpflichteten selbst genannten Verdachtsfälle (Hochrechnung auf Basis n=68) als auch die Zahl der von den Verpflichteten beobachteten „Typologie-Fälle" zu berücksichtigen.

Die Hochrechnungen aus den berichteten Verdachtsfällen *und* den Verdachtsfällen auf Basis der wahrgenommenen Typologie-Kriterien ergeben für den Nicht-Finanzsektor zwischen rund 30.000 und 56.000 Verdachtsfälle in den letzten zwei Jahren.

---

[12] Siehe oben Abschnitt „Nachweis der verwendeten Statistiken".

Tab. 7.5 Hochrechnung anhand der wahrgenommenen Verdachtsmerkmale

Zeitraum: letzten zwei Jahre	Sektorgröße	Anteil mit mind. 2 erfüllten Typologie-Kriterien (n)	Hochgerechnete Verdachtsfälle auf Basis der Typologie-Kriterien
Rechtsberatende und vermögensverwaltende Berufe	116.000	5 % (20)	5.800
Versicherungsvermittler/-makler	80.000	3 % (3)	2.400
Immobilienmakler	15.000	18 % (27)	2.700
Güterhändler	68.000	5 % (16)	3.400
Summe			**14.300**

Tab. 7.6 Hochrechnung der Verdachtsfälle basierend auf berichteten Verdachtsfällen und wahrgenommenen Typologie-Kriterien

Zeitraum: letzten zwei Jahre	hochgerechnete Verdachtsfälle und mind. 1 Typologie-Kriterium (Summe aus Tab. 3 und 6)	hochgerechnete Verdachtsfälle und mind. 2 Typologie-Kriterien (Summe aus Tab. 3 und 7)
Rechtsberatende und vermögensverwaltende Berufe	19.720	13.920
Versicherungsvermittler/-makler	16.800	4.800
Immobilienmakler	7.950	5.100
Güterhändler	11.560	6.800
Summe	**56.030**	**30.620**

Zum Zeitpunkt der Feldphase der Studie 2014/15 hätten aus dem Nicht-Finanzsektor somit allein aufgrund der Wahrnehmung der befragten Verpflichteten 15.000 bis 30.000 Verdachtsmeldungen in der jährlichen Statistik der FIU auftauchen müssen. Es waren jedoch weniger als 250 Fälle pro Jahr (s.o. Tab. 7.1). Die Risiken der Geldwäsche werden in Deutschland im Nicht-Finanzsektor offenkundig systematisch unterschätzt.

Wir müssen sogar davon ausgehen, dass es sich bei dieser Abschätzung des Umfangs, des von den Verpflichteten wahrgenommen Dunkelfelds eher um eine *Unter- als um eine Überschätzung* handelt. Die berichteten Verdachtsfälle und Verdachtsmerkmale beruhen allein auf den in der Studie berichteten Wahrnehmungen der Verpflichteten. Je höher jedoch die Sensibilität der Verpflichteten ist, je häufiger sie ihren Sorgfaltspflichten nachkommen, desto häufiger können von ihnen auch Verdachtsfälle bemerkt werden.

Aus kriminologischer Sicht handelt es sich um ein *Kontrollparadox*, die Entdeckungswahrscheinlichkeit hängt nicht nur von der Größe des Dunkelfeldes, sondern
auch von der Kontrollintensität und vom Problembewusstsein ab,[13] in unserem Fall
der Verpflichteten. Aus diesem Grund dürfte es sich vor allem im Sektor der *Güterhändler* um eine starke Unterschätzung handeln, da diese Gruppe im Vergleich zu
den anderen Branchen über eine besonders niedrige Awareness verfügt.

Auch vermag die zugrunde gelegte Anzahl der Verpflichteten in den einzelnen
Branchen bzw. Berufsgruppen nur Größenordnungen abzubilden. So konnte bei den
Güterhändlern die Gruppe der *Boots-/Yachthändler* mangels belastbarer Daten nicht
berücksichtigt werden. Die Anzahl der *Kunst- und Antiquitätenhändler* dürfte ebenfalls höher sein, als in der uns zugänglichen Branchenstatistik ausgewiesen wird.
Die Anzahl der Verpflichteten dürfte daher bei den *Güterhändlern* eher größer sein,
als hier zugrunde gelegt wurde.

Bei der hier vorgenommenen Schätzung des Umfangs des Dunkelfelds handelt
es sich genaugenommen nur um die Schätzung des *relativen Dunkelfelds*,[14] da sie
ausschließlich auf den Wahrnehmungen der befragten Verpflichteten beruht. Das
absolute Dunkelfeld ist jedoch sehr viel größer und ist einer Studie, die von der
Wahrnehmung und den Berichten der Befragten abhängig ist, nicht zugänglich.

7.2   Schätzung des finanziellen Volumens der Verdachtsfälle

7.2.1   *Berichtete Geldwäschevolumen*

Eine Dunkelfeldstudie erlaubt naturgemäß keine präzise Berechnung des finanziellen Volumens der Geldwäsche, sondern nur die Schätzung einer Größenordnung, in
der sich das Phänomen bewegen dürfte. Ohnehin sind die eigentlichen Schäden sehr
viel facettenreicher und keinesfalls nur finanzieller Art, wie eingangs ausgeführt
wurde (Abschn. 1.2).

In der Studie wurde die Größenordnung von Verdachtsfällen durch folgende
Frage erhoben: „Denken Sie bitte an die letzte Situation in der es für möglich
gehalten wurde, dass beim Geschäftsabschluss illegal erwirtschaftete Gelder
Verwendung finden könnten. Um welche Größenordnung ging es bei diesem
Geschäft?"[15]

---

[13] *Bussmann* (2007), S. 260–276.

[14] Vgl. *BKA* (2016), S. 7.

[15] Variante für *rechtsberatende und vermögensverwaltende Berufe*: Denken Sie bitte an die letzte
Situation in der es für möglich gehalten wurde, dass ein Mandat bspw. durch Nutzung eines Treu-
hand- bzw. Anderkonto für Geldwäsche genutzt werden sollte. Um welche Größenordnung ging
es bei diesem Geschäft?

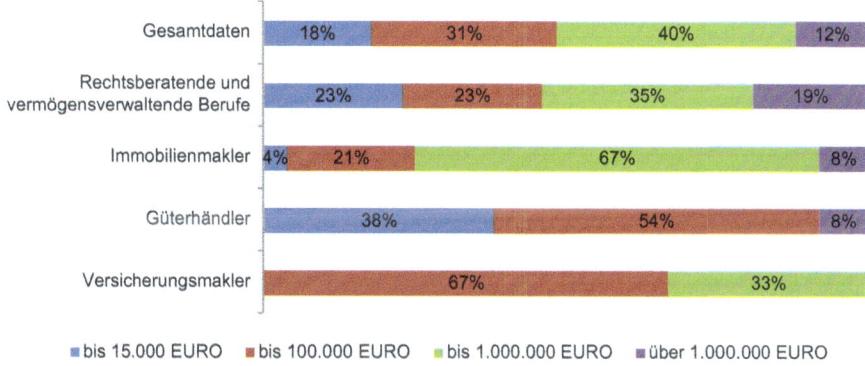

Abb. 7.1 Volumen der vermutlich inkriminierten Gelder beim letzten Geschäftsabschluss

Bei den in unserer Studie berichteten Verdachtsfällen handelte es sich teilweise um beachtliche monetäre Größenordnungen. Bei rund jedem zehnten Verdachtsfall (12 %) ging es um Summen über eine Million Euro (Abb. 7.1). Bei den Verdachtsfällen der *rechtsberatenden und vermögensverwaltenden Berufe* wurde in jedem fünften Fall (19 %) ein Vermögenswert über eine Million Euro beziffert. Zwei Drittel der Verdachtsfälle bei den *Immobilienmaklern* umfasste Geldsummen zwischen 100.000 Euro und einer Million Euro. Die geringsten Vermögenswerte wurden von den *Güterhändlern* genannt. Hierbei ging es überwiegend um Beträge im fünfstelligen Bereich.

7.2.2   Erster Schritt: Basis berichtete Verdachtsfälle

Wie bereits zuvor für die Schätzung der Verdachtsfälle im relativen Dunkelfeld, erlauben die Ergebnisse eine Hochrechnung zuerst anhand der in der Studie berichteten Verdachtsfälle, bei denen die Befragten selbst den Umfang der Transaktion bezifferten (Tab. 7.7). Es wurden die Durchschnittswerte je Branche bzw. Berufsgruppe zugrunde gelegt.

Auf Basis der Befragten, die über mindestens einen Verdachtsfall berichteten und den von ihnen angegeben monetären Größenordnungen, errechnet sich für den Nicht-Finanzsektor das vermutliche Geldwäschevolumen in Höhe von rund 8,8 Mrd. Euro in den letzten zwei Jahren, somit etwa 4,4 Mrd. Euro jährlich. Berücksichtigen wir außerdem, dass im Zweijahreszeitraum im Durchschnitt 2,5 Verdachtsfälle bemerkt wurden, erhöht sich das monetäre Dunkelfeld auf knapp 11 Mrd. Euro pro Jahr.

Tab. 7.7 Volumen der hochgerechneten Verdachtsfälle

Zeitraum: letzten zwei Jahre	Verdachtsfälle basierend auf Anzahl Befragter mit mind. 1 Verdachtsfall (aus Tab. 11)	Geldwäschevolumen im Dunkelfeld auf Basis der berichteten Verdachtsfälle in Euro
Rechtsberatende & vermögensverwaltende Berufe	8.120	5.895.432.307
Versicherungsvermittler/- makler	2.400	720.000.000
Immobilienmakler	2.400	1.289.050.000
Güterhändler	3.400	863.469.231
Summe	**16.320**	**8.767.951.538**

7.2.3   Zweiter Schritt: Basis berichtete Typologie-Kriterien

Legt man für die Schätzung des Geldwäschevolumens zusätzlich die Angaben der Befragten zugrunde, die zwar keinen Verdachtsfall genannt haben, aber über die Beobachtung von mindestens ein oder zwei Typologie-Kriterien berichteten, die auf Geldwäsche hindeuten können,[16] ergeben sich Größenordnungen zwischen 7,2 Mrd. Euro und 17,8 Mrd. Euro für die letzten zwei Jahre (Tab. 7.8).

In der Summe aus berichteten Verdachtsfällen und wahrgenommenen Typologie-Kriterien ergibt sich ein Gesamt-Geldwäschevolumen, abhängig von der Zahl der Typologie-Kriterien, zwischen 16 Mrd. und 26,5 Mrd. Euro für die letzten zwei Jahre im Nicht-Finanzsektor (Tab. 7.9).

Berücksichtigt man bei der Berechnung auch, dass die Verpflichteten im Durchschnitt über 2,5 Verdachtsfälle berichteten, erhöht sich die Gesamtsumme auf rund 40 Mrd. Euro bis zu 66 Mrd. Euro für die letzten zwei Jahre. Auf ein Jahr bezogen ergibt sich somit im Dunkelfeld des Nicht-Finanzsektors ein Geldwäschevolumen, das sich in einem Bereich zwischen *20 bis 30 Mrd. Euro* bewegt.

7.2.4   Umfang der Geldwäsche in ausgewählten Märkten

Die Schätzung dieser Studie beruht nur auf den Wahrnehmungen der befragten Verpflichteten, sodass wir hier nur das Volumen im *relativen Dunkelfeld* des Nicht-Finanzsektors abschätzen können. Das absolute Dunkelfeld des Geldwäschevolumens dürfte sehr viel höher sein (s.u. Abschn. 7.3).

---

[16] Die folgende Berechnung erfolgte ohne die Verpflichteten, die mindestens einen Verdachtsfall bereits genannt haben (n = 68).

Tab. 7.8 Volumen auf Basis der wahrgenommenen Typologie-Kriterien

Zeitraum: letzten zwei Jahre	Geldwäschevolumen im Dunkelfeld auf Basis der erfüllten Typologie-Kriterien bei …	
	mind. 1 erfüllten Typologie-Kriterium in Euro	mind. 2 erfüllten Typologie-Kriterien in Euro
Rechtsberatende & vermögensverwaltende Berufe	8.422.046.153	4.211.023.076
Versicherungsvermittler/-makler	4.320.000.000	720.000.000
Immobilienmakler	2.980.928.125	1.450.181.250
Güterhändler	2.072.326.154	863.469.231
Summe	**17.795.300.432**	**7.244.673.557**

Das Risiko eines hohen Geldwäschevolumens besteht vor allem im *Immobiliensektor* allein aufgrund seiner Größe. Das jährliche Kaufpreisvolumen dieses Marktes wird mit rund 250 Mrd. angegeben.[17] Für den Immobiliensektor kommen wir mit der Methode der vorliegenden Studie auf ein Geldwäschevolumen von etwa 3–5 Mrd. Euro jährlich. Unsere Studie gelangt somit zu einem mageren Anteil von weniger als 2 %. Demgegenüber wurde in den Interviews mit Branchenvertretern ein deutlich höherer Anteil von Geldwäsche im Immobilienmarkt für möglich gehalten, bis zu 10 %. Die hier errechneten Geldwäschevolumina dürften sich zudem deutlich erhöhen, wenn die Verpflichtetengruppe der *Immobilienmakler* konsequenter ihre Obliegenheiten, die aus dem Geldwäschegesetz folgen, beachten würden. So gab es von den Experten Hinweise auf Geldwäscherisiken durch die Annahme von Barzahlungen. Manche sog. Schrottimmobilie wurde auf diese Weise wirtschaftlich attraktiv, da auch ihre Sanierung mit Schwarzgeld finanziert werden kann.

Ein sehr hohes Geldwäscherisiko besteht ebenfalls im Sektor Güterhandel mit *hochwertigen Luxus- und Konsumgütern handeln.* Ein interessantes Segment ist der Handel mit *Kunst- und Antiquitäten,* der 2015 ein Umsatzvolumen von über zwei Mrd. Euro aufweist.[18] Dieser Markt ist zwar deutlich kleiner als der Immobilienmarkt, aber für Geldwäsche außerordentlich attraktiv. Hochpreisige Kunstobjekte besitzen die Qualität einer leicht konvertierbaren Währung und Barzahlungen sind üblich und offenkundig gerne gesehen (Kap. 11; Abschn. 12.6.4). Das Problembewusstsein zeigte sich in diesem Sektor zudem als sehr schwach ausgebildet.

Ferner konnten wir in dieser Studie aufgrund der geringen Fallzahl und der unterdurchschnittlichen Awareness kaum die Geldwäschevolumen im *Yachthandel* berücksichtigen. Immerhin wird in diesem Markt für 2016 das Volumen der Exporte

---

[17] BMUB, <http://www.bmub.bund.de> → Suche: „Wohnungs- und Immobilienmarkt" → Kurzinfo Wohnungswirtschaft

[18] Abrufbar unter: <https://de.statista.com/> → Suche: „Umsatzentwicklung im deutschen Kunstmarkt bis 2015".

Tab. 7.9 Volumen basierend auf Verdachtsfällen und erfüllten Typologie-Kriterien

Zeitraum: letzten zwei Jahre	Geldwäschevolumen im Dunkelfeld auf Basis der …	
	berichteten Verdachtsfälle und mind. 1 erfüllten Typologie-Kriterium (Summe aus Tab. 16 und 17)	berichteten Verdachtsfälle und mind. 2 erfüllten Typologie-Kriterien (Summe aus Tab. 16 und 17)
Rechtsberatende & vermögensverwaltende Berufe	14.317.478.460	10.106.455.383
Versicherungsvermittler/-makler	5.040.000.000	1.440.000.000
Immobilienmakler	4.269.978.125	2.739.231.250
Güterhändler	2.935.795.385	1.726.938.462
	26.563.251.970	**16.012.625.095**

mit rund 1,2 Mrd. Euro angegeben.[19] Es handelt sich zwar um einen Nischenmarkt, der sich jedoch für Geldwäsche aufgrund der teilweise hochpreisigen Produkte und auffallend geringen Awareness der Händler eignet. Auch sind Transaktionen mit Bargeld nicht unüblich.

In der Gesamtbilanz ist angesichts der Zahl der Verdachtsfälle und der errechneten Geldwäschevolumen von mindestens ebenso hohen Risiken im Nicht-Finanzsektor wie im Finanzsektor auszugehen. Das Verhältnis der registrierten Verdachtsfälle spiegelt keinesfalls das anzunehmende Risikoverhältnis dieser beiden Bereiche zueinander wider. Wenn die Standards zur Einhaltung der Sorgfaltspflichten im Nicht-Finanzsektor sich denjenigen im Finanzsektor annähern würden, würde nicht nur die Zahl der Verdachtsmeldungen zunehmen, sondern auch das finanzielle Volumen der registrierten Verdachtsfälle.

7.3   Methodendiskussion

Die vorliegende Studie nimmt, anders als andere Studien, als empirische Basis für ihre Hochrechnungen nicht die Zahl der Straftaten und der geschätzten Gewinne aus dieser Kriminalität. Sie geht methodisch den anderen Weg über die Wahrnehmung der befragten Verpflichteten zu Verdachtsfällen und auffälligen Merkmalen in ihren Geschäftsbeziehungen. Wir schauen hier somit auf die Seite der Empfänger, der Adressaten der Geldwäscheversuche. Viele Unwägbarkeiten entfallen somit mit dieser Studie, sodass es sich auch nicht um ein bloßes Risk-Assessment handelt, sondern um reale Geschäfte mit sehr hohem Geldwäscherisiko.

---

[19] Yachthandel: Abrufbar unter: <http://www.dbsv.de/> → Statistiken → Im- und Export Vergleich 2015/2016 Q1. 2009 Neuboote im Wert von 152,5 Mio. und Gebrauchte 262,5 Mio.

Im Vergleich droht mit der hier verwendeten Methodik weniger eine Überschätzung, als eine systematische Unterschätzung der Höhe des finanziellen Volumens, wie auch der Zahl der Verdachtsfälle in der untersuchten Region – hier Deutschland, da die Awareness der Befragten überwiegend gering ist und wir auf die Wahrnehmung der Befragten angewiesen sind. Allerdings kommt auch diese Methode nicht ohne Grundannahmen aus.

7.3.1   Kritik: Verdacht nicht gleich tatsächlicher Fall

Man kann einwenden, dass bei den zugrunde gelegten berichteten Verdachtsfällen und typologisierten Verdachtsmerkmalen keine Überprüfung der Fälle stattgefunden hat, sodass man eigentlich nur bewiesene Fälle zur Berechnung heranziehen könnte.[20] Aus einer Reihe von Gründen überzeugt dieser Einwand nicht:

1. Grundsätzlich misslingt allein aufgrund der Schwierigkeiten des Straftatbestands des § 261 StGB der strafprozessuale Beweis. Wie eingangs ausgeführt, ist die Zahl der Strafbefehle und Verurteilungen sehr niedrig, sie liegt bei unter 5 % (Abschn. 1.1). Mit dieser Bedingung würde somit das Volumen, sowohl der Fälle als auch der finanziellen Größenordnung drastisch unterschätzt werden.
2. Bei den von den Befragten selbst genannten Verdachtsfällen dürfte aufgrund ihrer Kenntnis des Einzelfalls und der geringen Meldebereitschaft und Awareness die Wahrscheinlichkeit sehr hoch sein, dass es sich bei den in der Befragung berichteten Fällen tatsächlich um einen Geldwäscheversuch gehandelt hat. Auch bei den zugrunde gelegten typologisierten Verdachtsmerkmalen fällt es schwer, nicht von einer hohen Wahrscheinlichkeit auszugehen, wie „Zweifel an der ausgewiesenen Identität bzw. Integrität des Vertragspartners/wirtschaftlich Berechtigten" oder „Geschäftsabschluss stand nicht im Einklang mit den wirtschaftlichen Verhältnissen des Vertragspartners". Aufgrund der Erfahrungen von Ermittlern ist bekannt, dass vielfach über sog. Strohmänner Geldwäsche betrieben wird.
3. Des Weiteren fehlt aufgrund der Methode der Befragung die große Zahl der nicht wahrgenommenen Verdachtsfälle und Verdachtsmerkmale, die allein deshalb nicht berichtet werden konnten. Wenn man eine gleichmäßige Verteilung der tatsächlichen Fälle in beiden Gruppen, den in der Befragung berichteten und nicht berichteten Fällen unterstellt, ist die hier vorgenommene Schätzung zulässig. Vermutlich sind die Fälle jedoch nicht gleichmäßig verteilt, sondern es befinden sich aufgrund der geringen Awareness und Antwortbereitschaft sehr viel mehr Fälle in der Gruppe der non-reported suspicious cases, die nicht berücksichtigt werden konnten.

---

[20] *Schneider* (2016), S. 9.

4. Methodisch gesehen müssten wir die Gruppe der reported cases mit den non-reported cases auffüllen bzw. hinzufügen, bei denen unerkannt tatsächliche Geldwäsche stattgefunden hat. Dieser Anteil in der Gruppe der non-reported cases lässt sich indes nicht belastbar schätzen, er dürfte jedoch deutlich höher sein, als der Anteil falscher Verdächtigungen in der Gruppe der reported cases.

7.3.2   Kritik: Überschätzung der Geldwäschebeträge

Die Befragten könnten sich bei ihrer Angabe des finanziellen Volumens der verdächtigen Transaktionen eher nur an die hohen Beträge erinnern und in der Studie berichtet haben, sodass es sich bei dem geschätzten Bereich von 20 bis 30 Mrd. Euro um eine Obergrenze handelt.[21] Die unberücksichtigte Vielzahl der „Bagatellen" würde somit den in dieser Studie berechneten Volumendurchschnitt senken.

1. Dies würde jedoch bedeuten, dass auch die unberücksichtigten „Bagatellen" nicht in unsere Schätzung der Zahl der Verdachtsmeldungen einbezogen wurden. Dies würde das Gesamtvolumen der Geldwäsche wiederum anheben. In welchem Umfang wäre völlig offen.
2. Viel spricht jedoch dafür, dass der Zusammenhang zwischen Reporting und Höhe des Volumens eher umgekehrt ist. Je höher die Summe, desto geringer dürfte die Bereitschaft sein, auch in den Interviews zu berichten. Das Interesse an lukrativen Geschäften behindert das Schöpfen oder Zulassen eines Verdachts. Non-Awareness folgt eher dem Profit. So hat etwa jeder zweite Verpflichtete zu den Bedenken gegenüber einer Verdachtsmeldung das Risiko des Scheiterns genannt. Etwa jeder vierte Verpflichtete betrachtete eine Verdachtsmeldung generell als geschäftsschädigend (Kap. 6).
3. Für den Finanzsektor spricht demgegenüber viel dafür, dass bei den meisten Transaktionen die Sorgfaltspflichten strikt angewendet werden und zehntausende automatisierte Verdachtsmeldungen generiert werden. Allerdings vertraten einige der befragten Experten die Auffassung, dass diese sorgfältigen Verfahren bei sehr hohen Transaktionsvolumen auffällig lückenhaft seien, wie auch die Berichte über die sog. *Panama Papers* nahelegen.[22] Wenn ein Bias abhängig von der Höhe des Geldwäschebetrages in Betracht zu ziehen wäre, dann eher je bedeutsamer der Geschäftsabschluss desto geringer die Awareness und auch die Bereitschaft in einer Befragung wie dieser hier zu berichten. Die Wahrscheinlichkeit des Reportings schwindet auch in einer Studie ab einem bestimmten Schwellenwert deutlich.

---

[21] *Schneider* (2016), S. 9.

[22] *Obermayer und Obermaier* (2016).

7.3.3 Kritik: Ort der Geldwäsche außerhalb Deutschlands

Kritisiert wird des Weiteren, dass die vorliegende Studie nicht den Ort der Geldwäsche aufzuzeigen vermag, sie könnte auch woanders im EU-Raum durchgeführt
worden sein.[23] Richtig ist, normalerweise erfolgt die Geldwäsche in mehr als nur in
drei Phasen, die üblicherweise als *Placement, Layering* und *Integration* bezeichnet werden. Diese Unterscheidung der Phasen ist jedoch trivial als es naturgemäß
immer einen Anfang gibt und einen Punkt, von dem an kaum noch die wahre Herkunft der inkriminierten Vermögenswerte aufzuklären ist (Integration). Und viele
Schritte dazwischen, um die Spuren zu verwischen (Layering).

Rechtlich gesehen befindet sich der Ort der Geldwäsche jedoch nicht nur in der
ersten Phase des Placements, sondern kann bei jeder weiteren Transaktion inkriminierter Vermögenswerte woanders liegen. Alle in den einzelnen Schritten der
Transaktion beteiligten Verpflichteten (und auch anderen wie Bauträger) können
sich einer Geldwäsche strafbar machen. Im Einzelnen ist zwischen der Transaktion
mit Bargeld und über Konten der Finanzinstitute zu unterscheiden:

1. Soweit die Transaktion mit *Bargeld* erfolgte, wurden alle hier berichteten Verdachtsfälle und Verdachtsmerkmale in Deutschland wahrgenommen, da sich die
   Studie auf diesen Raum beschränkte. Sicherlich, und hiervon wird auch explizit
   ausgegangen, so bspw. Die ECOLEF Studie,[24] kann ein großer Teil des Bargelds
   aus dem Euro-Raum herrühren, indem es über die Grenze in Koffern und ähnlichem
   transportiert wurde. Gleichwohl erfolgt das Waschen dieser Bargelder in Deutschland, da es zum ersten Mal in den legalen Wirtschaftskreislauf eingespeist wird.
2. In allen Fällen des *bargeldlosen* Zahlungsverkehrs erfolgte der erste Schritt
   immer über ein Finanzinstitut, das hier offenkundig nicht reagiert und weitere
   Transaktionen zugelassen hat. Diese Finanzinstitute können durchaus auch (!)
   im EU-Ausland oder gar weltweit wie auf sog. Offshore Destinationen angesiedelt sein, somit außerhalb Deutschlands. Die von uns befragten Verpflichteten
   in Deutschland können gleichwohl sich der Geldwäsche strafbar machen, da
   sie Auffälligkeiten bemerkt haben, die auf Geldwäsche hindeuten. Einige der
   von uns abgefragten Verdachtsmerkmale erhoben explizit diese Varianten wie
   Überweisungen aus Ländern mit hoher Korruption oder niedrigem Anti-Geldwäsche-Standard oder Zahlungen über zweifelhafte ausländische Institute. Um
   Geldwäsche in Deutschland handelt es sich gleichwohl.

Trotz der diskutierten Schwierigkeiten kann man aus den genannten Gründen, auf
Basis der von den Verpflichteten wahrgenommenen und in der Studie berichteten
Verdachtsfälle und typologisierten Verdachtsmerkmale, selbst bei einer konservati-
ven Hochrechnung eine Größenordnung schätzen, die allein im Nicht-Finanzsektor
etwa 30.000 Verdachtsfälle und ein Geldwäschevolumen zwischen 20 bis 30 Mrd.
Euro jährlich umfasst.

---

[23] *Schneider* (2016), S. 10.
[24] *Unger et al.* (2013).

7.4   Schätzung des Volumens der Geldwäsche in Deutschland

Nicht den Schaden, aber das Erfordernis der Geldwäschebekämpfung kann man an der monetären Größenordnung des Problems ablesen. Allerdings ist eine exakte Schätzung des Dunkelfelds methodisch schwierig und auch aufgrund der Ausweitung des Gegenstands der Geldwäsche aus rechtlichen Gründen unmöglich. Diese Studie schätzt aufgrund der Befragung der Verpflichtetengruppen das Volumen der Geldwäsche allein für den Nicht-Finanzsektor auf jährlich *mindestens 20 Mrd. Euro*. Der Umfang dürfte deutlich höher sein, da es an der erforderlichen Awareness der Befragten mangelt.

Aus den zuvor beschriebenen Gründen handelt sich um eine methodisch bedingte Unterschätzung. Überdies konnten im Nicht-Finanzsektor keine Daten über die Aktivitäten von sog. Frontgesellschaften, wie insbesondere in der Hotellerie und Gastronomie und durch Über- und Unterfakturierungen erhoben werden. Für den Umfang dieser Aktivitäten gibt es derzeit keine belastbaren Daten.

Bei der Abschätzung des gesamten Volumens der Geldwäsche gilt es zudem, die rechtliche Definition der Geldwäsche zu berücksichtigen, die als Vortaten nicht nur die Kriminalität der OK kennt, sondern durchaus ein großes Spektrum der legalen Wirtschaft erfasst, wie die *gewerbliche Steuerhinterziehung* gem. § 261 Abs. 1 Satz 3 StGB oder auch *Schwarzarbeit*, die ebenfalls die Kriterien einer Vortat, infolge der damit verbundenen Steuerhinterziehung erfüllen. US-Studien zufolge beruhen etwa 70 % der gewaschenen Gelder aus einer *Steuerhinterziehung*.[25] Dabei handelt es sich überwiegend um Einkünfte aus gewerblicher, unternehmerischer oder landwirtschaftlicher Tätigkeit.[26] Hingegen erwiesen sich in den USA Einkommensangaben in Steuererklärungen bei Löhnen und Gehältern als überwiegend korrekt (94 %), in hohem Maße korrekt bei Zinsen und Dividenden (86 %), aber nicht einmal mehr in der Hälfte der Fälle bei Personengesellschaften und kleinen Unternehmen (47 %).[27]

Das Volumen der Steuerhinterziehung in Deutschland bewegt sich allen Schätzungen zufolge im unteren dreistelligen Milliardenbereich.[28] Das Tax Justice Network schätzte das Ausmaß der Steuerhinterziehung auf 165 Mrd. Euro.[29] Auch wird man die gewerbsmäßige *Schwarzarbeit* zu berücksichtigen haben, die verschiedenen Berechnungen zufolge einen Steuerausfall im zweistelligen Milliardenbereich verursacht, zwischen 11 bis 28 Mrd. Euro[30] oder sogar rund 66 Mrd. Euro.[31] Die unversteuerten

---

[25] *Schneider* (2015), S. 153.

[26] *Feinstein* (1991), S. 15; *Andreoni et al.* (1998), S. 847; *Roth et al.* (1989).

[27] *Franzen* (2008), S. 95; *Slemrod* (1985); *Forest und Sheffrin* (2002).

[28] Vgl. *Pflaum* (2014), Rn. 5.

[29] Tax Justice Network (2011), S. 10.

[30] IW-Köln (2017), Schwarzarbeit und Schattenwirtschaft, S. 23.

[31] *Focus Online*, <www.focus.de> → Suche → „Schwarzarbeit und Auslandskonten" → 24.07.2012. Details der Berechnung wurden in Korrespondenz mit dem im Focus Artikel genannten Prof. Schneider erläutert.

Erlöse aus Steuerhinterziehung von Selbstständigen und Schwarzarbeitern werden zu einem großen Teil über Bargeldtransaktionen gewaschen. Ein anderer Teil gelangt über Auslandskonten wieder nach Deutschland zurück.

Unter der Annahme, dass 70 % der Geldwäsche allein aus hinterzogenen gewerbsmäßigen Steuern stammt und wir allein für Deutschland von einem Volumen hinterzogener Steuern in Höhe von mindestens 100 Mrd. Euro ausgehen müssen, gelangen wir in eine Größenordnung der Geldwäsche von 70 Mrd. Des Weiteren strömen Gelder nach Deutschland als sicherer Hafen und attraktiver Wirtschaftsstandort hinein, sodass sich das Volumen der auch hier gewaschenen Gelder deutlich erhöht. Dieser Anteil von Vermögenswerten, der aus dem Ausland herrührte, konnte in dieser Studie nicht erhoben werden. Ziehen wir andere Studien heran, so stammt mindestens die Hälfte der in den Industrieländern gewaschenen Gelder aus Entwicklungs- und Schwellenländern.[32] Dies würde bedeuten, dass zu den über 70 Mrd. Euro aus Deutschland stammenden Geldern allein aus der gewerbsmäßigen Steuerhinterziehung weitere rund 70 Mrd. Euro aus dem Ausland herrühren, womöglich bewegen wir uns dann in einer Dimension in Höhe von 140 Mrd. Euro.

Das Dunkelfeld der Geldwäsche in Deutschland übersteigt, wenn man auch die Vortaten der gewerblichen Steuerhinterziehung einbezieht trotz einer unbestreitbar wackeligen Datenbasis mit Sicherheit die Dimension von 100 Mrd. Euro. Die ECOLEF Studie belässt es nicht nur bei Risikobewertungen, sondern drückt das Risiko in einem jährlichen Volumen der Geldwäsche aus, das für Deutschland mit 108 Mrd. Euro beziffert wird.[33]

Diese Größenordnung erscheint für Deutschland plausibel, wenn man auch die Risikobewertungen anderer Studien heranzieht. Der Basel AML Index 2016 stuft Deutschland unter den Ländern der OECD als Higher Risk Country ein, nach Luxemburg, Japan, Griechenland, Schweiz und Italien.[34] Im Financial Secrecy Index des Tax Justice Network befindet sich Deutschland auf dem achten Platz der weltweiten Schattenfinanzplätze, nach den Ländern Schweiz, USA, Hongkong, Singapur, Kaiman Island, Luxemburg und Libanon.[35]

Mit der vorliegenden Studie konnte indes nicht nur das Risiko bewertet werden, worauf sich die ECOLEF Studie beschränken musste, sondern es konnte auf der *Basis von Berichten* der Verpflichteten, der Umfang der Geldwäsche im Nicht-Finanzsektor in Höhe von mindestens 20 Mrd. Euro geschätzt werden. Hierbei handelt es sich um eine relativ gut abgesicherte *untere Grenze* des Geldwäschevolumens *allein im Nicht-Finanzsektor*. Zu einer sehr viel höheren Berechnung des Geldwäschevolumens würde man aus folgenden Gründen gelangen, wenn die Rahmenbedingungen günstiger und das Studiendesign komplexer wären:

---

[32] *Buehn und Schneider* (2013), S. 172 m.w.N.

[33] Anhand des Gravity-Modells und somit der Transaktionsströme nach Deutschland, *Unger et al.* (2013), S. 43.

[34] Basel Institute on Governance (2016), S. 7.

[35] Tax Justice Network (2015), abrufbar unter: <http://www.financialsecrecyindex.com/> → View 2015 Results.

- häufigere Wahrnehmung von Verdachtsfällen und Verdachtsmerkmalen aufgrund hoher Awareness der Befragten (s. Methodendiskussion in Abschn. 7.3).
- Einbeziehung der Aktivitäten von sog. Frontgesellschaften, die primär der Geldwäsche dienen (Abschn. 10.2 und 10.3).
- Einbeziehung des Sektors Glücksspiel inkl. der Frontgesellschaften (Abschn. 10.1).
- Berücksichtigung des Finanzsektors, inkl. des Underground Banking und der virtuellen Währungen (Abschn. 10.4 und 10.5)

Abschließend sei angemerkt: Dunkelfeldschätzungen sind zwar naturgemäß mit Unsicherheiten behaftet, aber ihr Zweck liegt letztlich nicht in der exakten Bestimmung eines Schadens. Zum einen sind die Folgen der Geldwäsche sehr viel komplexer als mit monetären Summen abgebildet werden kann (Abschn. 1.2). Zum anderen geht es um die Begründung eines Handlungsbedarfs. Und der ist auch für Deutschland erheblich (Empfehlungen in Kap. 12). Als gesichert kann gelten, es handelt sich für Deutschland keinesfalls um Millionen oder wenige Milliarden, sondern um eine wuchtige Größenordnung im hohen zwei-, aber sehr viel wahrscheinlicher im niedrigen dreistelligen Milliardenbereich pro Jahr.

Das Erstaunen mancher über diese Dimension rührt wahrscheinlich daher, dass die Vorstellung schwer fällt, dass ein rechtsstaatlich hoch entwickeltes Industrieland wie Deutschland durchaus von der internationalen OK betroffen ist und zwar als attraktiver Investitionsstandort. Auch wird die Weite des Vortatenkatalogs des § 261 StGB leicht übersehen, der eben nicht allein auf die Erlöse aus illegalen Märkten abzielt, sondern auch auf legale, wenn sie auf strafbare Weise erzielt wurden, wie gewerbsmäßige Begehung von Betrug und Steuerhinterziehung (Abschn. 1.5). Die gewerbsmäßige Steuerhinterziehung ist zudem die Vortat, die den erheblich höheren Anteil an der Geldwäsche hat, aber schwerer erkennbar ist.

7.5   Betroffenheit des legalen Wirtschaftskreislaufs durch Geldwäsche

Überdies ist die Betroffenheit des legalen Wirtschaftskreislaufs sehr viel größer, als man es nach den bisherigen Berechnungen erahnen kann. Alle Studien gehen implizit von der Annahme aus, dass – abgesehen von möglichen Wertgewinnen oder -verlusten – der inkriminierte Erlös aus den Vortaten der Täter konstant bleibt. Dies ist jedoch genaugenommen die *falsche Perspektive*, denn es kommt darauf an, auf welche Seite man die Analyse aus rechtlicher Sicht zu richten hat, auf die Vortäter oder die Geldwäscher. Aus rechtlicher Sicht bestimmt sich der Gegenstand der Geldwäsche zum Zeitpunkt der Transaktion und nicht am Erlös aus der Vortat: Sowohl die Zahl der Transaktionen als auch die Vermischung mit anderen legal erworbenen Vermögenswerten führen zu einer deutlich höheren *Betroffenheit* des legalen Wirtschaftskreislaufs durch Geldwäsche.

7.5.1   Zahl der Transaktionen

Mit jeder Transaktion wird der Vermögenswert zwar nur weiterverschoben, aber genaugenommen gilt dies aus rechtlicher Sicht nicht für die Seite der Empfänger wie Finanzinstitute oder Güterhändler. Denn der Straftatbestand der Geldwäsche sanktioniert latent alle Empfänger. Mit Ausnahme der erst jüngst eingeführten Variante der Selbstgeldwäsche gemäß § 261 Abs. 9 S. 3 StGB machen sich nicht die Vortäter strafbar, sondern ausschließlich die Empfänger der illegalen Werte. Dies hat genaugenommen auch Konsequenzen für das Volumen der betroffenen Vermögenswerte und somit für die Berechnung des Geldwäschevolumens. Zwar steht der Kontoabbuchung oder dem Bezahlen mit Bargeld ein entsprechender Wertzuwachs durch Kauf gegenüber, aber bei jeder Transaktion wird der *objektive Straftatbestand* der Geldwäsche nach § 261 StGB auf Seiten der Empfänger (erneut) verwirklicht, selbst wenn es am subjektiven Tatbestand wie Vorsatz oder leichtfertiges Nicht-Erkennen der illegalen Herkunft fehlt. Die Berechnung des Geldwäschevolumens erfolgt in allen Studien jedoch nicht zu einem Stichtag, sondern immer für einen Zeitraum, üblicherweise innerhalb eines Jahres. In diesem Zeitraum werden in der Regel inkriminierte Gelder mehrfach gewaschen, um die Herkunft zu verschleiern. Der objektive Straftatbestand der Geldwäsche wird dabei jedes Mal erfüllt.

Aus rechtlicher Sicht erhöht sich daher das Geldwäschevolumen mit jeder weiteren Transaktion bspw. von einem Bankkonto in den Nicht-Finanzsektor eines anderen Landes. Zunehmend mehr Verpflichtete werden betroffen, da sie illegale Gelder waschen, mit oder ohne Kenntnis. Schaut man somit auf das Volumen der Geldwäsche auf Seiten der Empfänger innerhalb eines Zeitraums, so ist dieses Volumen unvermeidlich um ein Vielfaches höher, als bei der ersten Penetration des legalen Wirtschaftskreislaufs. Der Schaden der Geldwäsche in der legalen Wirtschaft ergibt sich somit aus der Anzahl der Transaktionen, die mit diesen inkriminierten Vermögenswerten durchgeführt werden. Rechtlich gesehen besteht kein zeitliches Limit, allenfalls aufgrund faktischer Unmöglichkeit. Nach dem *Placement* und den vielen Schritten des *Layering* schwinden irgendwann in der Schlussphase der *Integration* des Vermögenswertes nahezu alle Chancen auf Ermittlung der kriminellen Herkunft.

Die Betroffenheit des legalen Wirtschaftskreislaufs durch inkriminierte Vermögenswerte ist somit sehr viel höher. Sie ergibt sich aus der Anzahl der Transaktionen, die zudem über Jahre weiterlaufen. Man kann hieraus ein „Erst-recht-Argument" schmieden, bereits bei der ersten Penetration des legalen Wirtschaftskreislaufs bedarf es einer Verdachtsmeldung, andernfalls wächst seine „Infektion" mit inkriminierten Geldern binnen kurzer Zeit exponentiell.

7.5.2   Vermischung

Die weitere erstaunliche Vermehrung des Geldwäschevolumens und somit ungeahnte Betroffenheit des legalen Wirtschaftskreislaufs resultiert auch aus jeder *Vermischung* von nicht-inkriminierten mit inkriminierten Vermögenswerten, da aus

rechtlicher Sicht nunmehr auch die „sauberen" als kontaminiert gelten können
(Abschn. 1.5). Umstritten ist derzeit nur, wie weit dieser Kontaminierungseffekt
greifen soll.[36] Aus Sicht der Rechtsprechung kann bereits ein deliktischer Anteil von
35 % bis zu 5,9 % ausreichen.[37] Betrachtet man das vermischte Vermögen sogar als
vollständig kontaminiert (sog. Totalkontamination), hätte das eine deutliche Erhöhung des Volumens der kontaminierten Gelder und somit des gesamten Geldwäschevolumens zur Folge.[38] Auf der Basis der Rechtsprechung des BGH würde sich
bei Zugrundelegung des Risikos nach der ECOLEF Studie von 108 Mrd. und eines
Prozentsatzes der Kontamination von rund 6 % oder 35 % das Risiko eines jährlichen Geldwäschevolumens in Höhe von etwa 200 Mrd. bis zu 1,7 Billionen Euro
in Deutschland ergeben.[39] Dies nur als Modellrechnung zur Illustration der monetären Dimension der Betroffenheit von Vermögenswerten. Die rechtliche Folge der
Vermischung mit nicht-inkriminierten Vermögenswerten wurde bislang in keiner
Studie systematisch empirisch abgebildet.

7.5.3   Finanz- und Nicht-Finanzsektor:

Gemessen an der Wirtschaftsleistung können selbst sehr kleine Länder wie die
Cayman Islands oder Luxemburg über ihre Finanzinstitute ein großes Geldwäschevolumen aufweisen. Vor allem der Faktor der geringen Transparenz der eingespeisten Gelder ist der Treiber ihrer Attraktivität. Diese Vermögenswerte wandern
schließlich über den Finanzsektor quer durch die gesamte Welt und verwirklichen
an jedem weiteren Ort ebenfalls den Straftatbestand der Geldwäsche, wenn diese
Gelder angenommen und somit gewaschen werden. Insbesondere das weltweite
Volumen der Geldwäsche und somit die Betroffenheit der Weltwirtschaft wächst
mit der Zahl der Transaktionen in gewaltige Dimensionen.

Empirisch und rechtlich gesehen wurden die inkriminierten Werte vielfach im
Finanzsektor vorgewaschen, bevor sie das eigentlich begehrte Industrieland zur
Kapitalanlage erreichen und dort im legalen Wirtschaftskreislauf in weiteren Investitionen gewaschen werden. Der Straftatbestand der Geldwäsche lässt daher eigentlich keine präzise Differenzierung zwischen der Bestimmung des Geldwäschevolumens im Finanz- und Nicht-Finanzsektor zu. Bei jeder bargeldlosen Transaktion in
den Nicht-Finanzsektor hinein werden beide Sektoren gleichermaßen tangiert. Aus
diesem Grund müsste auch die Zahl der Transaktionen in der jeweiligen Region
berücksichtigt werden, die unvermeidlich zu einer Erhöhung des Geldwäschevolumens in einem Zeitraum führen.

---

[36] Krit. *Herzog* (2015), S. 1805 Rn. 84; *Nestler,* in: Herzog et al. (2014), GwG, § 261 Rn. 70.

[37] BGH, Beschluss vom 20.05.2015 – 1 StR 33/15 – NJW (2015), S. 3255; *Barton* (1993), S. 165;
Leip und Hardtke (1997), S. 285.

[38] Krit. *Fischer* (2017), StGB, § 261 Rn. 4a.

[39] *Blanke* (2016), S. 27 f. In der Modellrechnung wurde der Geldwäscheanteil in Höhe von
108 Mrd. Euro herausgerechnet.

Über diesen *Faktor der Mehrfachgeldwäsche* in einem Land und in der Welt wissen wir derzeit wenig. Wir können jedoch annehmen, dass Deutschland nicht nur ein Transitland ist, wie es bei vielen Offshore Konten der Fall ist, sondern kontaminierte Vermögenswerte wie Immobilien, Luxusgüter, Kunst usw. hier den Besitzer mehrfach wechseln. Der Geldwäsche kommt aus diesem Grund eine sehr viel größere Bedeutung für die gesamte deutsche Wirtschaft zu, als wir bislang schätzen können.

Die derzeitige Diskussion über die Höhe des Geldwäschevolumens leidet somit auch unter der Außerachtlassung der Konsequenzen, die aus juristischen Beurteilungen folgen. Dem Straftatbestand wohnt ohne Zweifel eine vermögensrechtliche Dynamik inne, die derzeit empirisch noch nicht befriedigend eingefangen wurde. Die Diskussion über die „wahre" Höhe des Geldwäschevolumens kann sich somit nicht nur auf die diskutierten empirischen Probleme beschränken, sondern hat auch die rechtliche Definition der Geldwäsche zu berücksichtigen, wobei allein die Frage einer weitgehenden Totalkontamination durch *Vermischung* umstritten ist, nicht hingegen die Möglichkeit der *mehrfachen Geldwäsche* durch mehr als einen Empfänger.

Wenn man somit wissen will, wie hoch das Volumen der Geldwäsche ist, um die *Betroffenheit* der legalen Wirtschaft eines Landes abzuschätzen, dann ist dieses Volumen ein Mehrfaches des Erlöses aus den Vortaten. Mit jeder Transaktion wird der legale Wirtschaftskreislauf zusätzlich kontaminiert, die Zahl der durchaus auch arglosen Geldwäscher und der von ihnen gewaschenen Vermögenswerte vermehrt sich permanent bis zur faktischen Verwischung aller Spuren ihrer Herkunft. Die Betroffenheit der Verpflichteten im legalen Wirtschaftskreislauf erhöht sich allein aufgrund der rechtlichen Definition der Geldwäsche weit über den ursprünglich eingespeisten illegalen Gewinn aus den Vortaten. Der Straftatbestand stieß gerade aus diesem Grund auf vielfache Kritik (Abschn. 1.1, 1.3, 1.5).

Im legalen Wirtschaftskreislauf werden folglich sehr viel mehr Akteure und ihre Vermögenswerte durch Geldwäsche betroffen, als es das Ausgangsvolumen der kriminellen Erlöse vermuten lässt. Die Conclusio aus diesen Überlegungen ist jedoch weniger das „tatsächliche" Volumen der Geldwäsche unter Berücksichtigung von Mehrfachgeldwäsche oder gar Vermischung hochzurechnen, sondern zuvörderst das Ausmaß der Unterwanderung der legalen Wirtschaft durch illegale Vermögenswerte zu begreifen. Wenn man diesen Schritt der Bekämpfung von Kriminalität und insbesondere der Zurückdrängung illegaler Märkte gehen will, wie es hier befürwortet wird, dann haben wir uns einer bislang ungeahnten Dimension und Bedeutung der Geldwäsche für die legale Wirtschaft zu stellen.

Kapitel 8
Corporate Compliance

8.1   Verbreitung der Geldwäschebeauftragten

Die Funktion eines Geldwäschebeauftragten bildet sicherlich die Basis für jedes Anti-Money-Laundering CMS, die jedoch nur für einen bestimmten Kreis der Verpflichteten zwingend vorgeschrieben ist.[1] Nach § 6 Abs. 2 Nr. 2 GwG hat der Gesetzgeber den Geldwäschebeauftragten als angemessene interne Sicherungsmaßnahme explizit aufgeführt. Gemäß § 7 Abs. 1 Nr. 1 GwG[2] betrifft diese Verpflichtung grundsätzlich Kreditinstitute, Finanzdienstleister und Zahlungsinstitute (§ 2 Abs. 1 Nr. 1–3 GwG), Finanzunternehmen (§ 2 Abs. 1 Nr. 6); Versicherungsunternehmen (§ 2 Abs. 1 Nr. 7 GwG); Kapitalverwaltungsgesellschaften (§ 2 Abs. 1 Nr. 9 GwG) sowie Veranstalter und Vermittler von Glücksspielen (§ 2 Abs. 1 Nr. 15 GwG).

Für die übrigen Verpflichtetengruppen bestehen hingegen zunächst keine entsprechenden gesetzlichen Pflichten. Gemäß § 7 Abs. 3 S. 1 i.V.m. § 50 GwG können Aufsichtsbehörden anordnen, dass Verpflichtete nach § 2 Abs. 1 Nr. 4 (Agenten nach dem Zahlungsdiensteaufsichtsgesetz), Nr. 5 (selbstständige Gewerbetreibende, die E-Geld eines Kreditinstituts vertreiben oder rücktauschen), Nr. 8 (Versicherungsvermittler), Nr. 10 (Rechtsanwälte/Notare), Nr. 11 (Rechtsbeistände), Nr. 12 (Wirtschaftsprüfer), Nr. 13 (Dienstleister/Treuhänder), Nr. 14 (Immobilienmakler) und Nr. 16 (Güterhändler) einen Geldwäschebeauftragten zu bestellen haben, wenn dies angemessen erscheint. Bei Gütehändlern, die mit hochwertigen Gütern handeln, soll die Aufsichtsbehörde eine solche Anordnung treffen.[3] Damit besteht faktisch für einen Teil der Güterhändler auch eine Pflicht zur Bestellung eines Geldwäschebeauftragten. Viele Aufsichtsbehörden der Länder hatten dies – schon nach alter

---

[1] Abschnitt basiert auf *Bussmann und Vockrodt* (2016), S. 138–143.

[2] Vormals § 9 Abs. 2 Nr. 1 S. 1 GwG a.F. mit restriktiver Verpflichtung zur Bestellung eines Geldwäschebeauftragten.

[3] Zur Vagheit der Aufgaben eines Geldwäschebeauftragten, s.a. *Studer* (2013), Rn. 130 ff.

© Springer-Verlag GmbH Deutschland, ein Teil von Springer Nature 2018   109
K.-D. Bussmann, *Geldwäscheprävention im Markt*,
https://doi.org/10.1007/978-3-662-56185-0_8

Rechtslage – per Allgemeinverfügung geregelt, jedoch gleichzeitig an weitere Voraussetzungen wie eine bestimmte Mitarbeiterzahl von neun oder zehn geknüpft.[4]

Durch Verordnungen der Aufsichtsbehörden der Bundesländer soll erst ab neun Mitarbeitern ein Geldwäschebeauftragter bei Güterhändlern hochwertiger Güter implementiert werden. Die Studie im Nicht-Finanzsektor zeigt hingegen, dass die Bestellung eines Geldwäschebeauftragten weder bei kleinen noch bei mittelständischen Unternehmen mit mehr als 9 Mitarbeitern selbstverständlich ist, nur jeder fünfte Verpflichtete (21 %) verfügte über einen Geldwäschebeauftragten. Angesichts ihrer geringeren Belastbarkeit und der aufsichtsrechtlichen Regelungen verfügen nur 6 % bzw. 19 % der Unternehmen mit weniger als fünf bzw. zehn Beschäftigten über einen Geldwäschebeauftragten (Abb. 8.1). Bei größeren Unternehmen steigt der Anteil jedoch ebenfalls kaum merklich an. Erst ab einer Größe von über 100 Mitarbeitern ist die Funktion eines Geldwäschebeauftragten deutlich häufiger vorgesehen, rund zwei Drittel der Verpflichteten verfügen hierüber.[5]

Differenziert man nach Wirtschaftssektoren (Abb. 8.2), schwanken die Anteile der Kanzleien bzw. Unternehmen mit einem Geldwäschebeauftragten zwischen 5 % und 51 %. Dabei differiert die Verbreitung besonders innerhalb der rechtsberatenden und vermögensverwaltenden Berufe. Die Hälfte der Wirtschafts-/Buchprüfer (51 %) und Vermögensverwalter/Treuhänder (48 %) verfügt über diese Funktion, während bei den rechtsberatenden Berufen Geldwäschebeauftragte deutlich seltener vorhanden sind, am seltensten bei Rechtsanwälten (5 %). Zu selten sind Geldwäschebeauftragte auch in der Gruppe der Güterhändler. Etwa jeder fünfte Händler mit Kraftfahrzeugen und Händler mit Gold, Silber und Schmuck verfügt

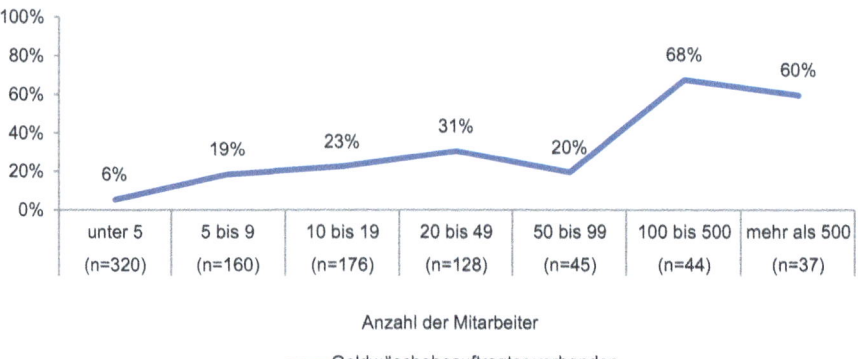

Abb. 8.1 Anteil der Verpflichteten mit Geldwäschebeauftragten nach Unternehmensgröße

---

[4] Vgl. exemplarisch die Allgemeinverfügungen der *Stadt Düsseldorf* (2012) und der *Stadt Hildesheim* (2013).

[5] Vgl. a. Studie *PwC und Bussmann* (2016), S. 56. Hiernach haben 58 % der Unternehmen mit mehr als 500 Mitarbeitern aus dem Finanz- und Nichtfinanzsektor ihre Geldwäsche-Compliance abgeschlossen.

über einen Geldwäschebeauftragten im Unternehmen (19 % bzw. 18 %), während im Kunsthandel und Boots-/Yachthandel derartige Präventionsmaßnahmen unüblich sind (7 % bzw. 0 %).

Allerdings nivellieren sich die Unterschiede zwischen den Wirtschaftssektoren, wenn die Größe der Kanzleien bzw. Unternehmen berücksichtigt wird (Abb. 8.3). In allen Wirtschaftssektoren bewegt sich bei kleinen Kanzleien bzw. Unternehmen mit weniger als 10 Mitarbeitern der Anteil der Geldwäschebeauftragten um etwa 10 %. In der Gruppe der KMU mit weniger als 100 Mitarbeitern steigt der Anteil auf bis zu 30 %. Allerdings sind für diese Quote in der hier zusammengefassten Gruppe der rechtsberatenden und vermögensverwaltenden Berufe primär die hohen Anteile bei Wirtschafts-/Buchprüfern (51 %) und Vermögensverwaltern/Treuhändern (48 %) verantwortlich, während in Rechtsanwaltskanzleien die Funktion eines Geldwäschebeauftragten weitgehend unüblich ist (5 %, s.o. Abb. 8.2).

Im Vergleich zu den drei anderen Wirtschaftssektoren spielt die Prävention der Geldwäsche im Güterhandel auch bei größeren Unternehmen offenbar nur eine untergeordnete Rolle. Nur 30 % der größeren Unternehmen im Güterhandel mit mehr als 100 Mitarbeitern verfügen über einen Geldwäschebeauftragten, während in den anderen Gruppen der Anteil auf rund 70 % ansteigt (Abb. 8.3).

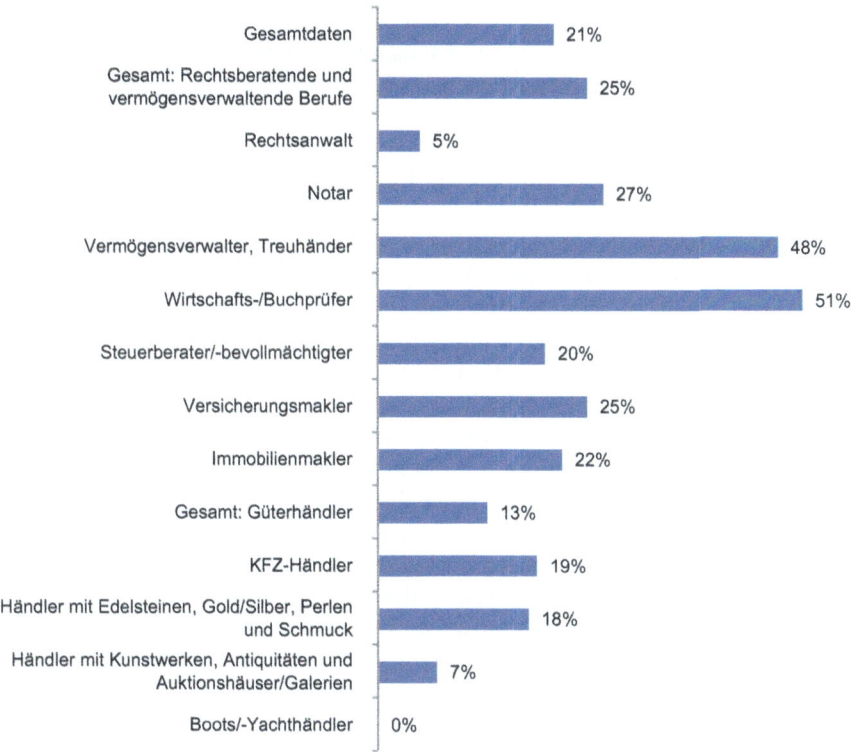

Abb. 8.2 Anteil der Verpflichteten mit Geldwäschebeauftragten

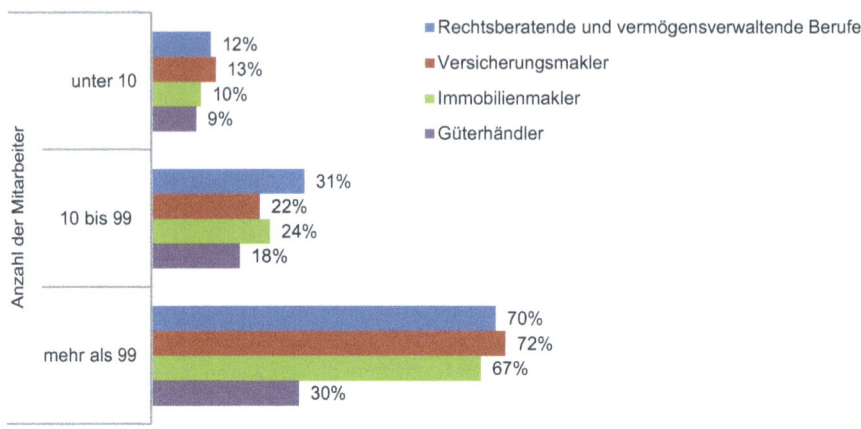

Abb. 8.3 Anteil der Geldwäschebeauftragten in den Wirtschaftssektoren

8.2   Impact des Geldwäschebeauftragten

Mit der Implementierung eines Geldwäschebeauftragten erreichen die Verpflichteten eine nachweislich höhere Awareness.[6] Wenn diese Funktion vorhanden ist,
fühlen sich fast zwei Drittel der Befragten sicher im Umgang mit Kriterien, die
auf das Verwenden von illegal erwirtschafteten Geldern hindeuten können (62 %),
während dies beim Fehlen dieser Funktion nur bei weniger als der Hälfte der Verpflichteten der Fall ist (47 %).

Die höhere Compliance-Awareness schlägt sich offenkundig in der Anwendung
der Sorgfaltspflichten nieder. Im Fall von Bargeldtranskationen über 15.000 Euro
ist es in Kanzleien und Unternehmen mit einem Geldwäschebeauftragten häufiger
die Regel, Vertragspartner zu identifizieren, ihre Angaben zu überprüfen und zu
dokumentieren und auch den Geschäftszweck festzustellen (Abb. 8.4). Zwar ist die
Praxis, ob es sich beim Vertragspartner um eine Politisch Exponierte Person (PEP)
handelt, auch innerhalb der Gruppe mit Geldwäschebeauftragten seltener die Regel
(46 %), aber dieser Prüfaspekt wird bei Unternehmen ohne Beauftragten von lediglich 21 % regelmäßig berücksichtigt.

Aufgrund der häufigeren Ausübung der Sorgfaltsplichten überrascht es nicht,
dass Kanzleien und Unternehmen mit einem Geldwäschebeauftragten signifikant
häufiger Verdachtsmeldungen an die zuständigen Behörden bzw. Anwaltskammern
abgeben. Auch zeigte sich der positive Einfluss eines Geldwäschebeauftragten auf
das Meldeverhalten bei verdächtigen Bargeldtranskationen über 15.000 Euro.

Dieser positive Effekt besteht auch in der Gruppe der Güterhändler, die eine
unterdurchschnittliche Awareness aufweist. 59 % bzw. 61 % der Güterhändler, die

---

[6] Zu den Möglichkeiten und Aufgaben eines Geldwäschebeauftragten bspw. *Meierhöfer* (2009),
S. 1 ff.

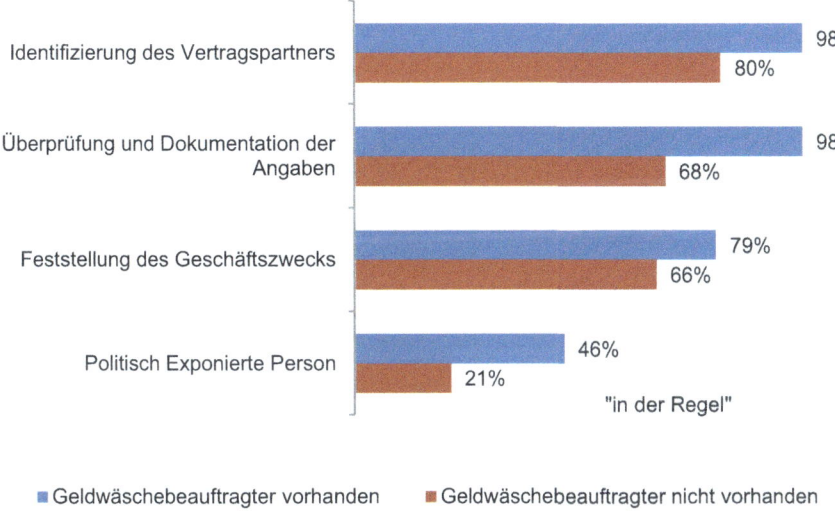

■ Geldwäschebeauftragter vorhanden   ■ Geldwäschebeauftragter nicht vorhanden

Abb. 8.4 Ausübung der Sorgfaltspflichten bei Bargeldgeschäften[7]

über einen Geldwäschebeauftragten verfügen, würden bei verdächtigen Bargeschäften über 15.000 Euro, bei denen ein neuer Kunde keine oder keine glaubhaften Angaben zu sich oder der wirtschaftlich berechtigten Person oder dem Geschäftszweck macht, dies den zuständigen Behörden melden, gegenüber 39 % bzw. 42 % in der Vergleichsgruppe ohne Geldwäschebeauftragten (o. Abb.). Insgesamt ergibt der Vergleich, dass die Implementierung eines Geldwäschebeauftragten zu einer höheren Meldebereitschaft führt.

Den Geldwäschebeauftragten ist es jedoch zumeist noch nicht gelungen, in der jeweiligen Kanzlei bzw. dem Unternehmen eine fundierte Prozesskenntnis und positive Haltung zur Geldwäsche-Compliance zu etablieren (Abb. 8.5). Bei 12 % der Verpflichteten mit einem Geldwäschebeauftragten bestand noch Unklarheit über den Adressat einer Verdachtsmeldung und Unsicherheit über die Höhe der Verdachtsschwelle (30 %). Bei Verpflichteten ohne Geldwäschebeauftragten wurden diese Bedenken dagegen noch häufiger genannt.

Unabhängig vom Vorhandensein eines Geldwäschebeauftragen sind Verdachtsmeldungen weiterhin erheblichen geschäftlichen Besorgnissen ausgesetzt. Bedenken, dass das Geschäft aufgrund der Meldung scheitern könnte, bestehen bei beiden Gruppen gleichermaßen (52 % bzw. 50 %). Auch das Risiko von Fehleinschätzungen mit einhergehendem Vertrauensverlust beim Kunden bleibt für beide Verpflichtetengruppen ein Stolperstein (44 % bzw. 45 %).

---

[7] Fragetext: Wenn in Ihrem Unternehmen mit einem neuen Kunden ein Geschäftsabschluss vereinbart wird, der in bar bezahlt werden soll und über 15.000 Euro liegt. Wie häufig werden die folgenden Aspekte in Ihrem Unternehmen geprüft?

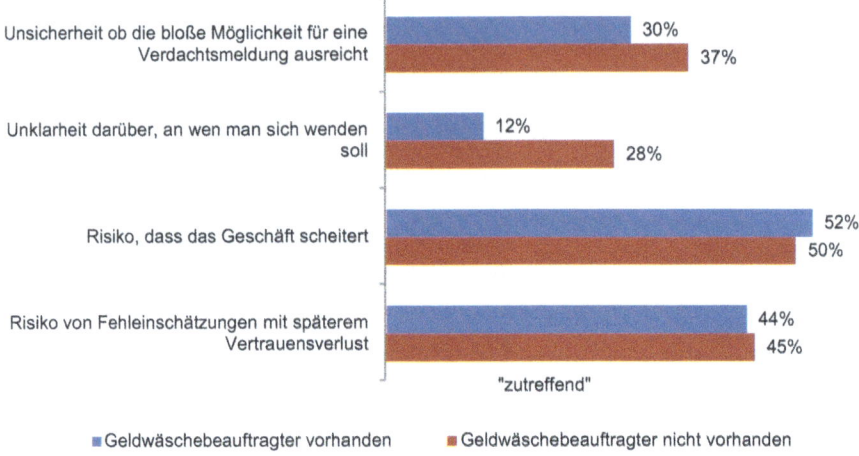

Abb. 8.5 Umgang mit Verdachtsfällen (hypothetisch)[8]

Der Interessenkonflikt zwischen Geschäft und Verdachtsmeldung wird somit auch durch die Implementation der Funktion eines Geldwäschebeauftragten kei-nesfalls aufgelöst, trotz ihrer positiven Auswirkung. Allerdings verbessert ein Geldwäschebeauftragter das Wissen um die Pflichten, die Anwendung der Sorg-faltspflichten erfolgt konsequenter und die Bereitschaft, verdächtige Transaktionen an eine zuständige Behörde zu melden, wird ebenfalls signifikant erhöht. Bei den Verpflichteten kann auf diese Weise eine konsequentere Ausübung der Sorgfalts-pflichten sichergestellt werden. Zumindest bei Kanzleien und Unternehmen mit mehr als 10 Mitarbeitern erscheint die Implementation der Funktion eines Geld-wäschebeauftragten als ökonomisch vertretbare und wirkungsvolle Maßnahme zur Gewährleistung der Geldwäsche Compliance.

---

[8] Fragetext: Welche Bedenken hätten Sie bei einer Verdachtsmeldung?

Kapitel 9
Risikoanalysen nach Wirtschaftssektoren

9.1   Immobiliensektor

Bei der *Immobilienbranche* handelt es sich um einen Hoch-Risiko-Sektor bei gleichzeitig zu geringer Awareness.[1] Nur die Hälfte der befragten *Immobilienmakler* fühlt
sich sicher im Umgang mit den Anhaltspunkten und Kriterien für die Abgabe einer
Verdachtsmeldung. Diese Gruppe beobachtet des Weiteren überdurchschnittlich
häufig Verdachtsfälle und auch entsprechende Verdachtskriterien wie Zweifel an der
ausgewiesenen Identität oder an den wirtschaftlichen Verhältnissen. Auch berichten
Immobilienmakler überdurchschnittlich häufig über einen unklaren Geschäftshintergrund oder Überweisungen aus Hoch-Risiko Ländern. Relativ häufig berichten
Immobilienmakler über mindestens einen Fall in den letzten zwei Jahren, bei dem
der Kaufpreis bar entrichtet werden sollte (13 %), dieser deutlich über dem Wert
lag (15 %) oder ein ungewöhnlich kurzfristiger Eigentümerwechsel erfolgte (22 %).

Gleichwohl erfolgt nur selten eine Verdachtsmeldung an das BKA/LKA (ca.
13 %), obwohl nach ihren Angaben die Bereitschaft hierzu bei sich, aber auch bei
den Wettbewerbern deutlich höher sei. Die geringe Zahl der Verdachtsmeldungen
lässt sich nur zum Teil auf geringe Kenntnisse des Geldwäscherechts und der niedrigschwelligen Voraussetzungen für eine Verdachtsmeldung zurückführen, etwa ein
Drittel äußerte derartige Bedenken. Die primären Bedenken betreffen vor allem die
Sorge um den Geschäftsabschluss (52 %) und das Risiko von Fehleinschätzungen
mit späterem Vertrauensverlust (36 %). Überdies geht ein überdurchschnittlich
hoher Anteil der befragten *Immobilienmakler* davon aus, dass Wettbewerber ein
zweifelhaftes Maklergeschäft fortsetzen würden (27 %).

Unsere Studie bestätigt somit die Ergebnisse der vorhergehenden Studie
zur „*Geldwäsche im Immobiliensektor in Deutschland*".[2] Die Risiken werden

---

[1] *Willems und Jankowski* (2015), S. 453–457; *BKA* (2012); im internationalen Kontext *Unger und
Ferwerda* (2007).

[2] *BKA* (2012).

© Springer-Verlag GmbH Deutschland, ein Teil von Springer Nature 2018
K.-D. Bussmann, *Geldwäscheprävention im Markt*,
https://doi.org/10.1007/978-3-662-56185-0_9

gegenwärtig in diesem Sektor durch die unzureichende Umsetzung der Sorgfalts-
pflichten und sehr geringe Bereitschaft zu Verdachtsmeldungen dramatisch erhöht.
Der Einsatz von Bargeld zum Kauf von Immobilien erscheint angesichts der hohen
Kaufsummen als zu hoch.

Das in dieser Studie für die Gruppe der *Immobilienmakler* errechnete Geldwäschevolumen in Höhe von 3–5 Mrd. Euro jährlich (Abschn. 7.2.4) dürfte unserer Einschätzung nach nicht annähernd den tatsächlichen Umfang inkriminierter Gelder
erreichen, die in diesem Wirtschaftssektor eingesetzt werden. So meinen fast zwei
Drittel der befragten Experten (61 %), dass der Immobiliensektor eine hohe Anfälligkeit zur Geldwäsche aufweist (Abb. 9.1). Diese Einschätzung teilen *Immobilienmakler* selber jedoch nicht, lediglich 16 % der befragten *Immobilienmakler* sind der
Ansicht, dass ihre Branche eine hohe Anfälligkeit zur Geldwäsche aufweist. Der
Großteil der *Immobilienmakler* sieht für den eigenen Wirtschaftszweig ein geringes
Risiko (42 %) oder gar kein Risiko (5 %).

Allerdings ist bei der Beurteilung der Risiken im Immobiliensektor zwischen
der *Maklerprovision* und dem Kaufpreis für die *Immobilien* zu unterscheiden. Auch
aus Sicht der Experten stellt die Vermittlung von Mietobjekten ein eher geringes
Risiko dar, da die *Maklerprovisionen* im Vergleich zu den Immobilienpreisen deutlich geringer ausfallen. Die Risiken der Geldwäsche liegen primär im Erwerb von
Immobilien. Insbesondere die hohen Transaktionsvolumen, die bei Immobilien-
käufen erreicht werden, machen diesen Wirtschaftssektor attraktiv zur Geldwäsche.
Darüber hinaus ist eine abschätzbare Wertstabilität in bestimmten Regionen und
bei bestimmten Objekten gegeben, die die Attraktivität für das Anlegen von inkri-
minierten und teils auch vorgewaschenen Geldern ausmachen. Dabei kann durch
Strohmannkonstruktionen und durch ausländische Unternehmen der wirtschaftlich
Berechtigte verschleiert werden.

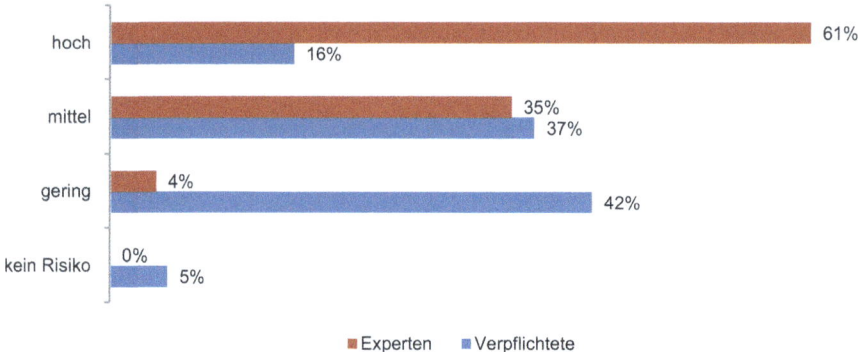

Abb. 9.1 Einschätzung des Geldwäscherisikos im Immobiliensektor[3]

---

[3] Fragetext *Experten*: Wie hoch schätzen Sie die Anfälligkeit bzw. das Risiko für die folgenden
Wirtschaftsbereiche ein, dass diese in Deutschland zur Geldwäsche genutzt werden? Fragetext
Verpflichtete: Wie groß schätzen Sie das Risiko für Ihre Branche in Deutschland ein, dass von
Kunden Immobiliengeschäfte zur Geldwäsche genutzt werden?

Neben Maklern sind allerdings *Notare* und oftmals auch *Rechtsanwälte* beim Kauf oder Handel von Immobilien oder Wohnungsportfolios involviert. Diese Berufsgruppen schätzen die Anfälligkeit ihres Berufsstandes, um mittels ihrer Tätigkeit inkriminierte Gelder in den Wirtschaftskreislauf einzubringen, als zu gering ein. Dabei sind *Notare* in jedem Fall bei der Abwicklung des Immobilienkaufs eingebunden und haben neben den *Finanzinstituten* und *Immobilienmaklern* zusätzlich Einsicht in die Kaufabwicklung und den dabei involvierten Personen oder Unternehmen. Zwar werden *Notare* und zum Teil auch *Rechtsanwälte* nur selten die Kaufsummen persönlich sehen oder in Empfang nehmen, dennoch liegt ihnen eine umfangreiche Informationsgrundlage über mögliche Verdachtstypologien beim Kauf einer Immobilie vor.

9.2   Zeitpunkt der Meldepflicht für Immobilienmakler

Bei *Immobilienmaklern* ist zu berücksichtigen, dass im Vergleich zu *Güterhändlern* der Kundenkontakt zwar von höherer Intensität ist und die Identifizierungspflichten generell schon vor Begründung einer Geschäftsbeziehung (§ 11 Abs. 1 Satz 1 GwG)[4] zwischen Makler und Interessent zu erfüllen sind. Aufgrund ihrer Vermittlerposition erfahren sie jedoch nicht immer, auf welchem Wege die späteren Transaktionen zum Kauf bzw. Verkauf einer Immobilie erfolgen. Allerdings werden in der Praxis von Maklern gleichwohl Fragen zur Finanzierung gestellt, da sie hieraus Aufschluss über den Erfolg ihrer Vermittlungsbemühungen erhalten wollen. Informationen zu den wirtschaftlichen Verhältnissen und auch über die wirtschaftlich Berechtigten werden daher durchaus von *Immobilienmaklern* wahrgenommen. Aufgrund der Nähe zu (ernsthaften) Interessenten und späteren Käufern bzw. Verkäufern wird dem Makler in den meisten Fällen deutlich, wer der Interessent ist.

Problematisch erschien nach früher Rechtslage allein der *frühe Zeitpunkt* für die Ausübung ihrer Sorgfaltspflichten. Grundsätzlich mussten Immobilienmakler gemäß § 4 Abs. 1 S. 1 GwG a.F. (neu § 11 Abs. 1 S. 1 GwG) die Identifizierung des Vertragspartners bzw. wirtschaftlich Berechtigten bereits vor Begründung der Geschäftsbeziehung durchführen. Gemäß § 4 Abs. 1 S. 2 GwG a.F. (neu § 11 Abs. 1 S. 2 GwG) kann in Ausnahmefällen die Identifizierung des Vertragspartners noch während der Begründung der Geschäftsbeziehung abgeschlossen werden. Es kommt somit auf den Zeitpunkt des Abschlusses eines Maklervertrages an. Problematisch wird die Identifizierung durch den *Immobilienmakler* insbesondere bei konkludent geschlossenen Maklerverträgen über sog. *Online-Immobilienportale.*

Selbst für den Fall, dass man in dem Online-Inserat des *Maklers* in einem Online-Immobilienportal nur eine „invitatio ad offerendum" sieht, kann durch die

---

[4] Vgl. § 4 Abs. 1 S. 1 GwG a.F.

Kontaktaufnahme eines Interessenten (= Angebot) auf ein provisionspflichtiges
Inserat und der Zusendung der Kontaktdaten bzw. der Vereinbarung eines Besich-
tigungstermins durch den Immobilienmakler (= Annahme) schon konkludent ein
Maklervertrag zustande gekommen sein.[5] In diesen Fallkonstellationen muss der
Makler noch *vor* der Zusendung von Kontaktdaten bzw. der Vereinbarung eines
Besichtigungstermins die Identifizierung des Interessenten vorgenommen haben,
um seiner Pflicht aus § 4 Abs. 1 S. 1 i.V.m. § 4 Abs. 4 S. 1 Nr. 1 GwG a.F. (neu:
§ 10 Abs. 1 Nr. 1 i.V.m. § 11 Abs. 1 S. 1 GwG) nachzukommen. Das heißt, der
Immobilienmakler musste sich bisher gem. § 4 Abs. 4 S. 1 Nr. 1 GwG a.F. (neu
§ 12 Abs. 1 Nr. 1 GwG) bei natürlichen Personen einen amtlichen Personalausweis
zeigen lassen. Bei nicht vor Ort anwesenden Personen durfte dies kaum möglich
gewesen sein. Das Land Brandenburg hatte als Aufsichtsbehörde für den Nicht-
finanzsektor diese Problematik gesehen und den Zeitpunkt der Identifizierung für
Immobilienmakler bei konkludent oder fernmündlich geschlossenen Maklerverträgen ausnahmsweise auf den Zeitpunkt des „ersten persönlichen Zusammentreffen,
spätestens jedoch vor der Übermittlung der Kontaktdaten der Verkäufers bzw. des
Käufer zu erfolgen"[6] festgelegt.

Die frühe Identifizierung im vom § 4 Abs. 1 S. 1 GwG a.F. (neu § 11
Abs. 1 S. 1 GwG) geforderten Zeitpunkt noch vor der Begründung der Geschäftsbeziehung dürfte daher die Ausnahme sein. Selbst die Identifizierung nach § 4
Abs. 1 S. 2 GwG a.F. (neu § 11 Abs. 1 S. 2 GwG), also noch während der Begründung der Geschäftsbeziehung, dürfte in diesen Fällen nicht einhaltbar sein. Realis-
tisch ist in vielen Fällen eine Identifizierung daher erst im Zeitpunkt der Besichti-
gung. Dieser *Zeitpunkt der Sorgfaltspflichten* sollte daher insbesondere angesichts
der verbreiteten Praxis der Online-Immobilienportale wohl vom frühen Zeitpunkt
des Abschlusses eines Maklervertrages abgekoppelt werden. Ausreichend erscheint
die Ausübung der Sorgfaltspflichten während der Objektbesichtigungen. Eine derartige Anpassung im GwG an die Praxis des Maklergeschäfts dürfte zudem erheblich zur Akzeptanz der Geldwäschebekämpfung beitragen, die innerhalb dieser
Berufsgruppe ohnehin unzureichend ist.

Der Gesetzgeber hat mittlerweile dieses Problem auch erkannt und in § 11
Abs. 2 GwG n.F. den Zeitpunkt für die Identifizierung durch Immobilienmakler
geregelt. Diese hat zu erfolgen, sobald der Vertragspartner des Maklervertrages ein
ernsthaftes Interesse an der Durchführung des Immobilienkaufvertrages äußert und
die Kaufvertragsparteien hinreichend bestimmt sind. Zudem hat der Gesetzgeber
nunmehr die Möglichkeit eröffnet, eine elektronische Identitätsprüfung gem. § 12
Abs. 1 Nr. 2 bis 5 GwG vorzunehmen. Damit dürften die zuvor bestehenden praktischen Schwierigkeiten bei der Ausübung der Sorgfaltspflichten durch die Immobilienmakler weitgehend behoben sein.

---

[5] So BGH, NJW (2012), . 2268.

[6] *Ministerium für Wirtschaft und Energie Land Brandenburg* (2017).

9.3 Rechtsberatende und vermögensverwaltende Berufe

Den Ergebnissen dieser Studie zufolge bergen insbesondere *Treuhand- und Anderkonten* ein erhebliches Geldwäscherisiko, da sie es dem Finanzsektor erheblich erschweren, Auffälligkeiten zu identifizieren.[7] Insbesondere bestand für das kontoführende Kreditinstitut keine Pflicht die Identität des wirtschaftlich Berechtigten festzustellen, diese obliegt allein dem Kontoinhaber des Anderkontos, somit dem zumeist anwaltlichen Treuhänder.[8]

Generell sind Personen oder Unternehmen, die inkriminierte Gelder in den Wirtschaftskreislauf einbringen, verschleiern oder investieren möchten, vielfach auf diese Berufsgruppen angewiesen und werden durch Vertreter dieser Berufsgruppen betreut. Neben *Notaren*, die beim Kauf bzw. Verkauf von Immobilien qua Gesetz eingebunden werden müssen, haben auch *Wirtschafts- und Buchprüfer* sowie *Steuerberater* detaillierte Einblicke in die Strukturen und Finanzen von Unternehmen und können sich ein deutliches Bild über die Herkunft der Einnahmen und den wirtschaftlichen Berechtigten machen. Unternehmensinterne Auffälligkeiten, die bspw. bei einer Buchprüfung sichtbar werden oder bei Durchführung geschäftlicher Transaktionen, führen bei diesen Berufsgruppen nur in seltenen Fällen zur Verdachtsmeldung. Diese Berufsgruppen scheinen demnach die Möglichkeiten im Rahmen ihrer Tätigkeiten nicht ausreichend zu nutzen. Insbesondere richten diese Berufsgruppen derzeit zu wenig das Augenmerk auf das besondere Risiko des Einsatzes von „*Strohmannkonstruktionen*" beim Erwerb von Immobilien und Unternehmen.

Dies dürfte zu einem Teil auch auf die eingeräumte Unsicherheit in der Anwendung der Verdachtskriterien beruhen. Nur knapp die Hälfte der Befragten aus der Gruppe der rechtsberatenden und vermögensverwaltenden Berufe fühlte sich sicher im Umgang mit den Anhaltspunkten und Kriterien für die Abgabe einer Verdachtsmeldung. Auch stellen Barzahlungen auf *Treuhand- und Anderkonten* keine Ausnahme dar, 29 % berichteten über gelegentliche oder seltene Bareinzahlungen. Am stärksten verbreitet ist diese Praxis in der Gruppe der Rechtsanwälte (42 %). Gleichwohl werden basale Sorgfaltspflichten wie eine Feststellung des Geschäftszwecks im Falle von Barzahlungen auf *Treuhand- und Anderkonten* vielfach nicht beachtet. Die Einschätzung gegenüber den Berufskollegen fällt zudem noch kritischer aus. Nur etwa jeder zweite Befragte aus den rechtsberatenden und vermögensverwaltenden Berufen vermutet beim eigenen Berufsstand eine regelmäßige Beachtung der Sorgfaltspflichten.

Im Vergleich zu den anderen Wirtschaftssektoren erfolgen Verdachtsmeldungen bei den rechtsberatenden und vermögensverwaltenden Berufen, je nach Zuständigkeit an ihre Kammer oder an das BKA/LKA, etwas häufiger, aber keinesfalls regelmäßig. Die eigene Bereitschaft zu Verdachtsmeldungen sei zwar höher, aber es

---

[7] Zu den hohen Risiken durch Anderkonten vgl. auch *MPI für ausländisches und internationales Strafrecht* (2004), S. 91 ff.

[8] § 5 Abs. 2 S. 1 Nr. 3 GwG a.F.

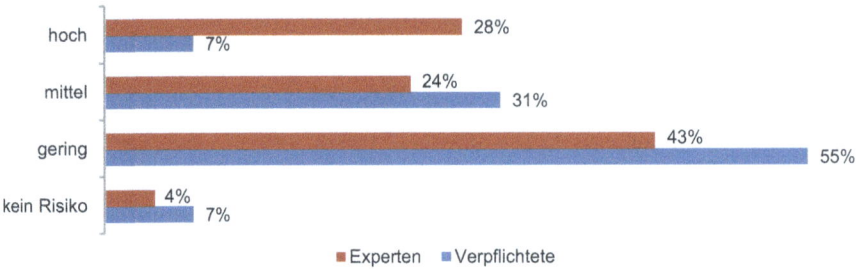

Abb. 9.2 Einschätzung des Geldwäscherisikos bei rechtsberatenden und vermögensverwaltenden Berufen[9]

zeigt sich eine Skepsis gegenüber den Berufskollegen, nur etwa 40 % der Befragten gehen von einer regelmäßigen Praxis im eigenen Berufsstand aus. Die festzustellende Zurückhaltung bei diesen Berufsgruppen lässt sich weniger auf Zweifel oder Unkenntnis über die Regelungen des Geldwäschegesetzes zurückführen. Vielmehr kreisen die Bedenken vor allem um geschäftliche Aspekte wie Sorgen um den Geschäftsabschluss und das Risiko von Fehleinschätzungen mit nachfolgendem Vertrauensverlust, 45 % bzw. 47 %; äußerten dies. Allerdings sind diese Berufsgruppen grundsätzlich stärker als andere Wirtschaftssektoren und Gruppen von der Notwendigkeit einer effektiven Geldwäschebekämpfung überzeugt.

Insgesamt gesehen zeigt die Studie ein erhebliches Geldwäscherisiko in der Praxis der rechtsberatenden und vermögensverwaltenden Berufe (Abb. 9.2). Verpflichtete dieser Berufsgruppen können auch nach Einschätzung der in unserer Studie befragten *Experten* unwissentlich, bewusst oder billigend bei der Einbringung, Verschleierung und dem Investieren inkriminierter Gelder involviert sein. Über ein Viertel der Experten (28 %) meint, dass bei diesen Berufsgruppen ein hohes Geldwäscherisiko besteht, weitere 24 % gehen von einem mittleren Risiko aus. Demgegenüber schätzen nur 7 % der Verpflichteten aus diesen Berufen das Risiko für ihren Bereich hoch ein, über die Hälfte nimmt nur ein geringes (55 %) bzw. kein Risiko (7 %) an.

Differenzieren wir zwischen den einzelnen Berufsgruppen, so sieht die Gruppe der *Rechtsanwälte* für sich das höchste Risiko (Abb. 9.3). Jeder zehnte *Rechtsanwalt* (12 %) vermutet, dass sein Berufsstand einem hohen Risiko zur Geldwäsche ausgesetzt ist und 38 % gehen zumindest von einem mittleren Risiko aus. Ein relativ hohes Risiko vermuten auch *Notare*, jeder dritte *Notar* stuft das Risiko als mittel ein (35 %). Hingegen schätzen über 60 % der *Vermögensverwalter, Treuhänder, Wirtschafts-/Buchprüfer* sowie der *Steuerberater* das Risiko, ihre Dienstleistungen zur Geldwäsche zu nutzen, als gering ein.

---

[9] Fragetext Experten: Wie hoch schätzen Sie die Anfälligkeit bzw. das Risiko für die folgenden Wirtschaftsbereiche ein, dass diese in Deutschland zur Geldwäsche genutzt werden? Fragetext Verpflichtete: Wie groß schätzen Sie das Risiko in Deutschland ein, dass Mandanten Ihren Berufsstand gezielt zur Geldwäsche nutzen?

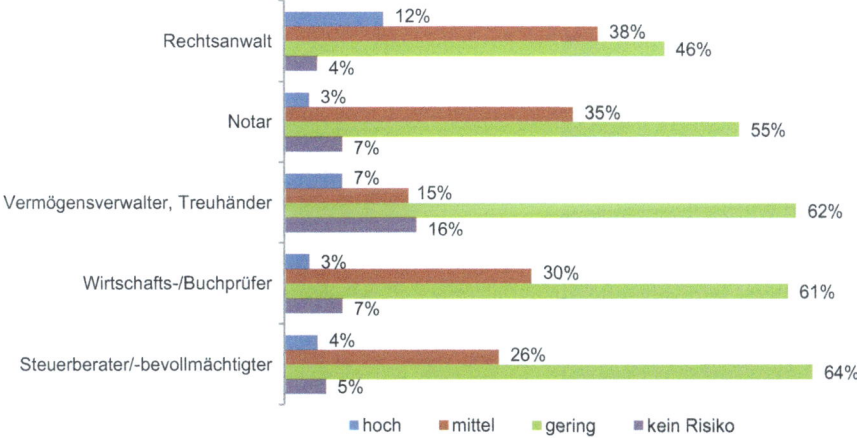

Abb. 9.3 Einschätzung des Geldwäscherisikos bei rechtsberatenden und vermögensverwaltenden Berufen[10]

Neben dem Finanzsektor sind es vielfach auch Verpflichtete aus den *rechtsberatenden und vermögensverwaltenden Berufen*, die unmittelbar in High-Risk Geschäftsprozesse wie Immobilien und Unternehmenskäufe involviert sind und teilweise detaillierte Einblicke in die finanziellen und persönlichen Verhältnisse der Geschäftspartner erhalten können. Wir gehen daher von einem großen Ungleichgewicht zwischen den eingereichten Verdachtsmeldungen der *rechtsberatenden und vermögensverwaltenden Berufe* und dem Finanz- und Kreditsektor aus. Dies dürfte nach den Ergebnissen unserer Studie zu einem großen Teil auch auf entgegenstehende geschäftliche Interessen zurückzuführen sein, die teilweise auch durch eine Verdrängung der Risiken insbesondere bei den *Treuhand- und Anderkonten* begünstigt werden.

Unter Berücksichtigung, dass High-Risk Bereiche von *Rechtsanwälten* oder *Notaren* begleitet werden und *Wirtschafts-/Buchprüfer* sowie *Steuerberater* detaillierte Einblicke in Vermögensverhältnisse und weitere personenbezogene Daten erhalten, können und müssen diese Verpflichtetengruppen aktiv mehr zur Geldwäscheprävention beitragen. Nach den Ergebnissen dieser Studie sollte bei den *rechtsberatenden und vermögensverwaltenden Berufen* der Fokus stärker auf das Thema Geldwäscheprävention gerichtet werden. Die Anfälligkeit bestimmter Produkte wie Immobilien, Unternehmenskäufe/-beteiligungen und Dienstleistungen wie Nutzung von Anderkonten, bei denen umfangreiche Vermögenswerte eingebracht oder genutzt werden, kann verringert werden.

Eine Strategie, um Vertreter der *rechtsberatenden und vermögensverwaltenden Berufe* deutlich mehr einzubinden und qualifizierte Hinweise zu erhalten, wird die

---

[10] Fragetext: Wie groß schätzen Sie das Risiko in Deutschland ein, dass Mandanten Ihren Berufsstand gezielt zur Geldwäsche nutzen?

konsequente Prüfung der Aufsichtsorgane bzw. zuständigen Kammern sein. Laut
einiger Experten finden speziell bei den *rechtsberatenden und vermögensverwaltenden Berufen* nur sehr wenige bis gar keine Prüfungen statt.

9.4   Güterhändler

Die Verpflichtetengruppe der Güterhändler unterscheidet sich bezüglich ihrer
Bereitschaft, Verdachtsmeldungen abzugeben, nur graduell von den anderen Wirtschaftssektoren und Berufsgruppen.[11] Auch wird nach ihren Angaben die Bereitschaft hierzu bei sich, aber auch bei den Wettbewerbern deutlich höher eingeschätzt.
Die sehr seltenen Verdachtsmeldungen beruhen nur teilweise auf Zweifel oder
Unkenntnis über die Regelungen des Geldwäschegesetzes. Vielmehr spielen vor
allem geschäftliche Aspekte wie Bedenken bezüglich des Geschäftsabschlusses und
des Risikos von Fehleinschätzungen eine größere Rolle. Jeder zweite Güterhändler
äußerte dies (50 % bzw. 47 %). Auch wurden häufiger Ressentiments gegenüber
einer Übernahme einer aus ihrer Sicht rein staatlichen Aufgabe geäußert (25 %).
   Der Wirtschaftssektor Güterhandel weist im Vergleich zu den anderen hier untersuchten Gruppen den geringsten Kenntnisstand und das geringste Problembewusstsein auf. Nur 37 % der Güterhändler gaben an, überhaupt Informationen über Kriterien und Anhaltspunkte erhalten zu haben, die einen Verdacht auf Geldwäsche
begründen können, am seltensten ist dies der Fall bei Händlern mit hochwertigen
Kunstobjekten/Antiquitäten und bei *Boots- und Yachthändlern* (24 % bzw. 20 %).
Beide Gruppen üben ihre Sorgfaltspflichten (damals) im Falle von Bargeldzahlungen über 15.000 Euro zudem auch im Vergleich zu den anderen Gruppen der Güterhändler wie Kfz-Händler unterdurchschnittlich aus.
   Relativ skeptisch wird in dieser Frage auch die Praxis der Wettbewerber beurteilt.
Händler mit *Kunst/Antiquitäten* und Boots- und Yachthändler, aber auch Händler
mit *Schmuck und Edelsteinen* vermuten, dass nur etwa jeder vierte Wettbewerber im
Falle von Bargeldzahlungen über 15.000 Euro beispielsweise eine Identifizierung
des Vertragspartners vornimmt und die Angaben dokumentiert und überprüft. Deutlich positiver fällt hingegen die Einschätzung der befragten Kfz-Händler zur Praxis
ihrer Wettbewerber aus.
   Diese Ergebnisse gehen in die Zuordnung zu Risikogruppen ein. Innerhalb der
Gruppe der Güterhändler wird man entsprechend der Eignung der Güter zu differenzieren haben. Zur *High-Risk Gruppe* ist der Handel mit hochwertigen *Kunst-
gegenständen und Antiquitäten* zu zählen. Das zu geringe Problembewusstsein und
die zu niedrige Präventionsleistung in dieser Gruppe rechtjertigt nicht die Annahme
eines nur mittleren Risikos.
   Innerhalb der Gruppe der Händler, die mit Gütern handeln, die sich weniger zur
Geldwäsche im großen Stil eignen, sondern eher dem persönlichen Konsum und

---

[11] Zu den Risiken bei Güterhändlern vgl. a. Bausch und Voller (Bausch und Voller (2014), S. 91 ff.

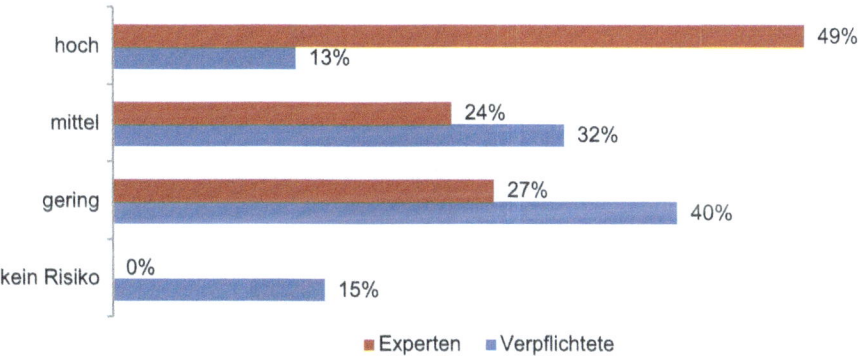

Abb. 9.4 Einschätzung des Geldwäscherisikos im Güterhandel[12]

Luxus zuzurechnen sind wie der Erwerb von Kfz, Schmuck und Yachten, ergibt sich eine Differenzierung des Risikos anhand ihrer Awareness und Präventionsleistung. Das Risiko innerhalb der Medium-Risk Gruppe ist bei Boots- und Yachthändlern derzeit im Vergleich zum Kfz-Handel deutlich höher einzustufen.

Diese Beurteilung der Risiken im Güterhandel und auch die Differenzierung zwischen den Gruppen der Güterhändler deckt sich mit der Einschätzung der befragten *Experten*. Die Hälfte der Experten schätzt generell die Anfälligkeit des Güterhandels als hoch ein (49 %), von einem Null-Risiko geht kein Experte aus (Abb. 9.4). Hingegen sehen sich die *Verpflichteten* im Sektor Güterhandel deutlich weniger gefährdet. 15 % sehen für ihre Branche gar kein Risiko, weitere 40 % meinen, ein allenfalls geringes Geldwäscherisiko zu haben, während nur 13 % von einem hohen Geldwäscherisiko ausgehen. Gemessen an den Einschätzungen der Experten unterschätzen die befragten *Güterhändler* das relativ hohe Risiko, dass sie für Geldwäsche instrumentalisiert werden.

Innerhalb der Gruppe der *Güterhändler* messen zwei Drittel der befragten Experten dem Erwerb von *Kunst- und Sammlerobjekten* sowie *Luxusgütern* eine (sehr) große Bedeutung zur Einbringung von Bargeld in den Wirtschaftskreislauf zu (65 %) und nur 13 % eine geringe Bedeutung (o. Abb.).

Differenziert man zwischen den einzelnen Güterhändlergruppen, so sehen die Verpflichteten im *Kfz-Handel* am häufigsten ihre Branche durch Geldwäscheaktivitäten gefährdet (Abb. 9.5). Premiummarken gehören zu den Luxusgütern, die ebenfalls gut handelbar sind und eine relative hohe Wertstabilität besitzen. Daher stufen fast 60 % der *KFZ-Händler* das Risiko für ihr Gewerbe als hoch (18 %) oder mittelhoch (40 %) ein. Nur 43 % gehen von einem niedrigen Risiko (36 %) oder keinem

---

[12] Fragetext *Experten*: Wie hoch schätzen Sie die Anfälligkeit bzw. das Risiko für die folgenden Wirtschaftsbereiche ein, dass diese in Deutschland zur Geldwäsche genutzt werden? Fragetext *Verpflichtete*: Wie groß schätzen Sie das Risiko für Ihre Branche in Deutschland ein, dass von Kunden Geschäfte zur Geldwäsche genutzt werden?

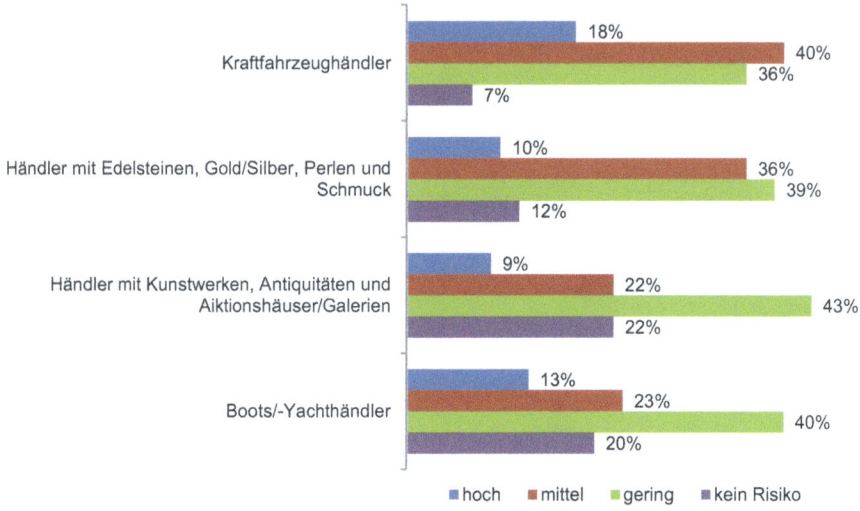

Abb. 9.5 Einschätzung des Geldwäscherisikos im Güterhandel (Verpflichtete)[13]

(7 %) Risiko aus. Ein großer Teil der *Händler mit Schmuck, Gold und Silber* zeigt ebenfalls Risikobewusstsein.

Ein vergleichbares Risikobewusstsein zeigt sich nicht bei *Kunst-/Antiquitäten-* und *Boots- und Yachthändlern,* obwohl *beide Gruppen* auch aus Expertensicht ein besonders hohes Risiko aufweisen. *Kunst- und Antiquitätenhändler* halten ihre Branche nur selten für gefährdet. Über zwei Drittel stufen das Risiko für ihre Branche als gering (43 %) oder als nicht vorhanden ein (22 %). Angesichts der eingangs geschilderten Risiken unterschätzen auch *Boots-/Yachthändler* ihre Branchenrisiken, fast zwei Drittel nehmen nur ein geringes (40 %) oder kein Risiko (20 %) an.

Die Anfälligkeit für Geldwäsche ist auch aufgrund des geringen Problembewusstseins in diesem Wirtschaftssektor somit relativ hoch. In Anbetracht der nur kurzen Kundenkontakte, dem vermehrten Bargeldgebrauch und der Anfälligkeit hochpreisiger Produkte bedürfen *Güterhändler* jedoch besonderer Unterstützung bei der Erkennung auffälliger Transaktionen. Für eine effektive Geldwäscheprävention müssen *Güterhändler* nicht nur über ihre Pflichten aufgeklärt, sondern auch darin unterstützt werden, wie diese anzuwenden sind bzw. wie auffällige Transaktionen oder Personen erkannt werden können.

Hierzu ist es notwendig, den Verpflichteten noch mehr als bislang Informationen an die Hand zu geben, wie sie den Pflichten nachkommen können und wie sie mit Verdachtsmomenten umgehen sollen. Die Ergebnisse unserer Studie zeigen, dass allgemeine Informationen zu den Sorgfalts- und Meldepflichten deutlich stärker kommuniziert werden, als konkrete Indikatoren mit denen auffällige Transaktionen

---

[13] Fragetext: Wie groß schätzen Sie das Risiko für Ihre Branche in Deutschland ein, dass von Kunden Geschäfte zur Geldwäsche genutzt werden?

erkannt werden können. Verpflichtete aus dem *Güterhandel* werden bislang zu wenig darin unterstützt, wie sie auffällige Transaktionen, Geschäftsabschlüsse oder verdächtiges Verhalten ihrer Kunden herausfiltern können.

Bei der Gruppe der *Güterhändler* dürfte das Geldwäschevolumen auch aufgrund der generell sehr geringen Awareness deutlich höher sein, als wir in dieser Studie schätzen konnten. Auch finden nur wenige Prüfungen statt, wodurch die Entdeckungswahrscheinlichkeit mangelnder Umsetzung der Sorgfaltspflichten gering ist. Innerhalb der Gruppe der *Güterhändler* erachten wir jedoch die mit Abstand höchsten Risiken im Bereich der *Händler mit exquisiter Kunst* und *hochwertigen Antiquitäten*. Das Problembewusstsein dieser Gruppe ist vollkommen unzureichend. Dies gilt auch für die Gruppe der *Boots- und Yachthändler*.

Für eine nachhaltige Geldwäsche und auch als Drehscheibe für hohe Bargeldtransaktionen eignen sich jedoch vor allem hochwertige *Kunst* und *Antiquitäten*, da sie allen Kriterien für geldwäscheanfällige Güter entsprechen. Sie eignen sich nicht nur in besonderer Weise zur Bildung kulturellen bzw. sozialen Kapitals, sondern im Unterschied zu Konsum- und Luxusgütern besteht ihr Geldwäscherisiko in ihrer uneingeschränkten Eignung als Währungsäquivalent mit hoher globaler Mobilität, Wertstabilität und Unauffälligkeit.

9.5   Versicherungssektor

Die Anfälligkeit des *Versicherungssektors* ist aufgrund der Eignung ihrer Produkte zwar als mittelhoch einzustufen, aber es handelt sich um eine stark regulierte Branche, die zudem eine überdurchschnittliche Awareness auch im Vergleich zu den anderen hier untersuchten Wirtschaftssektoren aufweist, sodass wir diesen Sektor der *Low-Risk* Gruppe zuordnen. Ein Großteil der Versicherungsunternehmen verfügt, ähnlich wie im Bankensektor, über EDV-gestützte Programme, die auffällige Ein- oder Auszahlungen registrieren und automatisch einem Verantwortlichen melden. Dies betrifft beispielsweise auffällig hohe Transaktionsvolumen oder Auszahlungen von Versicherungsleistungen auf ausländische Konten. Auch sind *Versicherungsvermittler* weitgehend über das jeweilige Versicherungsunternehmen informiert und an die allgemeinen Compliance-Vorschriften gebunden.

Versicherungsprämien und Versicherungsleistungen werden grundsätzlich unbar entrichtet, sodass das Placement inkriminierter Gelder zuerst im Finanzsektor erfolgt ist und eine Papierspur hinterlassen wird. Allerdings besteht eine Sicherheitslücke hinsichtlich der auch in dieser Studie befragten *(privaten) Versicherungsmakler*, die Prämienzahlungen ihrer Kunden auf ihren eigenen Konten sammeln und diese an Versicherungen weiterleiten. Hier sind auch größere Bareinzahlungen denkbar und es kann zur Verschleierung der Herkunft inkriminierter Gelder auch bei Versicherungen kommen. Das Problembewusstsein in dieser Gruppe ist zwar überdurchschnittlich, aber es zeigen sich auch Schwächen. Nur 56 % der befragten *Versicherungsmakler* fühlen sich sicher im Umgang mit den Anhaltspunkten und Kriterien für die Abgabe einer Verdachtsmeldung. Allerdings sind Bargeschäfte in

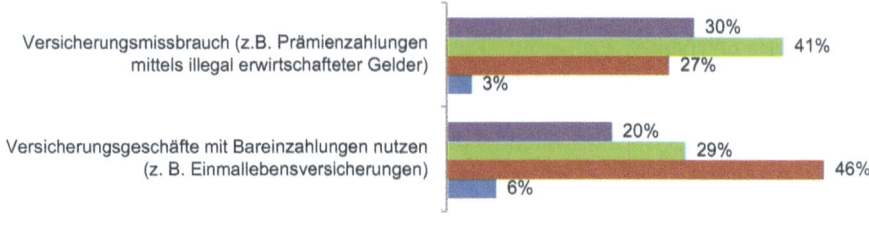

Abb. 9.6 Bedeutung bestimmter Versicherungsgeschäfte für Geldwäsche (Experten)[14]

diesem Wirtschaftssektor sehr selten, nur 2 % der *Versicherungsmakler* berichteten über bar eingezahlte Versicherungsprämien über 15.000 Euro. Gleichwohl bestehen in der Gruppe der freien Versicherungsmakler erhöhte Risiken.

Der Experteneinschätzung zufolge wird dem Versicherungsmissbrauch beispielsweise durch Prämienzahlungen mittels inkriminierter Gelder überwiegend (41 %) eine mittlere Bedeutung zugeschrieben (Abb. 9.6). Aber ein Drittel vermutet diesbezüglich eine eher große (30 %) und ein Viertel eine eher geringe Bedeutung (27 %). Ein Risiko speziell für das Placement inkriminierten Bargelds beispielsweise durch hohe Einmalprämien bei Lebensversicherungen wird durchaus gesehen, aber überwiegend als gering eingestuft (46 %).

Insgesamt gesehen ist die Attraktivität, inkriminierte Gelder über Versicherungsgeschäfte in den Wirtschaftskreislauf einzubringen, in Relation zu anderen Formen der Geldwäsche als eher gering (34 %) bis mittel einzustufen (59 %). Demgegenüber sieht jeder zehnte verpflichtete *Versicherungsmakler* für seinen Wirtschaftssektor gar kein Risiko. Dies dürfte nicht berechtigt sein. Allerdings ist auffällig, dass der Versicherungsbereich der einzige Sektor ist, bei dem der Anteil der befragten Verpflichteten, die von einer hohen Anfälligkeit ausgehen (14 %), größer ist als die Experteneinschätzung (7 %; Abb. 9.7). Generell ist die Sensibilität gegenüber Geldwäscherisiken in der Versicherungsbranche im Vergleich zu allen anderen untersuchten Sektoren am höchsten.

9.6   Baugewerbe: Bauträger, Architekten

Zusätzlich zu den 942 Befragten, die explizit Verpflichtete nach dem GwG sind, wurden 60 Dienstleister aus dem Baugewerbe telefonisch (CATI) interviewt. Dabei handelte es sich um 32 *Architekturbüros* und 28 *Bauträger*, von denen 58 % zwischen 10 und 49 Mitarbeiter beschäftigen.

---

[14] Fragetext: Wenn illegal erwirtschaftete Gelder nicht in bar eingenommen werden, sondern direkt als Buchgeld umgesetzt werden, für wie bedeutsam halten Sie die folgenden Begehungsformen für Geldwäsche in Deutschland? Fragetext: Wenn illegal erwirtschaftete Gelder in bar vorliegen, wie bedeutsam sind die folgenden Begehungsformen in Deutschland?

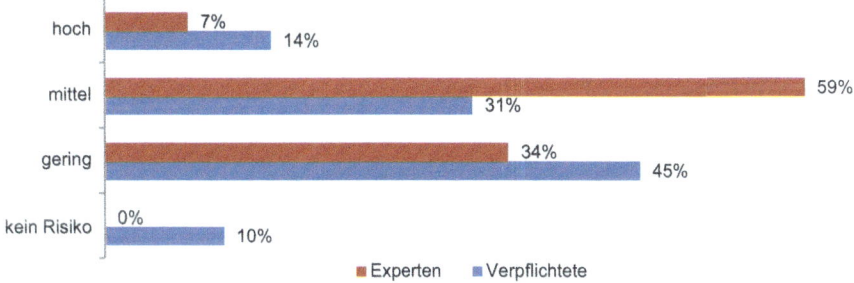

Abb. 9.7 Einschätzung des Geldwäscherisikos im Versicherungssektor[15]

Zwar zählt der Wirtschaftszweig nicht zum Kreis der Verpflichteten nach dem Geldwäschegesetz, gleichwohl wird aufgrund seiner Nähe zum Immobiliensektor ein erhöhtes Geldwäscherisiko im *Baugewerbe* vermutet. So stufen fast zwei Drittel (61 %) der Experten das Geldwäscherisiko als hoch ein, ein weiteres Drittel geht von einem mittleren Risiko aus (34 %; Abb. 9.8). Die Einschätzung der Dienstleister aus dem Baugewerbe weicht jedoch erheblich von der Beurteilung der Experten ab. Nur 5 % der Befragten sind der Ansicht, dass ein hohes Risiko zur Geldwäsche in ihrem Wirtschaftssektor besteht, jeder Vierte erkennt allenfalls ein mittleres (22 %), aber drei Viertel der *Architekturbüros* und *Bauträger* sehen nur ein geringes (40 %) oder kein Risiko (33 %).

In diesem Wirtschaftszweig fehlt es somit weitgehend am Risikobewusstsein, obwohl die Risiken sehr hoch sind. In diesem Sektor bieten sich vielfältige Gelegenheiten zum Placement sehr hoher Beträge inkriminierter Gelder. Zum einen können hohe Bargeldbeträge für Aufträge an *Architekturbüros* und *Bauträger* und auch zur Bauausführung eingesetzt werden. Zum anderen können sog. Schrott-immobilien erworben werden, deren Sanierung und späterer Verkauf sich nur durch den Einsatz inkriminierter Gelder lohnt, so die Berichte der Experten aus dem Immobilien- und Baugewerbe.

Zwar berichteten nur zwei Vertreter des Baugewerbes über einen Verdacht auf Geldwäsche in den letzten zwei Jahren, bei einem dieser Befragten handelte es sich jedoch um über 20 Verdachtsfälle. Diese Verdachtsfälle wurden von den Befragten nicht an das LKA oder BKA/FIU gemeldet. Zu den Beweggründen wurden keine Angaben gemacht. Allerdings liegen Angaben zu den Bedenken bei einer hypothetischen Verdachtsmeldung vor. Unter den Befragten dominiert die Unsicherheit, ob sie die Situation richtig bewerten und damit das Vertrauen des Kunden riskieren. Zudem ist einigen Befragten unklar, an wen sie sich mit einem derartigen Fall wenden sollen (Abb. 9.9).

---

[15] Fragetext *Experten*: Wie hoch schätzen Sie die Anfälligkeit bzw. das Risiko für die folgenden Wirtschaftsbereiche ein, dass diese in Deutschland zur Geldwäsche genutzt werden? Fragetext *Verpflichtete*: Wie groß schätzen Sie das Risiko für Ihre Branche in Deutschland ein, dass von Kunden Versicherungsgeschäfte zur Geldwäsche genutzt werden?

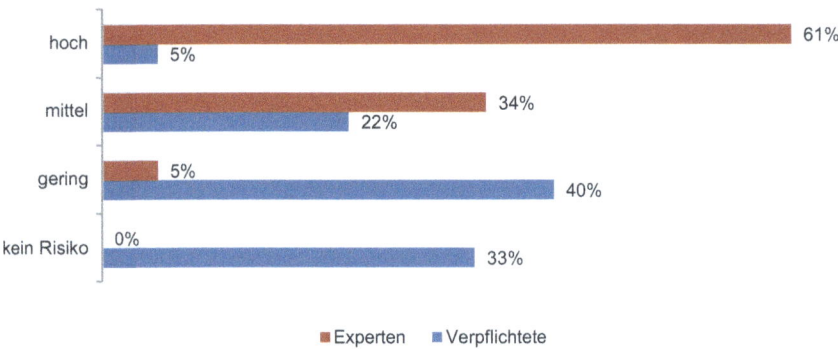

Abb. 9.8 Einschätzung des Geldwäscherisikos im Baugewerbe[16]

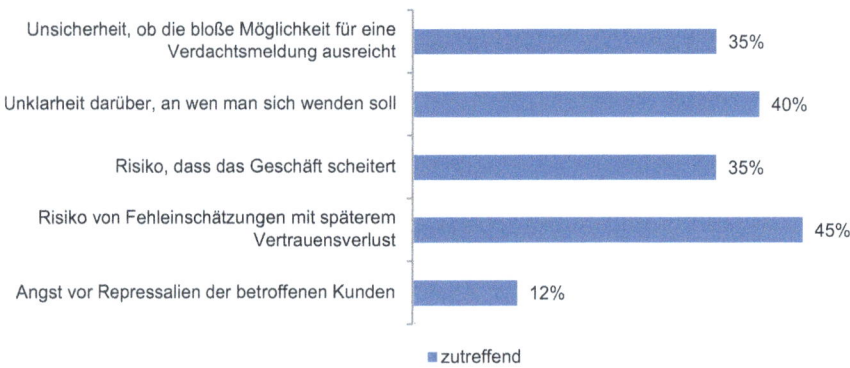

Abb. 9.9 Bedenken von Architekten und Bauträgern bei einer Verdachtsmeldung[17]

Im Unterschied zu *Güterhändlern* währt die Geschäftsbeziehung im Baugewerbe zwischen Auftraggeber und dem *Architekturbüro und/oder Bauträger* über einen längeren Zeitraum, sodass relativ leicht Verdacht geschöpft werden kann und vielfach das Placement inkriminierter Finanzmittel dem Auftragnehmer nicht verborgen bleibt. Angesichts des zu vermutenden Risikos dürften daher in diesem Sektor viele Unternehmen entsprechende Verdachtsfälle wahrgenommen haben.

Hingegen berichtet nur ein Teil der *Architekturbüros* und *Bauträger* über Verdachtsmerkmale, die auf Geldwäsche hindeuten können. Ein Viertel (24 %) hatte schon mindestens einmal Zweifel an der ausgewiesenen Identität des Kunden, jeder

---

[16] Fragetext *Experten*: Wie hoch schätzen Sie die Anfälligkeit bzw. das Risiko für die folgenden Wirtschaftsbereiche ein, dass diese in Deutschland zur Geldwäsche genutzt werden? Fragetext *Verpflichtete*: Wie groß schätzen Sie das Risiko für Ihre Branche in Deutschland ein, dass von Auftraggebern Ihre Dienstleistungen zur Geldwäsche genutzt werden?

[17] Fragetext: Welche Bedenken hätten Sie bei einer Verdachtsmeldung?

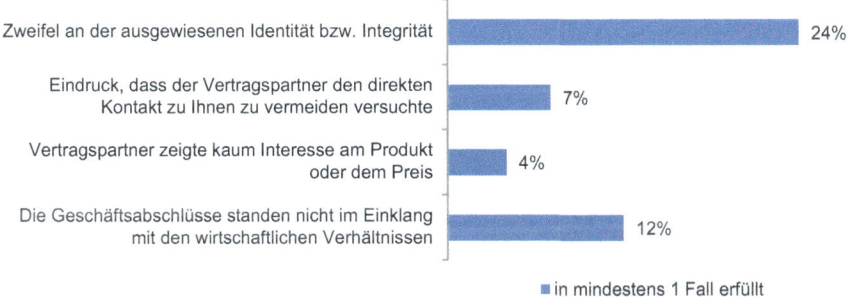

Abb. 9.10 Wahrnehmung allgemeiner Verdachtsmomente durch Architekten/Bauträger[18]

zehnte Befragte (12 %) vermutete, dass ein Geschäftsabschluss nicht mit den wirtschaftlichen Verhältnissen des Kunden im Einklang stand, sodass es sich um einen „Strohmann" gehandelt haben könnte (Abb. 9.10).

Auf die Frage, wie die Befragten mit einem Verdachtsfall umgehen würden, antwortete nur jeder Zehnte (12 %; Abb. 9.11), dass das Geschäft wahrscheinlich fortgesetzt werden würde. Auch besteht zumindest hypothetisch eine grundsätzliche Meldebereitschaft, fast zwei Drittel (62 %) der *Architekturbüros* und *Bauträger* würden eine Verdachtsmeldung beim LKA und/oder jeder Zweite (48 %) beim BKA bzw. der FIU abgeben. Aufgrund der wirtschaftlichen Interessen und auch fehlenden expliziten Verpflichtetenstellung bleibt indes eine Verdachtsmeldung in der Regel aus. Die Praxis im Baugewerbe unterstützt kaum die Geldwäscheprävention, obwohl es sich um einen High-Risk Bereich handelt.

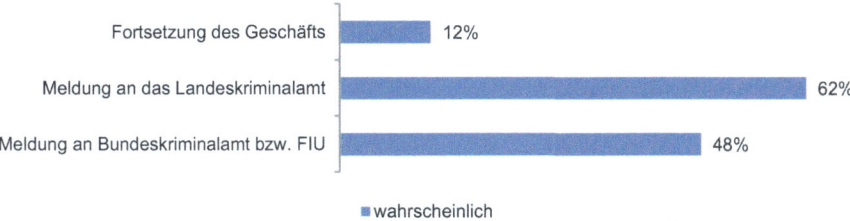

Abb. 9.11 Hypothetische Reaktion von Architekten und Bauträgern auf Verdachtsfall[19]

---

[18] Fragetext: Wie häufig kam Folgendes in Ihrem Unternehmen vor?

[19] Fragetext: Wie würden Sie bzw. Ihr Unternehmen mit dieser Situation umgehen?

Kapitel 10
Risikoanalysen weiterer Variánten der Geldwäsche

Für die folgenden Risikoanalysen kam die Befragung von Verpflichteten nicht Betracht, sie beruhen auf den Einschätzungen der befragten Experten und zusätzlicher Sekundäranalysen.

10.1 Glücksspiel

Der Sektor Glücksspiel konnte in dieser Studie nur anhand der Befragung von Experten untersucht werden.[1] Nach ihrer Einschätzung besteht in diesem Sektor ein hohes Risiko vor allem im *Online-Glücksspielbereich*. Über die Hälfte der Experten (53 %, Abb. 10.1) schreiben diesem Bereich ein hohes Risiko zu. Als gering wurde das Risiko nur von 5 % der Experten eingestuft.

Hinsichtlich der Anfälligkeit für Geldwäsche ist jedoch im Einzelnen zu differenzieren. Bei staatlichen Lotterien und Sportwetten ist den Experten zufolge von einem geringen Risiko auszugehen, da es sich um einen regulierten Bereich handelt, der auch über vielfältige Kontrollmechanismen zur Geldwäscheprävention verfügt.

Die größte Anfälligkeit weist hingegen das *unregulierte Segment* der *Online-Glücksspielanbieter* auf, da der Firmensitz oftmals außerhalb Deutschlands angesiedelt ist. Diese Anbieter haben ihren Sitz innerhalb der Europäischen Gemeinschaft, unter anderem auf Zypern und Malta. Dadurch entziehen diese Unternehmen sich jedweder deutscher Regulierung und Aufsicht. Aus diesem Grund nehmen über die Hälfte der Experten (56 %) für das Betreiben und Anbieten von Online-Glücksspielen ein (sehr) hohes Geldwäscherisiko an, gegenüber nur 21 % mit keiner bzw. geringer Bedeutung (o. Abb.). Die wirtschaftliche Bedeutung unregulierter Online-Glücksspielanbieter auf dem deutschen Markt dürfte jedoch auch im Vergleich zu den regulierten Glückspielanbietern in Deutschland keine Dominanz aufweisen. Der Markt der unregulierten Online-Glücksspielanbieter kann daher in die Kategorie *Medium-Risk* eingestuft werden.

---

[1] Differenzierte Risikoanalyse bei *Fiedler et al.* (2017), S. 165 ff.

© Springer-Verlag GmbH Deutschland, ein Teil von Springer Nature 2018
K.-D. Bussmann, *Geldwäscheprävention im Markt*,
https://doi.org/10.1007/978-3-662-56185-0_10

Abb. 10.1 Einschätzung des Geldwäscherisikos bei Online-Glücksspielanbietern (Experten)[2]

Allerdings ist im Wirtschaftssektor Glücksspiel zu berücksichtigen, dass die Risiken auch vom Anbieter und nicht nur vom Spieler ausgehen können, die selber in die Verschleierung der illegal erwirtschafteten Gelder eingebunden sind und daher keine Verdachtsmeldungen einreichen werden. Hierfür sprechen die fehlenden Verdachtsmeldungen bei der FIU, hiernach wurden 2013 von *Veranstaltern und Vermittlern von Glücksspielen im Internet* keine Verdachtsmeldungen abgegeben.

Wie der gesamte Dienstleistungssektor, insbesondere in der Hotellerie und Gastronomie, eignen sich auch *Spielhallen* in hohem Maße zum Einbringen von sehr hohen Bargeldbeträgen. Eine ungeklärte Zahl von Spielhallen wird als Deckmantel zur Geldwäsche betrieben.[3] Die Befragten aus der Strafverfolgung wiesen darauf hin, dass die *Spielautomaten* manipuliert und auf diese Weise fiktive Umsätze generiert werden können. Auffälliger Weise findet sich gerade in wirtschaftlich schwächeren Stadtgebieten eine ungewöhnliche Konzentration von Spielhallen. Entsprechende Kontrollen zur tatsächlichen Nutzung finden jedoch kaum statt, sodass bei den *Finanzämtern* in den Steuererklärungen überhöhte Umsätze ohne Beanstandungen eingereicht werden können. Die Phase des Placements geht nahtlos in die Phase der Integration über, wenn die fiktiven Einnahmen versteuert werden. Aus diesem Grund sind auch inländische Spielhallen dem *High-Risk Level* zuzuordnen.

Spielbanken sind dabei von *Spielhallen* abzugrenzen, die sich grundsätzlich zum Placement von Bargeld eignen. Allerdings unterliegen Spielbanken einer staatlichen Aufsicht. So müssen Spieler ab einem Wert über 2.000 Euro ihre Identität nachweisen. Betrachtet man diesbezüglich die Statistik der FIU, haben *Spielbanken* 32 Verdachtsmeldungen eingereicht, *Anbieter von Online-Glücksspielen* reichten im gleichen Zeitraum keine Meldungen ein.

---

[2] Fragetext *Experten*: Wie hoch schätzen Sie die Anfälligkeit bzw. das Risiko für die folgenden Wirtschaftsbereiche ein, dass diese in Deutschland zur Geldwäsche genutzt werden?

[3] *Fiedler et al.* (2017), S. 175 ff.

10.2   Frontgesellschaften insb. im Hotel- und Gastronomiegewerbe

Grundsätzlich eignen sich alle Unternehmen zur Bildung von sog. Frontgesellschaften, deren wahrer Zweck die Verschleierung des Kapitalzuflusses aus inkriminierten Geldern ist.[4] Aufgrund der hohen Bargeldintensität ist insbesondere das Hotel- und Gastronomiegewerbe einem sehr hohen Geldwäscherisiko ausgesetzt. Insbesondere Einnahmen aus dem bargeldintensiven Handel mit illegalen Drogen werden Studien zufolge in ebenfalls bargeldintensiven Restaurants gewaschen.[5] Auch die befragten Experten in der vorliegenden Studie meinten überwiegend (79 %), dass über gefälschte Rechnungen oder Umsätze inkriminiertes Bargeld in bargeldintensive Unternehmen eingebracht wird (o. Abb.).

Die Einbringung von Barmitteln erscheint über diesen Wirtschaftssektor besonders attraktiv, da die angegeben Umsatzzahlen allenfalls im Rahmen einer Betriebsprüfung stichprobenartig kontrolliert werden. Aus steuerlicher Sicht liegt der Fokus der Finanzämter primär auf unberechtigten Betriebskosten, aber nicht auf künstlich erhöhten Unternehmensgewinnen. Soweit die erklärten Umsätze nicht unrealistisch sind und auch keine auffälligen Betriebskosten in der Steuerklärung angesetzt werden, eignet sich daher grundsätzlich der gesamte Dienstleistungssektor für das Placement hoher Summen inkriminierten Bargelds.[6] Dienstleistungsunternehmen können unter einem legalen Deckmantel nicht erbrachte Leistungen verbuchen und damit inkriminierte Gelder problemlos waschen.

Zusätzlich können diese Unternehmen über „*Strohmänner*" gegründet werden, sodass auch auf dieser Seite die Spur zu den eigentlich wirtschaftlich Berechtigten – zumeist aus dem OK-Bereich – verwischt wird. Die Phasen des Placements und Layering gehen nahtlos ineinander über. Auf diese verbreitete Praxis im gesamten Sektor Hotel- und Gastronomie verwiesen in unseren Interviews insbesondere die italienische *Anti-Mafia-Behörde* und die *Guardia die Finanza* in Rom.

Daher ist davon auszugehen, dass im gesamten Dienstleistungsgewerbe und hier insbesondere in der Hotellerie und Gastronomie, Unternehmen ausschließlich mit dem Ziel gegründet bzw. gekauft werden, inkriminierte Gelder zu versteuern und auf diese Weise in den legalen Wirtschaftskreislauf einzubringen. Die Mehrheit der Experten geht für das Hotel- und Gastronomiegewerbe von einem hohen (57 %) oder zumindest einem mittleren Risiko aus (20 %, Abb. 10.2).

---

[4] Allgemein zu sog. Frontgesellschaften *Bongard* (2001), S. 115 ff.

[5] *Schneider* (2015), S. 156 f. m.w.N.;

[6] *Schneider et al.* (2006), S. 49 f.

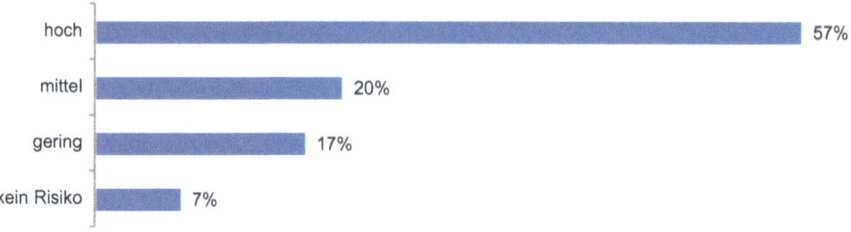

Abb. 10.2 Einschätzung des Geldwäscherisikos in Hotellerie/Gastronomie (Experten)[7]

10.3   Frontgesellschaften zur Über-/Unterfakturierung, Mergers & Acquisitions

Die Methode der Verbuchung fiktiver Gewinne eignet sich zur Geldwäsche grundsätzlich für alle Wirtschaftssektoren. Inkriminierte Gelder mit Hilfe eines oder mehrerer Handelsunternehmen selbst zu waschen, reduziert das Entdeckungsrisiko, die Einbindung unbeteiligter Personen entfällt. Der Experteneinschätzung zufolge stellen das Betreiben von internationalen Handelsunternehmen, Im- und Exportgeschäften ein bedeutendes Einfallstor für Geldwäsche in Deutschland dar. Mit Hilfe einer Über- oder Unterfakturierung des Warenaustausches werden die gezielt erzeugten Defizite durch inkriminierte bare oder unbare Gelder im jeweiligen Import- bzw. Exportland ausgeglichen.[8] Rund drei Viertel der Experten sehen hier sehr hohe Risiken (Abb. 10.3).

Auch eignen sich wiederum fiktive Dienstleistungen zur Geldwäsche. Werden ordnungsgemäß Steuern auf die Einnahmen entrichtet, Sozialversicherungsbeiträge gezahlt, keine Schwarzarbeit betrieben und weitere Auffälligkeiten vermieden, so bleibt das Entdeckungsrisiko seitens der Aufsichtsorgane oder der Steuerbehörden marginal.[9]

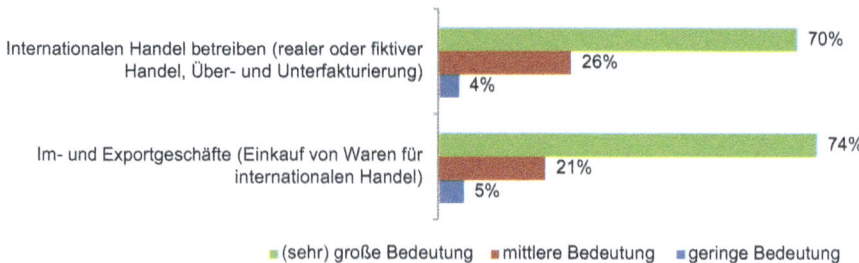

Abb. 10.3 Bedeutung bestimmter Geschäftsmodelle für Geldwäsche (Experten)[10]

---

[7] Fragetext *Experten*: Wie hoch schätzen Sie die Anfälligkeit bzw. das Risiko für die folgenden Wirtschaftsbereiche ein, dass diese in Deutschland zur Geldwäsche genutzt werden?

[8] Überblick *Bongard* (2001), S. 128 ff.

[9] Vgl. a. *Schneider et al.* (2006), S. 48 f.

[10] Fragetext: Wenn illegal erwirtschaftete Gelder nicht in bar eingenommen werden, sondern direkt als Buchgeld umgesetzt werden, für wie bedeutsam halten Sie die folgenden Begehungsformen für Geldwäsche in Deutschland?

Internationale Unternehmenskonglomerate, die Nutzung von Scheinfirmen sowie eine Vielzahl internationaler Transaktionen erschweren dabei eine effektive Geldwäschebekämpfung im *Güterhandel*.

Eine weitere relativ unauffällige Option zur Geldwäsche bietet sich nach Einschätzung der Experten in der Phase der Integration mittels vorgewaschener Gelder über ausländische Unternehmensgeflechte und Scheinfirmen, Anteile an deutschen Unternehmen zu erwerben oder sie vollständig zu übernehmen.[11] Die tatsächlich wirtschaftlich Berechtigten bleiben hierdurch verborgen.

Allerdings sind immer auch Vertreter aus den *rechtsberatenden und vermögensverwaltenden Berufen* wie *Notare, Wirtschafts-/Buchprüfer* und *Rechtsanwälte* in die Geschäftsanbahnung und -abwicklung involviert. Mittels dieser Verpflichteten sollte es möglich sein, detaillierte Einblicke in die Hintergründe der wirtschaftlich Berechtigten zu gewinnen und bei Auffälligkeiten eine Verdachtsmeldung zu erhalten.

Insgesamt ist dem Bereich Mergers & Acquisitions auch in Deutschland eine hohe Anfälligkeit für Geldwäsche zuzuschreiben, auch aufgrund der nur geringen Entdeckungswahrscheinlichkeit. Mergers & Acquisitions durch die OK stellen aus Sicht der italienischen *Anti-Mafia-Behörde* mittlerweile für die Wirtschaft Nord-Italiens eine Bedrohung dar. Empirische Studien bestätigen diese Einschätzung. In norditalienischen Regionen wie die Lombardei soll mittlerweile bei sieben Prozent der Unternehmen die Unternehmensleitung mit Mitgliedern der OK besetzt sein.[12] In unserer Befragung zur Situation in Deutschland gehen jedoch nur ein Drittel der Experten von einem hohen Risiko aus (34 %) und ähnlich groß ist der Anteil derer, die ein geringes Risiko sehen (37 %; Abb. 10.4).

Abb. 10.4 Einschätzung des Geldwäscherisikos bei Mergers & Acquisitions (Experten)[13]

[11] Vgl. *Schneider et al.* (2006), S. 57 f.

[12] *Bianchi et al.* (2017), S. 6.

[13] Fragetext *Experten*: Wie hoch schätzen Sie die Anfälligkeit bzw. das Risiko für die folgenden Wirtschaftsbereiche ein, dass diese in Deutschland zur Geldwäsche genutzt werden?

10.4 Underground-Banking

Bei dem Underground-Banking handelt es sich um ein abgeschlossenes Finanzsystem, auch als Hawala Bankensystem bezeichnet, das seit Jahrhunderten existiert und sich gezielt jeglicher staatlicher Regulierung und Überwachung entzieht.[14] Es funktioniert in besonderem Maße über das Vertrauen zwischen den Geschäftspartnern, die zur Durchsetzung ihrer Ansprüche nicht auf das Rechtssystem zurückgreifen können.

Bemerkenswert sind zwei Eigenschaften dieses Untergrundfinanzsystems:

1. Obwohl es außerhalb des legalen Finanzsystems operiert, steht es sowohl der legalen als auch der illegalen Marktwirtschaft zur Verfügung.
2. Der Geldtransfer erfolgt über Vertrauen und ist nicht auf einen physischen oder elektronischen Transfer angewiesen. Aus diesem Grund entsteht auch keine Papierspur, sodass sich dieses Untergrundfinanzsystem jeglicher Kontrollmöglichkeit weitgehend entzieht.

Aufgrund dieser beiden Eigenschaften eignet sich das Hawala System in besonderem Maße zur Geldwäsche, es vermag die legale Wirtschaft nahezu ohne Spuren mit der illegalen zu verbinden. Ein Großteil illegal erwirtschafteter Gelder erscheint erst über andere Geldwäscheformen in dem legalen Wirtschaftskreislauf bspw. bei Investitionen in Unternehmen oder Immobilien. Solange die Gelder im Hawala Bankensystem verbleiben, entziehen sich die Geldtransfers jeder Entdeckung. Sein großer Nachteil ist jedoch, dass es nur über *personalisiertes Vertrauen* funktioniert. Aus diesem Grund ist sein Entwicklungspotenzial gegenüber der legalen Finanzwirtschaft stark limitiert. Studien zufolge beläuft sich das weltweite Volumen seiner jährlichen Finanzströme geschätzt auf weniger als 60 Mrd. US-Dollar.[15] Auch ist zu berücksichtigen, dass es sich nur bei einem Teil der illegalen Finanzströme um Geldwäsche handelt. Belastbare Schätzungen hierzu gibt es nicht.

Gleichwohl messen in unserer Befragung über drei Viertel der Experten dem Underground-Banking auch in Deutschland eine (sehr) große Bedeutung zu (78 %). Allerdings liegen hierzu naturgemäß keine belastbaren Erfahrungswerte vor. Auch die befragten Experten aus der Strafverfolgung konnten zu diesem Risikofeld nur wenige Angaben machen, Vermutungen dominieren die Einschätzung.

Die Geldwäscherisiken im Underground-Banking sind somit auch für Deutschland zwar grundsätzlich als sehr hoch einzustufen, aber das Volumen der auf diesem Weg gewaschenen Finanzmittel in Deutschland dürfte im Vergleich zum legalen Finanzsektor und Nicht-Finanzsektor eher als gering einzustufen sein. So schwanken die Schätzungen des Finanzvolumens im Hawala Bankensystem – wohl gemerkt nicht gleichzusetzen mit dem Volumen der Geldwäsche – bspw. für arabische Länder zwischen zwei bis drei Mrd. US-Dollar, einzig für Saudi-Arabien wurde das Underground-Banking Finanzvolumen auf 40 Mrd. US-Dollar geschätzt.[16]

---

[14] *Schneider* (2015), S. 164 ff. m.w.N.

[15] *Schneider* (2015), S. 165.

[16] *Schneider* (2015), S. 165.

10.5   Virtuelle Währungen

Weitere Risiken bestehen in relativ jungen virtuellen Währungen wie *Bitcoin*. Sie sollen eine Alternative zum etablierten, aber stark regulierten Bankensystem darstellen, sodass sie bereits aus diesem Grund eine sehr hohe Attraktivität für Geldwäsche aufweisen. Bei der Schaffung eines digitalen Währungssystems von Bitcoin ging man völlig neue Wege. Erstmals 2008 wurde dieses System unter dem Pseudonym „Satoshi Nakamoto" in einem online veröffentlichten Whitepaper vorgestellt[17] und durch die Verbreitung eines entsprechenden Clients implementiert. Voraussetzung für die Teilnahme am Bitcoin-System ist die Verwendung eines entsprechenden Clients, der es dem Nutzer erlaubt, eine beliebige Anzahl pseudonymer Adressen zu erstellen. Bitcoins können mittels Transaktionen, bei denen auch kryptographische Verfahren zum Einsatz kommen, zwischen verschiedenen Adressen übertragen werden.

Um die Mehrfachüberweisung eines Betrages zu verhindern, werden sämtliche getätigten Transaktionen innerhalb des Bitcoin-Netzwerkes veröffentlicht. Neue Transaktionen können dann von anderen Nutzern geprüft und daraufhin in die offizielle Liste aller Überweisungen eingetragen werden. Die Unterdrückung legitimer oder Verifizierung verfälschter Transaktionen wird verhindert, indem der Bestätigung zusätzlich ein kryptographischer Arbeitsbeweis hinzugefügt werden muss, der eine zunehmend hohe Rechenleistung verlangt. Für die Erbringung eines solchen Arbeitsbeweises werden Teilnehmer vom Bitcoin-System mit einer festgesetzten Menge neu generierter Bitcoins entlohnt. Dieser Prozess der Transaktionsbestätigung und Geldschöpfung wird als „Mining" bezeichnet.[18] Durch die zunehmende Schwierigkeit der Erbringung von Arbeitsbeweisen soll eine langsame, stetige Zunahme der Geldmenge bis zu deren festgesetzten Maximalwert von 21 Millionen erreicht werden.[19] Der Grad an Anonymität, welchen das Bitcoin-System seinen Nutzern gewährt, ist nicht abschließend geklärt.[20]

So erlaubt die Erstellung beliebig vieler Bitcoin-Adressen den Anwendern zunächst eine Verschleierung ihrer Identität. Allerdings ist durch die Transparenz aller Transaktionen zwischen den verschiedenen Adressen und zusätzliche Ermittlungen (etwa die Zuordnung von Bitcoin-Adressen zu IP-Adressen) grundsätzlich auch eine Identifizierung der dahinter stehenden Personen(gruppen) möglich.[21] Eine Reaktion auf diese Rückverfolgbarkeit von Überweisungen stellt die Entwicklung und Verbreitung verschiedener Anonymisierungsdienste dar, die eine Zuordnung von Transaktionen zu einzelnen Adressen erschweren sollen.[22] Eine wichtige Rolle

---

[17] *Nakamoto* (2008).

[18] *Sorge und Krohn-Grimberghe* (2013), S. 720.

[19] *Grinberg* (2012), S. 163.

[20] Siehe bspw. Studie von *Möser et.al.* (2013), S. 4.

[21] *Sorge und Krohn-Grimberghe* (2013), S. 720–721.

[22] *Möser et al.* (2013), S. 3 f.

neben dem privaten Austausch zwischen einzelnen Nutzern nehmen dabei vor allem organisierte Wechselstuben ein, die es ihren Mitgliedern erlauben, Bitcoins gegen reale Währungen zu tauschen.[23]

Bitcoins ermöglichen einen problemlosen Austausch hoher Summen inkriminierter Gelder über nationalstaatliche Grenzen hinweg. Ein Beispiel für die Nutzung von Bitcoins zur Durchführung von Geldwäsche stellt das im Oktober 2013 durch das US-amerikanische FBI geschlossene Internetportal *Silk Road* dar, einem ausschließlich Bitcoin-basierten Online-Marktplatz für illegale Rauschmittel.[24] Basierend auf der Dezentralität und seiner Möglichkeit zum quasi-anonymen Handel sowie Erfahrungen mit anderen digitalen Währungen vermutet das FBI, dass Bitcoins für Geldwäschetransaktionen an Bedeutung gewinnen könnten, sofern das System sich etablieren und eine erweiterte Nutzung erfahren sollte.[25] Den offenkundig hohen Geldwäscherisiken wurde in Deutschland durch die Einordnung von Bitcoins als Finanzinstrument im Sinne des § 1 Abs. 11 KWG Rechnung getragen.[26] Bitcoin-Wechselstuben wie Mt. Gox gelten als Finanzdienstleistungsunternehmen (siehe § 1 Abs. 1a KWG) und gehören somit zum Kreis der Verpflichteten gemäß § 2 Abs. 1 des GwG.

Allerdings sind virtuelle Währungen wie Bitcoin (derzeit) drei erheblichen Restriktionen ausgesetzt, die ihrer grundsätzlich unbestreitbaren Eignung zur Geldwäsche Grenzen setzen:

1. **Volatilität**: Bitcoins weisen eine hohe Volatilität auf, wodurch die Wertstabilität nicht gewährleistet ist. Damit ist die Einbringung und Verschleierung inkriminierter Gelder für Käufer und Verkäufer von virtuellen Währungen mit Risiken verbunden. Bewegte sich der Preis für ein Bitcoin im August 2013 noch bei etwa 150 US-Dollar, schwankte er im Januar 2014 zwischen 900 und 1000 US-Dollar.[27]
2. **Missbrauchsrisiken**: Der Handel mit Bitcoins gestaltet sich (noch) als unsicher. So wurden bis zum Mai 2013 Bitcoins im Wert von über drei Millionen US-Dollar gestohlen oder verloren, wobei von einer hohen Dunkelziffer auszugehen ist.[28]
3. **Digitale Papierspuren**: Ähnlich wie Buchgeld hinterlassen auch Bitcoins immer eine digitale „Papierspur", sodass sie sich aus Sicht einiger Experten zum Placement und Layering grundsätzlich weniger eignen. Derzeit scheinen jedoch die praktischen Hürden für die Strafverfolgungsbehörden noch zu hoch zu sein. Weitere Regulierungen wie die Identifizierung von „Minern", Käufern und Verkäufern befinden sich in einigen Ländern in der Diskussion.

---

[23] *Sorge und Krohn-Grimberghe* (2012), S. 481.

[24] *Sorge und Krohn-Grimberghe* (2012), S. 481; *Martin* (2014), S. 351–367.

[25] *FBI* (2012), S. 6 f.

[26] *Sorge und Krohn-Grimberghe* (2012), S. 484.

[27] Bitcoincharts.com (Bitcoincharts.com (2013).

[28] *Sorge und Krohn-Grimberghe* (2013a), S. 7; *Grinberg* (2012), S. 180.

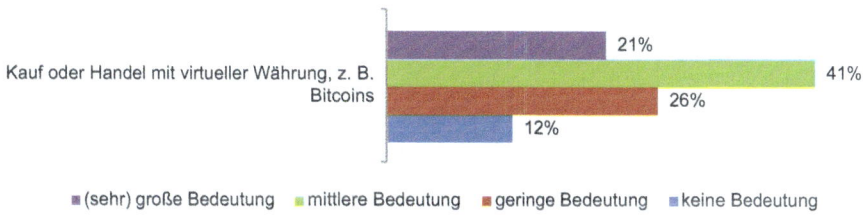

Abb. 10.5 Bedeutung des Handels mit virtuellen Währungen wie Bitcoins (Experten)[29]

Letztlich bleiben die Geldwäscherisiken, die von virtuellen Währungen ausgehen, auch aus Sicht der befragten Experten unklar (Abb. 10.5). Die Mehrheit erkennt derzeit nur eher mittlere Risiken (41 %). Man wird jedoch die weitere Entwicklung im Blick haben müssen.

---

[29] Fragetext: Wenn illegal erwirtschaftete Gelder in bar vorliegen, wie bedeutsam sind die folgenden Begehungsformen in Deutschland?

Kapitel 11
Kriterien und Bewertungen der Risiken

Im Nicht-Finanzsektor wird das Dunkelfeld angesichts der hohen Fallzahl und des Volumens der Geldwäsche derzeit noch unterschätzt. Zwischen den Wirtschaftssektoren bzw. Berufsgruppen bestehen jedoch erhebliche Unterschiede, nicht alle Produkte und Dienstleistungen sind einem gleichermaßen hohen Risiko ausgesetzt. Bei den großen *Drehscheiben* der Geldwäsche handelt es sich weniger um Luxusgüter wie hochpreisige Uhren oder Premiumkraftfahrzeuge, sondern um Güter, die entweder, wie eine Währung leicht gehandelt werden können oder eine hohe Wertstabilität besitzen, möglichst mit Wertsteigerungskomponente.

Luxusgüter werden von inkriminierten Geldern daher primär zur Erhöhung des Lebensstandards und der Lebensqualität gekauft. Nicht zu unterschätzen ist sicherlich die besondere Fähigkeit von Luxusgütern, aber auch wertigen Kunstobjekten und Konsumgütern zur Bildung kulturellen bzw. sozialen Kapitals, somit zur Erhöhung des sozialen Status seiner Besitzer. Gleichwohl handelt es sich eher um Gebrauchsgüter, bei denen ein Wertverlust eintritt. Auch kann der Gegenstand beim Gebrauch verloren oder beschädigt werden.

Bei vielen Luxusgütern ist im Allgemeinen, mit Ausnahme von hochwertigen Kunstobjekten und Antiquitäten, keine hinreichende Wertstabilität gegeben, sodass sie sich kaum als *Investitionsgüter* eignen. Auch stellen teure Kraftfahrzeuge, Uhren, Schmuck, Pelze und Juwelen in größeren Mengen für Privatpersonen keine übliche Handelsware dar, da Besitzer sie in größeren Mengen nur schwer in andere Währungen oder Investitionsgüter konvertieren können, ohne die Aufmerksamkeit der Behörden zu erhalten und ein zusätzliches Strafverfolgungsrisiko einzugehen. Auch dienen die erworbenen Konsum- und Luxusgüter vielfach kaum dem Zweck, sie in den *Wirtschaftskreislauf* einzuspeisen. Gleiches gilt grundsätzlich auch für teure Yachten, sie steigern die Lebensqualität, aber sie eignen sich weniger zum Handel und zum Werterhalt oder gar zur Vermögensvermehrung. Zwar erlauben sie Transaktionen mit hohen Bargeldbeträgen, aber als „*Geschäftsmodell*" zur Geldwäsche eignen sie sich nichtsdestotrotz weniger.

© Springer-Verlag GmbH Deutschland, ein Teil von Springer Nature 2018
K.-D. Bussmann, *Geldwäscheprävention im Markt*,
https://doi.org/10.1007/978-3-662-56185-0_11

Die Risiken sind daher am höchsten, wenn Investitionen mit inkriminierten Geldern möglichst viele der folgenden Kriterien erfüllen:

1. Eigenschaften einer Währung, leicht konvertierbar und stabil
2. Unauffälligkeit beim Konvertieren großer Mengen bzw. Werte (Kauf und Verkauf)
3. Hohe Transaktionsbeträge zum Erwerb des Gutes möglich (wie Immobilie oder Kunst)
4. Hohe Wertsteigerungsraten möglich
5. Hohe Bargeldtransaktionen möglich (bspw. Bauobjekten betreut von Bauträgern, Architekten sowie in der Hotellerie und Gastronomie und speziell gegründeten Im- und Exportfirmen)

Diese Kriterien werden vor allem in folgenden Segmenten erfüllt:[1]

• Treuhand- und Anderkonten der rechtsberatenden/vermögensverwaltenden Berufsgruppen
• Handel mit Immobilien
• Handel mit teuren Kunstobjekten und Antiquitäten
• Unternehmensübernahmen bzw. -beteiligungen (M&A)
• Unternehmen im Im- und Export und im Dienstleistungssektor, insbesondere in der Hotellerie und Gastronomie

Die folgende Risiko-Bewertung der Wirtschaftssektoren und ihrer Produkte bzw. Dienstleistungen beruht sowohl auf ihrem spezifischen immanenten Risiko als auch auf der jeweiligen Präventionsleistung der involvierten Wirtschaftssektoren bzw. Berufe. Eine wirksame Anti-Money Laundering Compliance führt zur Abstufung des Risikos. Aufgrund der großenteils erheblichen Compliance Defizite in vielen Wirtschaftssektoren finden sich vermehrt Produkte und Wirtschaftssektoren im High-Risk Bereich. Auch wird das Risiko im Wirtschaftssektor *Boots- und Yachthändler* aufgrund mangelhafter Compliance heraufgestuft. Demgegenüber führte die überdurchschnittliche Compliance im *Versicherungssektor* zu einer Herabstufung auf das Low-Risk Level. Im Einzelnen:

11.1   High-Risk

Zur High-Risk-Gruppe (Abb. 11.1) gehören rechtsberatende und vermögensverwaltende Berufsgruppen, die über *Treuhand- und Anderkonten* hohe Bargeldbeträge annehmen können oder im Rahmen ihrer Vermögensverwaltung detaillierte Einblicke in die Strukturen und Finanzen von Unternehmen sowie über die Herkunft der Einnahmen und der wirtschaftlich Berechtigten auch beim Erwerb von Immobilien erhalten. Die Compliance Praxis der rechtsberatenden und vermögensverwaltenden Berufsgruppen entspricht daher nicht der hohen Risiken, dies gilt besonders für die

---

[1] Vgl. a. *European Commission* (2017), S. 6.

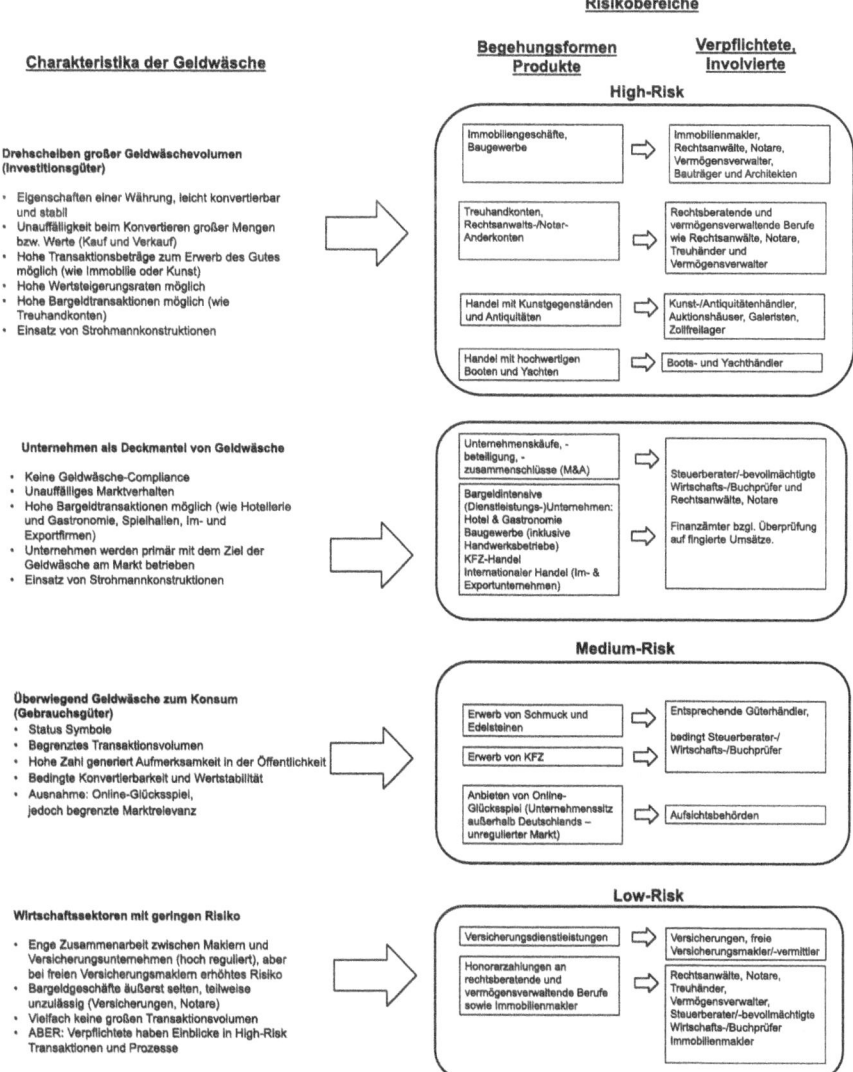

Abb. 11.1 Übersicht über die Risikogruppen

Gruppe der Rechtsanwälte, sodass derzeit eine Absenkung in der Risikoeinstufung nicht angezeigt ist.

Des Weiteren sind zu dieser High-Risk Gruppe *Wirtschaftsgüter* zu zählen, die sich in hohem Maße als Investitionsgüter eignen und somit zur Geldwäsche in großem Stil. Dies gilt vor allem für den Handel mit *Immobilien* und generell im gesamten *Baugewerbe*. Die Verpflichtetengruppe der Immobilienmakler zeigt trotz der hohen Risiken eine zu geringe Awareness. Hohe Risiken vermuten wir außerdem in der Gruppe der *Bauträger* und *Architekten*, die allerdings keinen Verpflichtetenstatus nach dem GwG besitzt.

Beim Erwerb von Immobilien handelt es sich überdies um einen Prozess, der regelmäßig durch *Notare* und oftmals auch *Rechtsanwälte* begleitet wird.[2] Die Studie zeigt jedoch, dass bei beiden Gruppen sowohl die Awareness als auch ihre Präventionsleistung zu gering ist. Die Compliance in dem Wirtschaftssektor Immobilien und Bau ist daher insgesamt unzureichend.

Neben Immobilien eignen sich hochwertige *Kunstobjekte und Antiquitäten* als Anlageobjekte ebenfalls zur Geldwäsche hoher Beträge.[3] Auch spielt in diesem Handel die Annahme sehr hoher Barbeträge eine viel zu große Rolle, obwohl hierfür kein geschäftlicher Grund erkennbar ist. Der Handel mit diesen Gütern weist daher angesichts der hohen Risiken ein zu geringes Problembewusstsein und eine zu geringe Präventionsleistung auf. Eine Absenkung der Risikoeinstufung kam daher nicht in Betracht.

Aus den gleichen Gründen ist bei *Boots- und Yachthändlern* das Risiko einer Geldwäsche aufgrund ihrer unterdurchschnittlichen Awareness und Präventionsleistung, auf das Level High-Risk einzustufen. Zwar eignen sich diese Produkte aufgrund ihrer Wertverluste vielfach weniger als Investitionsgut, aber es kann sich um sehr hochpreisige Produkte handeln, sodass es auf eine wirksame Anti-Money Laundering Compliance ankommt, die jedoch in diesem Wirtschaftssektor nicht entwickelt ist.

Daneben gibt es Begehungsformen, die Unternehmen als *Deckmantel* zur Geldwäsche einsetzen, wie dem Betreiben von bargeldintensiven Hotel- und Gastronomiebetrieben. Auch hier wirkt sich die unzureichende Präventionsleistung der involvierten rechtsberatenden und vermögensverwaltenden Berufsgruppen risikoerhöhend aus.

11.2   Medium-Risk

Angesichts der überwiegend sehr geringen Awareness und geringen Präventionsleistung innerhalb der Verpflichtetengruppe der Güterhändler ist bei Gütern im Luxussegment, die zwar überwiegend nur dem Konsum oder Lebensstil dienen, gleichwohl von einem mittleren Risiko auszugehen (Abb. 11.1). Dies gilt insbesondere für Händler mit Edelsteinen, Gold/Silber, Perlen, Schmuck, die eine geringe Awareness zeigen. Die überwiegend mangelhafte Compliance im Güterhandel rechtfertigt keine Herabstufung auf das Level Low-Risk.

---

[2] Vgl. a. zur Risikoeinschätzung bzgl. der Beteiligten am Immobilienerwerb, *European Commission* (2017), S. .6.

[3] Vgl. a. Empfehlungen bzgl. „cultural artefacts and antiques" der *European Commission* (2017), S. 16.

Insbesondere verhindert die bislang selbstverständliche Annahme hoher Bargeldzahlungen im Güterhandel Deutschlands eine Absenkung des Risikos auf Low-Risk. So ist es eine gängige Praxis im sog. Spotgeschäft des Kfz-Handels, dass auch Premiumfahrzeuge mit Bargeld bezahlt werden, obwohl die hauseigene Bank der Automobilhersteller derartige hohe Bareinzahlungen nicht annehmen würde (vgl. Abschn. 12.6.4). Zwar zeigte sich in der vorliegenden Studie für den Kfz-Handel eine überdurchschnittliche Awareness, aber die weiterhin große Bedeutung von Bargeldgeschäften rechtfertigt keine Absenkung der Risikoeinschätzung.

11.3 Low-Risk

Nach den Ergebnissen unserer Studie ist das Risiko bei der Entrichtung eines Honorars an rechtsberatende Berufe als eher gering einzustufen. Zwar eignen sich derartige Honorarleistungen auch zur Geldwäsche, aber die Beträge sind im Vergleich zu Transaktionen auf Treuhand- und Anderkonten, die wir als sehr gefährdet einstufen (s.o.), vergleichsweise niedrig.

Die Zuordnung von Versicherungsprodukten zum Low-Risk Bereich beruht nicht auf dem niedrigen Risiko des Produkts, dies wäre höher zu bewerten, sondern auf dem überwiegend gut entwickelten Compliance-Management und der geringen Bedeutung von Bargeldtransaktionen in dieser Branche. Einzig in der Gruppe der freien Versicherungsmakler sind die Risiken in diesem Sektor höher einzustufen, sodass wir diesen Wirtschaftssektor derzeit auf dem Level Low-Risk mit einer Tendenz zu Medium-Risk einstufen.

Kapitel 12
Empfehlungen

12.1 Verstärkte Aufklärung durch Berufs- oder Unternehmensverbände

Im Jahr 2015 wurden knapp 30.000 Verdachtsmeldungen abgegeben, wie in den Vorjahren kamen jedoch weniger als 1 % der Meldungen aus dem Nicht-Finanzsektor (n = 238).[1] Hingegen wären auf Basis der Angaben der Befragten in dieser Studie zwischen 15.000 bis 30.000 Geldwäscheverdachtsfälle pro Jahr aus dem Nicht-Finanzsektor zu erwarten. Das Potenzial der eigentlich aus dem Nicht-Finanzsektor zu erwartenden Verdachtsfälle bewegt sich somit in einer Größenordnung, die wir bislang nur aus dem Finanzsektor kennen.

Dabei ist zu berücksichtigen, dass es sich bei diesen Berechnungen aus methodischen Gründen um starke Unterschätzungen handelt. Zum einen beruhen die Daten auf den Angaben der Befragten, bei denen es großenteils entweder an der erforderlichen Rechtskenntnis und an der Akzeptanz ihrer gesetzlich vorgesehenen Sorgfalts- und Meldepflichten fehlt, sodass über Verdachtsfälle oder Verdachtsmerkmale in der Befragung bereits aus diesem Grund zu wenig berichtet wurde.

Zum anderen konnten nur ausgewählte Gruppen der Verpflichteten innerhalb des Nicht-Finanzsektors berücksichtigt werden: *Rechtsberatende und vermögensverwaltende Berufe, Versicherungsvermittler/-makler, Immobilienmakler* und *Güterhändler*. Es fehlen somit Daten zu anderen Verpflichtetengruppen nach § 2 Abs. 1 GwG. Außerdem fehlen naturgemäß Daten zu unternehmerischen Aktivitäten, die auf inkriminierten Geldern beruhen wie Unternehmensübernahmen und -beteiligungen (M&A) oder Unternehmen in der Hotellerie und Gastronomie, die fingierte überhöhte Umsätzen aufweisen. Das Dunkelfeld der Geldwäschefälle, die eine Verdachtsmeldung begründen, dürfte daher noch deutlich größer sein, als in dieser Studie erhoben werden konnte.

---

[1] *BKA und FIU* (2015), S. 8.

© Springer-Verlag GmbH Deutschland, ein Teil von Springer Nature 2018
K.-D. Bussmann, *Geldwäscheprävention im Markt*,
https://doi.org/10.1007/978-3-662-56185-0_12

147

Unabhängig von der schwer zu bestimmenden Größe des Dunkelfelds, bestätigen
bereits diese Ergebnisse die Vermutung, dass die Verpflichteten im Nicht-Finanzsektor ihren Obliegenheiten in viel zu geringem Umfang nachkommen. Ein Grund
ist in einer noch unzureichenden Informations- und Aufklärungspraxis der betreffenden Berufs- oder Unternehmensverbände zu sehen. Generell offenbaren die Antworten der befragten Verpflichteten, dass sie über ihre allgemeine Sorgfalts- und
Meldepflichten nicht überwiegend durch ihren Berufs- oder Unternehmensverband
informiert wurden.

Die Maßnahmen zur Awareness Building sind insbesondere für Verpflichtete im
High-Risk Bereich noch ungenügend. Nur 57 % der *Immobilienmakler* wurden nach
ihren Angaben ausreichend über konkrete Verdachtskriterien und Anhaltspunkte
durch ihren Verband informiert und bei Händlern mit *Kunst und Antiquitäten* war
es nur bei 30 % der Fall. Auch im *Medium-Risk Segment* fehlt es bei Händlern
mit Schmuck und Gold, bei Händlern mit Kunst und Antiquitäten und vor allem
im besonders anfälligen Boots- und Yachthandel an einer ausreichenden Informa-
tionsdichte durch den jeweiligen Berufs- bzw. Unternehmensverband. Nur 30 %
der Händler mit Kunst und Antiquitäten und 23 % der Boots- und Yachthändler
gaben an, ausreichende Informationen von ihrem Verband erhalten zu haben. Die
vollkommen unzureichende Geldwäsche-Compliance in der Gruppe der Boots- und
Yachthändler wurde auch aus diesem Grund auf High-Risk eingestuft.

Bei den *rechtsberatenden und vermögensverwaltenden* Berufen ist im Vergleich
zum *Güterhandel* und zu der Gruppe der *Immobilienmakler* zwar die Informations-
dichte durchweg höher, 73 % berichteten, in ausreichender Weise über konkrete Verdachtskriterien von ihrem Verband bzw. ihrer Berufskammer informiert worden zu
sein. Aber nur bei 41 % der *Rechtsanwälte* erfolgte dies durch ihre Anwaltskammer,
während 92 % der *Notare* über entsprechende Informationen durch ihre Notarkam-
mern berichteten. Generell gilt auch für die rechtsberatenden und vermögensverwaltenden Berufe, dass Unsicherheiten über konkrete Kriterien und Anhaltspunkte,
die einen Verdacht auf Geldwäsche begründen können, verbreitet sind.

Für eine effiziente Geldwäscheprävention genügt es nicht, die Information aus
Fachzeitschriften und Presseberichten zu beziehen. Vielmehr bedarf es zur Bildung
der erforderlichen Awareness gezielter Aufklärungskampagnen durch die entsprechenden Berufs- bzw. Unternehmensverbände, die auch für die Akzeptanz
des Geldwäschegesetzes werben. Der Rechtskenntnis folgt nicht unbedingt eine
Rechtseinsicht. Letztere scheint ein zentrales Problem bei der Umsetzung des Geldwäschegesetzes zu sein.

12.2   Einführung eines Transparenzregisters

Die Bekämpfung der Geldwäsche erfordert, dass man mehr über seinen Geschäftspartner weiß als vielfach unbedingt für das Geschäft erforderlich ist. Dies ist neu
für die Verpflichteten und bedarf offenkundig einiger Überzeugungsarbeit. Der
Straftatbestand ist aufgrund der Weite der einbezogenen Vortaten längst aus einem

Tatbestand herausgewachsen, der sich auf zwielichtige Personen aus dem Dunkel der Schattenwirtschaft richtet. Selbst zuweilen comic-hafte Bilder vom typischen Verbrecher aus dem Dunstkreis der OK helfen nicht mehr, da unauffällige Tätergruppen wie gewerbsmäßige Steuerhinterzieher hierzu zählen. Bei der Geldwäsche handelt es sich somit um ein weit gefasstes Finanzdelikt, das weniger auf Täter fokussiert ist als auf Vermögenswerte, die aufgrund ihrer illegalen Herkunft kriminalisiert werden.

Im Zentrum steht die verschleierte Herkunft von Vermögenswerten, sodass das Geldwäschegesetz nicht nur die Feststellung der Identität der nach außen sichtbaren Rechteinhaber verlangt, bei denen es sich um Strohmänner handeln kann, sondern auch des eigentlich wirtschaftlich Berechtigten in verschachtelten Beteiligungsstrukturen juristischer Personen zu dessen Gunsten gehandelt, womöglich Geld gewaschen wird.[2] Die unsichtbare Beherrschung von Unternehmen, Stiftungen oder Vereinen durch Kriminelle macht die Bekämpfung der Geldwäsche leicht zahnlos. Die Europäische Kommission betrachtet daher das Problem des wirtschaftlich Berechtigten als einen der größten Schwachpunkte in der derzeitigen Bekämpfung der Geldwäsche.[3] Für die globalen Finanzströme und den Rechtehandel gibt es keine vergleichbaren Mobilitätsrestriktionen, wie wir sie für Personen und körperliche Gegenstände kennen. Nicht nur die Globalisierung der Kapitalströme ist der Freund der Geldwäsche,[4] sondern auch jede Form der Intransparenz, da sie der Nährboden für die Verschleierung inkriminierter Vermögenswerte ist.

Aus diesem Grund interessiert sich das Geldwäschegesetz auch für die eigentlich wirtschaftlich Berechtigten. Als wirtschaftlich Berechtigter definiert § 3 Abs. 2 GwG[5] im Kern eine natürliche Person, die mehr als 25 % Gesellschaftsanteile, Stimmrechte oder des Vermögens hält bzw. auf sonstige Weise die Vermögensverwaltung faktisch kontrolliert. Allerdings bereitet den Verpflichteten auch bei einem nur risikoangemessenen Aufwand, mehr verlangt § 11 Abs. 5 GwG nicht,[6] die Verifizierung des wirtschaftlich Berechtigten erhebliche Probleme.[7] Dies trifft in besonderem Maße auf die Gesellschaft bürgerlichen Rechts (GbR) zu. Der Gesetzgeber führt dazu aus:

> Die GbR ist auf Grund ihrer fehlenden Registereintragung, des fehlenden besonderen Formerfordernisses und der Dispositivität hinsichtlich gesetzlich vorgesehener innerorganisatorischer Regelungen für Außenstehende intransparent. Aus diesem Grunde sollten die Verpflichteten sich bei der Frage, welche der GbR-Gesellschafter als wirtschaftlich Berechtigte zu behandeln sind, nicht ausschließlich [von dem für] andere Gesellschaftsformen genannten Schwellenwert für die Beteiligung von 25 Prozent leiten lassen. Vielmehr

---

[2] Zur Problematik der Feststellung wirtschaftlich Berechtigter in Beteiligungsstrukturen Bausch *und* Voller (2014), S. 190 ff.

[3] Zur Problematik des „beneficial owner of the customer", *European Commission* (2017), S. 5 f. und 9 f.

[4] *European Commission*, COM (2016) 450 final v. 05.07.2016, S. 2.

[5] Vgl. § 1 Abs. 6 S. 2 Nr. 1 und 2 GwG a.F.

[6] Vgl. § 4 Abs. 5 S. 2 GwG a.F.

[7] *Diergarten und Barreto da Rosa* (2015), Kap. 3 Rn.174 ff.

sollte bei der Erfüllung der Sorgfaltspflichten in besonderem Maße das konkrete Risiko der
Geschäftsbeziehung oder Transaktion mit der jeweiligen GbR von den Verpflichteten eingeschätzt und in risikoangemessener Weise entschieden *werden, welche einzelnen* Gesellschafter als wirtschaftlich Berechtigte zu identifizieren sind.[8]

Für die verschiedenen Gesellschaftsformen bleibt abzuwarten, ob das insbesondere
zur Bekämpfung der Geldwäsche und Steuerhinterziehung vorgesehene Transparenzregister hier Abhilfe schaffen kann. Die Bundesregierung hat am 22. Februar
2017 den Entwurf eines Gesetzes zur Umsetzung der Vierten EU-Geldwäscherichtlinie,[9] zur Ausführung der EU-Geldtransferverordnung und zur Neuorganisation der
Zentralstelle für Finanzaktionsuntersuchungen beschlossen.[10] Auch dieser zeitlich
nachfolgende Entwurf der Bundesregierung sieht verschiedene Präventionsmaßnahmen u. a. in § 18 die Einführung eines Transparenzregisters vor. Mit Wirkung
zum 26.06.2017 wurde der Entwurf inhaltlich zu weiten Teilen schließlich in natio-
nales Recht umgesetzt.

Danach werden im Transparenzregister alle „wirtschaftlich Berechtigten" von
juristischen Personen des Privatrechts, eingetragenen Personengesellschaften,
Trusts und trust-ähnlichen Rechtsgestaltungen offenzulegen sein, vgl. § 18 Abs. 1
i.V.m. §§ 20, 21 GwG. Die nachfolgenden Angaben zum wirtschaftlichen Berechtigten sollen von Unternehmen an den Registerführer gemeldet werden gem. § 19
Abs. 1 GwG:

1. Vor- und Nachname
2. Geburtsdatum
3. Wohnort
4. Art und Umfang des wirtschaftlichen Interesses

§ 19 Abs. 3 GwG konkretisiert die erforderlichen Angaben zu Art und Umfang des
wirtschaftlichen Interesses, aus der sich die Stellung als wirtschaftlich Berechtigter
ergibt:

1. bei Vereinigungen nach § 20 Absatz 1 Satz 1 mit Ausnahme der rechtsfähigen
   Stiftungen aus
   a. der Beteiligung an der Vereinigung selbst, insbesondere der Höhe der Kapital-
      anteile oder der Stimmrechte,
   b. der Ausübung von Kontrolle auf sonstige Weise, insbesondere aufgrund von
      Absprachen zwischen einem Dritten und einem Anteilseigner oder zwischen
      mehreren Anteilseignern untereinander, oder aufgrund der einem Dritten ein-
      geräumten Befugnis zur Ernennung von gesetzlichen Vertretern oder anderen
      Organmitgliedern oder
   c. der Funktion des gesetzlichen Vertreters, geschäftsführenden Gesellschafters
      oder Partners,

---

[8] So die Begründung zum Geldwäschebekämpfungsgesetz, BT-Drs. 16/9038, 30.

[9] Vgl. a. die Empfehlung der *European Commission* (2017), S. 16 f.

[10] Entwurf der Bundesregierung: BT-Drs. 18/11555, 2 ff. vom 17.03.2017, abrufbar unter: <www.
bundestag.de> → Suche: „BT-Drs. 18/11555" → Gesetzentwurf; (seit 26.06.2017 in Kraft
getreten).

2. bei Rechtsgestaltungen nach § 21 und rechtsfähigen Stiftungen aus einer der in § 3 Abs 3 aufgeführten Funktionen.

Konkret bedeutet dies, dass „künftig etwa auch bislang unbekannte Kontrollverhältnisse einer GmbH weitreichend offenzulegen sein werden. Denn nicht nur maßgebliche Beteiligungen, sondern auch eine Kontrolle aufgrund von „Absprachen" im Kreis der Anteilseigner wird erfasst, einschließlich Stimmpool-Vereinbarungen, Kooperationen oder Konsortien".[11]

Genossenschaften, Vereine, Offene Handelsgesellschaften und Kommanditgesellschaften haben bislang keine öffentlichen bzw. publizitätspflichtigen Mitgliederlisten. Diese Informationslücke soll mit § 20 Abs. 2 des GwG geschlossen werden, der nur dann die Mitteilung an das Transparenzregister als erfüllt ansieht, wenn sich die betreffenden Informationen aus dem Handels-, Partnerschafts-, Genossenschafts-, Vereins- oder Unternehmensregister ergibt. Bei Aktiengesellschaften existiert bereits ein nicht öffentliches Aktienregister, sodass Aktionäre ihre Mitteilungspflichten erfüllt haben. Lediglich die Verpflichteten der Aktiengesellschaft müssen noch Informationen an das neue Transparenzregister melden.[12]

Der Begriff des *wirtschaftlich Berechtigten* entspricht weitgehend der bisherigen Definition in Sinne des § 1 Abs. 6 GwG a.F. Wirtschaftlich Berechtigte sind die jeweiligen Anteilseigner, die unmittelbar oder mittelbar mehr als 25 % der Kapitalanteile halten oder mehr als 25 % der Stimmrechte kontrollieren oder auf vergleichbare Weise Kontrolle ausüben. Jedoch wurden nun, um die vielfältigen Konzernstrukturen in der Wirtschaft besser erfassen zu können, die Begriffe Kontrolle und mittelbare Kontrolle in § 3 Abs. 2 GwG eingeführt. Zur Abklärung des wirtschaftlich Berechtigten bei mehrstufiger Beteiligungsstruktur wird das konzernrechtliche Verständnis von *beherrschendem Einfluss* zugrunde gelegt.[13]

Auf die Kritik am vorhergehenden Entwurf des BMF, die sich gegen den „gläsernen wirtschaftlich Berechtigten" wendete und einen Rückgang von Stiftungsgründungen, Vereinsbetätigungen und insbesondere Eingriff in die unternehmerische Freiheit beklagte,[14] wurde mit höheren Publizitätshürden reagiert. Das Transparenzregister soll nur noch für einen bestimmten Kreis zugänglich sein, insbesondere (Aufsichts-)Behörden und Personen mit „berechtigtem Interesse" (§ 23 Abs. 1 GwG).

Des Weiteren sieht § 23 Abs. 3 des Regierungsentwurfs zum GwG vor: „*Die Einsichtnahme ist nur nach vorheriger Online-Registrierung des Nutzers möglich und kann zum Zwecke der Kontrolle, wer Einsicht genommen hat, protokolliert werden.*" Es bleibt abzuwarten, wie in der Praxis das Transparenzregister auch für Medien und Nicht-Regierungsorganisationen zugänglich sein wird, denen eine erhebliche

---

[11] *Schmidt-Schmiedebach*, Elektronisches Transparenzregister: Meldepflichten für alle, online abrufbar unter: <http://www.cmshs-bloggt.de> → Suche: „Elektronisches Transparenzregister: Meldepflichten für alle!".

[12] *Schmidt-Schmiedebach*, Elektronisches Transparenzregister: Meldepflichten für alle!.

[13] Entwurf der Bundesregierung, BT-Drs. 18/11555, 109, abrufbar unter: <www.bundestag.de> → Suche: „BT-Drs. 18/11555" → Gesetzentwurf.

[14] *Müller* (2017).

Bedeutung für die Aufdeckung spektakulärer Verschleierungspraktiken, wie zuletzt hinsichtlich der sog. Panama-Papers, zukommt.

Ohne Zweifel ist die Sammlung und Weiterleitung der Informationen über wirtschaftlich Berechtigte an das Transparenzregister mit Kosten verbunden, die die Wirtschaft zu tragen hat. Auch an dieser Stelle zeigt sich der Paradigmawechsel, die Wirtschaft wird zunehmend für die Bekämpfung der Wirtschaftskriminalität in die Verantwortung genommen. Als Erfüllungsaufwand für die Wirtschaft benennt die Bundesregierung in ihrem Entwurf einen relativ bescheidenen Aufwand:

> Die Regelungen führen beim Erfüllungsaufwand für die Wirtschaft zu einer Gesamtbelastung von insgesamt ca. 10,4 Millionen Euro. Darin ist ein jährlicher Erfüllungsaufwand der Wirtschaft in Höhe von ca. 3,5 Millionen Euro enthalten, der auf nationalen Regelungen beruht. Davon sind knapp 2900 Euro Kosten für die Erfüllung von Informationspflichten. Auf Grund von europarechtlich vorgegebenen Regelungen entsteht für die Wirtschaft ein Erfüllungsaufwand in Höhe von ca. 6,9 Millionen Euro, in dem Kosten für die Erfüllung von Informationspflichten von rund 934.000 Euro enthalten sind.[15]

> Bei der Berechnung des Erfüllungsaufwands für die Wirtschaft ist die Mitteilung der Angaben über den wirtschaftlich Berechtigten an das Transparenzregister gemäß § 20 Abs. 1, 3, 4, § 21 i.V.m. § 22 Abs. 1 GwG sowohl als einmalige Informationspflicht als auch als wiederkehrende Informationspflicht aufgeführt worden, um den Initialaufwand sowie den Folgeaufwand abzubilden. Die Ausgestaltung der Meldepflichten sowie der damit einhergehende Aufwand variieren von Rechtsform zu Rechtsform teils erheblich.[16]

Im Zuge dieser Reformierung wurden auch die Bußgeldvorschriften neu gefasst. Gemäß § 56 Abs. 1 Nr. 53 GwG handelt ordnungswidrig, wer vorsätzlich oder leichtfertig „entgegen § 20 Abs. 1 Angaben zu den *wirtschaftlich Berechtigten* a) nicht einholt, b) nicht, nicht richtig oder nicht vollständig aufbewahrt, c) nicht auf aktuellem Stand hält oder d) nicht, nicht richtig, nicht vollständig oder nicht rechtzeitig der registerführenden Stelle mitteilt". Kritisch anzumerken ist indes, mit Strafandrohungen kann man sicherlich die Anreize zur Normtreue erhöhen, aber hierzu bedarf es auch eines hohen subjektiven Entdeckungsrisikos, woran es fehlt. Die intendierte motivationale Wirkung der Bußgeldandrohungen dürfte in der gegenwärtigen Situation weitgehend verpuffen.

Fazit: Die Praxis wird zeigen müssen, ob das Ziel des Gesetzes, Transparenz über die vielfach bewusst komplex konstruierten Netzwerke wirtschaftlich Berechtigter herzustellen, tatsächlich erreicht wird. Dies ist nicht nur eine rechtstechnische Aufgabe, sondern eine ökonomisch-kulturelle. Letztlich scheitert auch das perfekteste Gesetzeswerk, wenn es am Umsetzungswillen der Rechtsadressaten fehlt. Die bislang unzureichende Awareness großer Teile der Verpflichteten in Verbindung mit

---

[15] Entwurf der Bundesregierung, BT-Drs. 18/11555, 2 f., abrufbar unter: <www.bundestag.de> → Suche: „BT-Drs. 18/11555" → Gesetzentwurf.

[16] Entwurf der Bundesregierung, BT-Drs. 18/11555, 3, abrufbar unter: <www.bundestag.de> → Suche: „BT-Drs. 18/11555" → Gesetzentwurf

ihren entgegenstehenden geschäftlichen Interessen könnte weiterhin eine effekti-
vere Geldwäscheprävention unterminieren. Auch kommt mit dem neuen Transparenzregister eine große Aufgabe auf die Berufs- und Unternehmensverbände zu,
nicht nur rechtlich zu informieren, sondern auch für Akzeptanz zu werben. Hierzu
gehört auch die Aufklärung über die weitreichenden negativen Folgen der Geldwäsche, aber hieran fehlt es in Aufklärungsbroschüren der Berufs- und Unternehmensverbände, die sich auf eine primär rechtliche Aufklärung beschränken.

12.3 Einführung eines Immobilienregisters

Der Gesetzgeber hat nunmehr mit Einführung des Transparenzregisters einen über-
fälligen Schritt getan, um Licht in verschachtelte Firmenkonstruktionen, welche der
Verschleierung zu Geldwäschezwecken dienen können, zu bringen und den zentralen Zugriff auf diese Informationen zu ermöglichen.

Der im hohen Maße gefährdete Immobiliensektor bleibt jedoch weiterhin zu
intransparent. In Deutschland gibt es kein zentrales *Immobilienregister*, sondern nur
ein am jeweiligen Amtsgericht geführtes Grundbuch. Ermittlungsbehörden haben
daher ihre Informationen mühsam aus kommunal verstreuten Grundbüchern zusammen zu suchen.

Außerdem bezeichnet das Grundbuch zwar den jeweiligen Eigentümer einer
Immobilie, lässt aber den wirtschaftlich Berechtigten nicht erkennen und erschwert
daher auch aus diesem Grund strafrechtliche Ermittlungen.[17] Auch im Immobi-
lienbereich spielen Strohmannkonstruktionen zur Geldwäsche eine nennenswerte
Rolle.[18] Hier lassen sich bisher unter anderem durch lebenslange Wohnrechte oder
die Eintragung eines Grundschuldgläubigers die wahren wirtschaftlich Berechtigten verstecken.[19] Auch sog. Sharedeal-Konstruktionen, in denen statt einer Immobilie die Eigentümergesellschaft der Immobilie verkauft wird, sind mit einem Grundbuch nicht nachvollziehbar.

Ein zentrales bundesweites Immobilienregister in welchem wie beim Transparenzregister auch die wirtschaftlich Berechtigten einzutragen wären, würde die
bisherigen praktischen Ermittlungshürden deutlich absenken. Ein solches Immobilienregister sollte zudem europaweit eingerichtet werden. Um den Datenschutzbe-
denken gerecht zu werden, könnte der Zugriff auf das Register wiederum Personen
mit besonderem Interesse vorbehalten bleiben.

---

[17] Gerhard Schick, <www.gruene-bundestag.de> → Suche → „Dr. Gerhard Schick Geldwäsche"
→ Geldwäsche.

[18] SZ, <www.sueddeutsche.de> → Suche → „Das Grundbuchamt fragt erst kritisch nach".

[19] Anfrage des MdB Dr. Gerhard Schick; BT-Drs. 18/11554, Frage 26.

12.4   Verstärkung der staatlichen Kontrolle

Aufsichtsbehörden Die Implementation eines Geldwäschebeauftragten ist zwar essentiell für eine Geldwäscheprävention (Abschn. 12.5), aber ohne Kostenrisiken für rationale Nutzenmaximierer dürften Compliance Systeme entweder nicht eingeführt werden oder nur unzureichend entwickelt sein, denn sie selbst verursachen auf Seiten der Unternehmen Kosten, die einer wirtschaftlichen Bilanzierung bedürfen. Kosten können durch Bußgelder entstehen, aber auch durch Reputationsschäden und Managementkosten.

Bisher konnten Bußgelder wegen Verstößen gegen die Identifizierungs- bzw. Sorgfaltspflichten bis zu 100.000 Euro betragen (§ 17 Abs. 2 GwG a.F.). Nach der Umsetzung der 4. EU-Geldwäscherichtlinie wurden gem. § 56 GwG die bisherigen Bußgeldrahmen in einem dreistufigen System angehoben:

„Auf der ersten Stufe bleibt es bei dem bisherigen oberen Bußgeldrahmen von einhunderttausend Euro (Abs. 3). Im Falle schwerwiegender, wiederholter oder systematischer Verstöße sind auf einer zweiten Stufe Geldbußen bis zu einer Million Euro oder Geldbußen bis zum Zweifachen des aus dem Verstoß gezogenen wirtschaftlichen Vorteils (Abs. 2 Satz 1) und auf einer dritten Stufe gegenüber Verpflichteten gemäß § 2 Abs. 1 Nummer 1 bis 3 und 6 bis 9 Geldbußen bis zu fünf Millionen Euro bzw. zehn Prozent des Gesamtumsatzes (bei juristischen Personen und Personenvereinigungen) bzw. Geldbußen bis zu fünf Millionen Euro (bei natürlichen Personen) (Abs. 2 Satz 4 und 5)".[20]

Jede Kostenkalkulation bedarf jedoch auch nicht nur der Höhe der Sanktion, sondern auch der Wahrscheinlichkeit. Die Risiken in Form der *Entdeckungswahrscheinlichkeit* sind jedoch extrem niedrig. Dies beginnt damit, dass bisher ein zentrales Kontrollorgan für alle Verpflichteten aus dem Nicht-Finanzsektor, wie durch die BaFin im Finanzsektor, nicht existierte. Auch waren für jeden Wirtschaftssektor unterschiedliche Aufsichtsorgane zuständig (vgl. § 16 Abs. 2 GwG a.F.),[21] und es bestanden erhebliche Unterschiede zwischen den Bundesländern.

Neben den organisatorischen Defiziten zeigt sich eine offenkundig drastische Unterdimensionierung der bisherigen Kapazitäten der Aufsichtsorgane. Von den knapp 550 Verpflichteten aus dem *Immobilien-* (13 %), *Güterhandel-* (13 %) und *Versicherungssektor* (10 %) berichtete nur etwa jeder Zehnte (mindestens einmal) über eine entsprechende Prüfung durch eine Aufsichtsbehörde. Bei diesen relativ seltenen Überprüfungen fanden zwei Drittel der Prüfungen vor Ort statt. Lediglich bei den *Immobilienmaklern* wurde der Großteil der Prüfungen per Fragebogen durchgeführt. Zwar werden in einigen Bundesländern die Prüfungen deutlich verstärkt und die Notwendigkeit der Geldwäschebekämpfung kommuniziert, dennoch

---

[20] Entwurf der Bundesregierung: BT-Drs. 18/11555, 164, abrufbar unter: <www.bundestag.de> → Suche: „BT-Drs. 18/11555" → Gesetzentwurf.

[21] Überblick *Diergarten und Barreto da Rosa* (2015), Anh. 3, 384 ff.

besteht für Verpflichtete mit einer unzureichenden Geldwäsche-Compliance derzeit ein noch relativ geringes Kontrollrisiko.

Strafverfolgung durch Polizei und Justiz bzw. Zoll Wenn man die Verpflichteten im Nicht-Finanzsektor auffordert, ihren Sorgfalts- und Meldepflichten konsequent nachzukommen und im besten Fall die Zahl der Verdachtsmeldungen die Größenordnung des Finanzsektors erreicht wird, muss der Gesetzgeber und die Politik die Frage überzeugend beantworten, wie eine Zahl von weit über 60.000 jährlichen Verdachtsmeldungen strafrechtlich verfolgt werden können. Immerhin tröpfelt aus dem breiten Strom zehntausender Verdachtsfälle nur ein Rinnsal von 69 Urteilen und 284 Strafbefehlen.[22] Eine Verdoppelung des Verdachtsvolumens dürfte das strafjustizielle Nadelöhr kaum vergrößern, sondern nur enger machen.

Die mangelnden strafjustiziellen Ressourcen vermögen eine intensivierte polizeiliche Aufklärung, wie sie durch Neuschaffung der *Zentralstelle für Finanztransaktionsuntersuchungen* mit höherer personeller Ausstattung angestrebt wurde, ebenfalls nur bedingt zu kompensieren.[23] Zwar kann die Arbeit der Strafjustiz durch Qualitätsverbesserungen in der Analyse der Verdachtsmeldungen erleichtert werden, aber letztlich erzwingt die Gewaltenteilung eine erhebliche personelle Aufstockung der Staatsanwaltschaft und Gerichte.

Des Weiteren wäre auch für den künftig zuständigen Zoll die Lehre aus der bisherigen Informationspolitik des BKA zu ziehen, die vermutlich keiner Evaluation unterzogen wurde. Die Informationen und Typologiekriterien des BKA, die die Voraussetzung für eine qualifizierte Verdachtsmeldung sind, waren den befragten Verpflichteten weitgehend unbekannt. Soweit die Verpflichteten über Kriterien und Anhaltspunkte für Geldwäsche informiert waren, gaben nur 17 % an, die Informationen über das BKA erhalten zu haben, demgegenüber bildeten Materialien des jeweiligen Berufsverbands bzw. der Kammer die Hauptinformationsquelle (61 %).

Finanzämter Bei Unternehmen, die primär zur Geldwäsche betrieben werden, wie es insbesondere in den Sektoren der Hotellerie und Gastronomie, lokalen Spielhallen sowie im Im- und Export der Fall sein kann, kommt es nicht nur auf eine Compliance durch die involvierten rechtsberatenden und vermögensverwaltenden Berufe an, die in diesen Fällen offenkundig versagen, sondern auch auf eine intensivierte Prüfung durch Finanzämter hinsichtlich Praktiken der Über- und Unterfakturierung und generell fingierter Umsätze. Hier scheint es bereits an verstärkten Plausibilitätsprüfungen zu fehlen, der Blick der Finanzämter konzentriert sich primär auf die Betriebsausgaben und zu wenig auf die Einnahmenseite.

---

[22] *BKA und FIU* (2016), S. 17

[23] Zur Kritik von Seiten des Bundes Deutscher Kriminalbeamter, vgl. Fiedler, Stellungnahme des BDK zu BT-Drucksache 18/11555, abrufbar unter: <http://www.bundestag.de/> → Suche: „Stellungnahme BDK 23. April 2017" → Bund Deutscher Kriminalbeamter e.V., Sebastian Fiedler.

12.5 Implementation eines Geldwäschebeauftragten und AML-CMS

Eine wirksame Prävention muss bekanntermaßen zuvörderst am Ort des Risikos ansetzen. Mit der Einführung eines Geldwäschebeauftragten steigt die Awareness und die Wahrscheinlichkeit von Verdachtsmeldungen, wie diese Studie zeigt. Allerdings verfügte nur jeder fünfte Verpflichtete mit mehr als 9 Mitarbeitern (21 %) über einen Geldwäschebeauftragten. Auch bei Unternehmen mit mehr als 100 Mitarbeitern ist diese Funktion noch nicht selbstverständlich, nur rund zwei Drittel besaßen einen Geldwäschebeauftragten und in vielen Fällen dürfte neben dieser Funktion kein ausgebautes AML-CMS implementiert sein, das insbesondere Richtlinien, Schulungen, systematisches Risk Assessment, Hinweisgebersysteme und Evaluationsmaßnahmen umfasst. Weder Umfang noch Güte eines womöglich vorhandenen AML-CMS wurden in der Studie erhoben.

Bei Unternehmen und Kanzleien mit mehr als 10 Mitarbeitern erscheint die Funktion eines Geldwäschebeauftragten als sinnvoll und auch zumutbar. Auch sollten die o. g. zentralen Elemente eines AML-CMS vorhanden sein. Einen Geldwäschebeauftragten sieht das Geldwäschegesetz indes dezidiert nur für *Finanzdienstleister, Spielbanken* und *Veranstalter und Vermittler von Glücksspielen* im Internet verbindlich vor. Für die anderen Verpflichtetengruppen obliegt es den Aufsichtsbehörden bzw. den Kammern der rechtsberatenden Berufe, verbindliche Regelungen zur Bestellung eines Geldwäschebeauftragten anzuordnen. Hiervon sollte bundesweit und möglichst bundeseinheitlich Gebrauch gemacht werden, wobei den Aufsichtsbehörden die Überwachungsfunktion zukommt.

12.6 Einführung von Höchstgrenzen für Bargeldtransaktionen

Die anlässlich dieser Studie erregte öffentliche Diskussion über die Einführung von Höchstgrenzen für Bargeldtransaktionen schwappte zuweilen in eine über die Abschaffung des Bargelds. [24] Darum geht es natürlich nicht. Niemand beabsichtigt, Kindern ihr Taschengeld oder Bürgern ihr Erspartes quasi wegzunehmen.

12.6.1 Risiken des Bargelds

Die denkbare Sorge vor einem in absehbarer Zeit kaum wahrscheinlichen Bankencrash sollte im Verhältnis zu klassischen und vergleichsweise deutlich häufigeren Kriminalitätsrisiken gesetzt werden. Ein Grund für den über die letzten Jahrzehnte zu beobachtenden Rückgang der Raub- und Einbruchskriminalität und auch des

---

[24] Zur Problematik des Cash vgl. European Commission (2017), S. 6 f.

Taschendiebstahls beruht auf der schwindenden Bedeutung des Bargelds aufgrund des Siegeszugs des bargeldlosen Zahlungsverkehrs. [25] Derzeit liegt die Wahrscheinlichkeit, Opfer eines Wohnungseinbruchs zu werden, für die 41 Millionen Haushalte in Deutschland bei rund 0,35 % pro Jahr. Auch das Risiko, Opfer eines Raubüberfalls zu Hause oder im öffentlichen Raum zu werden, liegt unter Berücksichtigung des Dunkelfelds jährlich bei etwa 0,3 %.[26]

Die Kriminalitätsrisiken sind in Deutschland zwar außerordentlich gering, aber im Vergleich zu einem Bankencrash, der zu einem Verlust der Einlagen führt, deutlich höher. Selbst die letzte globale Krise des Finanzmarkts hat in Deutschland zu keinem Verlust der Einlagen der Kunden geführt. Diese positive Bilanz können die Opfer von Einbruch und Raub, bei denen sich ihr (wenn auch geringes) Risiko realisiert hat, nicht ziehen. Bargeld im Haushalt erhöht vielmehr das Einbruchsrisiko, wie auch US-amerikanische Erfahrungen zeigen. Im bargeldintensiven Handel mit Cannabis-Produkten in den USA sind „Einbrüche an der Tagesordnung".[27]

Demgegenüber werden die wirtschaftlichen Risiken der mit Abstand meisten Einleger sämtlicher Kreditinstitute und Sparkassen sowie Genossenschaftsbanken durch ihren gesetzlichen Anspruch auf eine Entschädigung neutralisiert. Durch das Einlagensicherungsgesetz § 5 ff. (EinSiG) sind für den Fall einer Insolvenz des Instituts ihre Einlagen bis zu 100.000 Euro abgesichert. Bei höheren Einlagen, über die die allerwenigsten Bürger verfügen, empfiehlt sich eine Verteilung der Risiken auf mehrere Institute, aber angesichts der deutlich höheren Einbruchsrisiken sicher nicht im Safe zuhause.

Überdies wären die Kosten für die *Versicherung* von hohen Bargeldbeständen zu berücksichtigen, um sich gegen den Verlust hoher Bargeldbeträge aufgrund eines Wohnungseinbruchs zu versichern. Bis 100.000 Euro sind Einlagen auf Finanzinstitute ohne zusätzliche Kosten staatlich abgesichert, für die Versicherungen von Barbeständen zuhause muss der Einzelne selbst aufkommen. Dies kann über eine Hausratversicherung geschehen, dürfte aber relativ teuer sein, denn üblicherweise wird vom Versicherungsschutz nur Bargeld bis 1.000 Euro abgedeckt. Das gleiche gilt für Raubstraftaten außerhalb der Wohnung.[28] Insofern erstaunt die Diskussion über befürchtete Negativzinsen für Bareinlagen auf Konten der Finanzinstitute, die zudem bislang keine oder nur die allerwenigsten Privatpersonen betreffen.

Zudem darf man bei der Abwägung der Risiken nicht allein die finanziellen in Betracht ziehen, sondern gerade bei Delikten wie Wohnungseinbruch und Raub bestehen erhebliche immaterielle Risiken wie Verlust nicht ersetzbarer Güter, Verwüstungen, Zeitaufwand und vor allem auch psychische Beeinträchtigungen. Etwa

---

[25] *Bussmann* (2016b), Rn. 434 ff.

[26] *Bussmann* (2016b), Rn. 426 und 472. Bei der Berechnung konnte allerdings nicht zwischen armen und wohlhabenden Haushalten (womöglich mit hohem Bargeldbestand) differenziert werden.

[27] Handelsblatt Live-App vom 16.06.2017.

[28] Vgl. <https://www.cosmosdirekt.de> → Suche: „Hausratversicherung Einbruchschutz" → Ratgeber Hausratversicherung → Einbruchschutz: Schützen Sie Ihr Hab und Gut.

30 % der Betroffenen fühlten sich zuhause nicht mehr sicher. Über die Risiken einer Traumatisierung aufgrund eines Raubüberfalls erübrigt sich jede weitere Ausführung.[29]

Nüchtern betrachtet, sind hohe Bargeldbeträge bei Banken und Sparkassen auf jeden Fall sicherer aufgehoben. Das häusliche Horten hoher Bargeldbeträge oder auch der Weg von oder zur Bank mit hohen Bargeldsummen, ist auch in Deutschland mit sehr viel höheren wirtschaftlichen und zudem gesundheitlichen Risiken behaftet, als eine Überweisung zu tätigen. Rational gesehen.

12.6.2 Praktische Bedeutung des Bargelds

Nicht das Geld als universelles Zahlungsmittel würde durch die Einführung von Höchstgrenzen für Barzahlungen abgeschafft werden, sondern eine bestimmte Form in ihrer praktischen Verwendung begrenzt. Diese Form hat ohnehin seit der Einführung digitaler Zahlungsmittel erheblich an Bedeutung verloren. Die Lohntüte hat das Gehaltskonto in den Industrieländern schon seit langem abgelöst, wie zuvor das Papiergeld die Bedeutung des Münzgeldes.[30] Die praktische Bedeutung des Bargeldes wird im Zuge technologischer Innovationen im Zahlungsverkehr allein aus Kostengründen weiterhin stark abnehmen. Der Weg zum Geldautomaten wird kontinuierlich durch das Tragen von „Plastik- statt Papier- bzw. Münzgeld" seltener, wie auch die lästigen Diskussionen mit Verkäufern über ausreichendes Kleingeld. Zu beklagen ist das nicht.

Privatpersonen lagern ohnehin zuhause kaum noch Bargeld, weniger als 3 % der Bürger verfügen Studien zufolge über zwischen 1.000 und 5.000 Euro und 0,5 % über 5.000 Euro in bar.[31] Zwar besitzt Bargeld als Zahlungsmittel bei kleineren Geschäften nach wie vor eine sehr große Bedeutung, aber bei höheren Beträgen ist Bares nur noch von marginaler Bedeutung. In den USA werden Studien zufolge zwei Drittel der Transaktionen bis zu 10 US-Dollar in bar getätigt, aber weniger als 10 % bei Beträgen über 100 US-Dollar.[32] Auch in Europa werden in der Regel Summen bis zu 10 Euro in bar bezahlt, 91 % der Deutschen gaben an, dass sie immer oder häufig bei diesen kleinen Beträgen bar bezahlen. Bei vierstelligen Summen sind es hingegen selbst in dem eher bargeldintensiven Deutschland nur noch wenige. Bei Beträgen über 10.000 Euro bspw. für ein Kraftfahrzeug liegt der Anteil der Konsumenten, die eher bar bezahlen, bei 4 %.[33]

---

[29] *Bussmann* (2016b), Rn. 424 und 478.

[30] *Glyn* (2002), S. 34 ff.

[31] *ECB* (2011), S. 89.

[32] *Bennett et al.* (2014), S. 3; *Rogoff* (2016), S. 75.

[33] *ECB* (2011), S. 84 f.

12.6.3   Bares auf illegalen Märkten

Bereits diese Gewohnheiten der Konsumenten legen die Frage nach dem Bargeldbestand in den Händen von Verbrauchern und Unternehmen nahe. Sowohl für die
USA als auch für Europa ergaben Studien, dass sich von dem gesamten Bargeld-
volumen nur ein Bruchteil bei Privatpersonen und Unternehmen befindet, für die
Eurozone nur etwa 100 Milliarden von dem gesamten Bargeldbestand in Höhe von
750 Milliarden.[34] Rogoff kommt zu dem Schluss: *„Insofern kann genau wie beim
US-Dollar ein Großteil des Euro-Bargelds nicht auf legalen inländischen Besitz
zurückgeführt werden."*[35]

Anders als im legalen Markt ist der Bedarf im illegalen Markt für ein Zahlungsmittel sehr hoch, das anonyme und auch sichere Transaktionen erlaubt. Ware
gegen Bargeld wird daher vor allem auf illegalen Märkten geschätzt. Auch in
Märkten, die in der Grauzone zwischen Legalität und Illegalität flotieren. In den
USA erfolgt der Zahlungsverkehr im Handel mit Cannabis-Produkten überwiegend mittels Bargeld. Zwar wurde Cannabis in einzelnen US-Bundesstaaten lega-
lisiert, aber es besteht weiterhin ein US-bundesstaatlicher Straftatbestand, sodass
die Duldung des bargeldlosen Zahlungsverkehrs mit strafrechtlichen Risiken für
die Finanzinstitute verbunden wäre.[36]

Mit keinem anderen Zahlungsmittel kann man die Spuren seiner Herkunft so
erfolgreich verschleiern wie mit Bargeld. Es ist das Zahlungsmittel für Korruption,
Schwarzarbeit, Handel mit illegalen Produkten und Dienstleistungen wie Drogen –
zumeist ein Gewerbe der Organisierten Kriminalität – und erleichtert die Steuerhinterziehung von legalen Einkommen.[37] Die Einnahmen aus legaler Beschäftigung
erfolgen in aller Regel bargeldlos. Auch das Finanzamt verwahrt sich gegen jede
Barzahlung, sei es bei der Nachzahlung oder Erstattung von Steuern. Zumindest
in den Industrieländern erfolgt die Gehaltszahlung der Arbeitnehmer – vielleicht
mit Ausnahme der Geringbeschäftigten – nahezu ausnahmslos bargeldlos über ein
Gehaltskonto. Auch Freiberufler, die auf Honorarbasis arbeiten, erhalten ihre Vergütung nicht bar. D. h. die privaten Haushalte erhalten in der Regel ihr Geld nicht
in bar, sondern auf ein Bankkonto überwiesen. Die meisten Verbraucher müssten
daher in aller Regel ihr Bares von einem Konto abheben. Dies ist der Grund, warum
bei größeren Summen wie 5.000 Euro nur sehr selten bar gezahlt wird, es ist unprak-
tisch und auch mit Kriminalitätsrisiken verbunden.

---

[34] *ECB* (2011), S. 81 und 90; *Rogoff* (2016), S. 73.

[35] *Rogoff* (2016), S. 73.

[36] Handelsblatt Live-App vom 16.06.2017

[37] Vgl. *Rogoff* (2016), Kap. 5.

12.6.4 *Bares auf legalen Märkten, respektive auf dem Kunst- und Kfz-Markt*

Es gibt nur wenige Gruppen, bei denen Bargeld auch heute noch eine große praktische Bedeutung besitzt: Vor allem bei Selbstständigen im Einzelhandel, in der Gastronomie und Hotellerie, die einen großen Teil ihrer Tageseinnahmen bar in der Kasse haben. Im Einzelhandel mit Gütern des täglichen Bedarfs gibt es aufgrund der geringen Summen ebenfalls einen relativ hohen Anteil von Transaktionen mit Bargeld. In dieser Studie berichtete fast jeder zehnte *Güterhändler*, dass auch Barzahlungen mit hohen Beträgen über 15.000 Euro häufig sind. Jedoch wurden in der Studie nur Händler mit eher hochwertigen Gütern einbezogen wie Händler mit Kraftfahrzeugen, Edelsteinen, Gold/Silber, Perlen, Schmuck, Kunst, Antiquitäten sowie Auktionshäuser und Galeristen und Boots-/-Yachthändler.

Für Barzahlungen in vier- und fünfstelligen Größenordnungen sind für den Handel kaum Vorteile erkennbar, sondern nur höhere Kosten, die auch in Falschgeldrisiken und anderen Sicherheitsrisiken liegen wie Unterschlagung, Einbruch oder Raubüberfall bspw. auf Geldboten. Werfen wir einen Blick auf den Kunstmarkt, der immerhin einen Umsatz von etwa zwei Mrd. Euro pro Jahr verzeichnet,[38] so finden sich auf den Internetseiten großer *Kunst- und Antiquitätenhändler* explizite Hinweise auf die Möglichkeit von Barzahlungen.

Eigene Recherchen der Internetseiten der zehn umsatzstärksten Auktionshäuser in Deutschland ergaben,[39] dass nur ein Auktionshaus ausdrücklich kein Bargeld annimmt. Vielfach scheint sogar eine Präferenz für Bargeld zu bestehen. Im Vergleich zu Christies, das Auktionshaus mit dem weltweit größten Umsatz, fanden sich im Internetauftritt der größten deutschen Auktionshäuser keine Hinweise auf eine praktizierte AML-Compliance. Vereinzelt wurde auf die Notwendigkeit der Feststellung der Identität des Käufers hingewiesen, die nach dem GWG bei Beträgen oberhalb von 15.000 Euro geboten war, die aber allein weder einem Kauf durch Strohmänner zu begegnen noch die wahre Herkunft des hohen Barbetrages abzuschätzen vermag. Ein effektives Risikomanagement erfordert eindeutig mehr (Abschn. 4.2.2).

Fraglich ist überdies, ob der *Kunstmarkt* die Gründe für sich reklamieren kann, wie sie für *Spotgeschäfte* im *Kfz-Handel* geltend gemacht werden, bei denen Zug um Zug geleistet werden soll. Denn handelt es sich im Kunstbetrieb um keine automobilen Sachen, wie bei einem Kfz, sondern es bedarf vielfach sorgfältiger und gut versicherter Transporte, sodass im Regelfall ausreichend Zeit für online Banking zur Verfügung steht. Im Falle von sog. Spotgeschäften werden im Kfz-Vertrieb für

---

[38] Umsatzentwicklung im Kunstmarkt in Deutschland von 2003 bis 2015, abrufbar im Internet: <https://de.statista.com> → Suche: „Umsatzentwicklung im deutschen Kunstmarkt bis 2015".

[39] Die größten Auktionshäuser in Deutschland nach Handelsvolumen im 1. Halbjahr 2015, abrufbar im Internet: <https://de.statista.com> → Suche: „Größte Auktionshäuser in Deutschland 1 Halbjahr 2015".

ein Premiumfahrzeug durchaus Kaufpreise im fünfstelligen Bereich bar entrichtet. Begründet wird dies damit, dass Kunden häufig anreisen, und um vor Ort einen niedrigeren Preis noch aushandeln zu können, den Kaufpreis in bar mit sich führen. Eine vorab Überweisung komme daher nicht Betracht. Bemerkenswert ist jedoch, dass die eigene Bank des Autorherstellers keinesfalls eine derart hohe Bareinzahlung wegen möglicher Geldwäsche akzeptieren würde. Auf der anderen Seite, kann jeder Kontoinhaber, Deckung vorausgesetzt, auch mit einer zuvor bei seiner Bank oder Sparkasse um einen hohen Betrag freigeschalteten EC-Karte den hohen Kaufpreis entrichten. Man muss noch nicht einmal bei der Bank persönlich erscheinen, wohingegen vier- oder fünfstellige Bargeldbeträge aus dem Bankautomaten zu ziehen ein mehrtägiges Unterfangen wäre.

Es fragt sich jedoch, woher die hohen Barbeträge rühren. Mit Ausnahme von Selbstständigen und Firmeninhabern verfügen Verbraucher über keine hohen Barbeträge. Und auch im Einzelhandel, in der Gastronomie und Hotellerie ist es gängige Praxis, die umfangreichen baren Tageseinnahmen nach Kassenschluss zur Bank tragen zu lassen. Summen in dieser Größenordnung, abzüglich des erforderlichen Wechselgelds für den nächsten Geschäftstag, empfehlen sich aus Sicherheitsgründen nicht in den Geschäftsräumen oder zuhause zu lagern, um später Immobilien, hochwertige Kunst oder Premiumfahrzeuge zu erwerben. Es sei denn, illegale Motive wie Steuerhinterziehung oder Bezahlung von Schwarzarbeit oder eben Gelder aus (anderen) illegalen Geschäften lohnen die Risiken. Der Verdacht bleibt. Die Bezahlung fünfstelliger oder höherer Kaufpreise mit Bargeld löst daher einen begründeten Verdacht auf Geldwäsche aus.

12.6.5 Empfehlungen

Vermutlich wird in der nahen Zukunft mit den wachsenden Möglichkeiten des bargeldlosen Zahlungsverkehrs für die Masse der Verbraucher mit legalen Einkommen die praktische Bedeutung des Bargelds weiter schwinden. Dies gilt jedoch nicht für die Akteure auf illegalen Märkten und für Täter der Steuerhinterziehung und Korruption. Sie scheuen jede „Papierspur", die bargeldlose Transaktionen hinterlassen. In Italien und weiteren EU-Ländern ist daher die Verwendung von Bargeld nur eingeschränkt möglich. Legale Bargeschäfte sind in Frankreich, Italien und anderen EU-Mitgliedstaaten nur bis zu einem Wert von 1.000 bis 3.000 Euro möglich. Alle Geschäfte, die dieses gesetzliche Limit übersteigen, können dort nicht in bar abgewickelt werden.[40]

In der Wirtschaft sollte generell ein Höchstbetrag für die Bezahlung mit Bargeld eingeführt werden. Dies betrifft nicht nur den Güter- und Einzelhandel, sondern auch die Annahme von Bareinzahlungen auf *Treuhand- und Anderkonten* der rechtsberatenden und vermögensverwaltenden Berufe. Die Ergebnisse der vorliegenden

---

[40] *Simons und Schlamp* (2016).

Studie zeigen, dass auch angesichts der zu geringen Präventionsleistung auf Seiten der betroffenen Berufe diese Konten ein risikoreiches Einfallstor für Geldwäsche sind. Aus diesem Grund empfiehlt sich ein generelles Verbot von Bareinzahlungen auf Treuhand- und Anderkonten. Für Notare gilt ohnehin bereits ein generelles Verbot der Annahme von Bargeld gem. § 54a Beurkundungsgesetz.

Im Güterhandel sollte generell ein Höchstbetrag bei der Bezahlung mit Bargeld eingeführt werden. Zu erwägen ist ein Betrag unterhalb von 5.000 Euro, das Gros der Konsumgüter wäre somit hiervon ausgenommen. Bislang lösten nur bei Güterhändlern Bargeldtransaktionen mit mindestens 15.000 Euro Sorgfaltspflichten aus, die jedoch zum Teil nicht beachtet wurden. Auch gelten die Sorgfaltspflichten im Einzelhandel vielfach als impraktikabel, sodass die Geldwäscheprävention weitgehend fehlgeht. Die nun, im Rahmen der Umsetzung der 4. EU-Geldwäscherichtlinie, erfolgte Absenkung dieses Höchstbetrages auf 10.000 Euro, verspricht daher keine Abhilfe.[41]

Der Widerstand, der zu einem großen Teil vom Einzelhandel gegen die Einführung auch von Bargeldrestriktionen in Höhe von 5.000 Euro ausgeht, sollte von den *Verbänden* überdacht werden. Die Einführung von Bargeldhöchstgrenzen wie auch in anderen Ländern, würde zu *Papierspuren* führen, sodass zum einen der Schwerpunkt der Geldwäscherisiken auf den Finanzsektor vorverlagert werden würde und zum anderen der Präventionsdruck auf den Einzelhandel vor allem im Segment der hochpreisigen Konsumgüter abgesenkt werden könnte. Bei rechtem Licht betrachtet dürfte der Einzelhandel keine Umsatzeinbußen durch die Einführung einer Höchstgrenze für Bargeldzahlungen zu erwarten haben. Allerdings bleibt einzuräumen, bei Geschäften mit gewissen Kunden womöglich. Denn das Risiko einer Annahme inkriminierter Bargeldbeträge oberhalb von 5.000 Euro wird auf Null gesenkt. Aber der Handel erhöht die Sicherheit, nicht in illegale Geschäfte verwickelt zu sein, und Reputationsgewinn sollte nicht geschäftsschädigend sein. Insofern erstaunt, dass das wirtschaftliche Interesse derzeit noch den Beitrag zur Kriminalprävention überwiegt.

Zwar ist zu konzedieren, dass das gleiche Ziel auch ohne die Einführung einer gesetzlichen Höchstgrenze erreicht werden kann, wie das Beispiel Schweden zeigt. Generell scheint sich der Markt auch in Deutschland auf die Einführung vereinfachter bargeldloser Zahlungswege umzustellen wie der mittlerweile intensive Wettbewerb um die Nutzung bargeldloser Zahlungswege zeigt, bspw. mittels Smart Telefone. Gleichwohl kann sich der Markt zwar weitgehend auf bargeldlosen Zahlungsverkehr umstellen, aber trotzdem die Praxis beibehalten, bei lukrativen Geschäften auch fünf- oder sechsstellige Bargeldbeträge zu akzeptieren wie der Handel mit Immobilien, Kunst und Premiumfahrzeugen zeigt. Die Tore zur Geldwäsche müssen wohl durch den Gesetzgeber geschlossen werden. In den meisten Ländern würde man andernfalls noch zu lange auf eine vom Markt durchgesetzte Höchstgrenze zu warten haben.

---

[41] Vgl. § 10 Abs. 6 GwG.

Kapitel 13
Ausblick. Fehlen unterstützender Marktmechanismen bei der Geldwäscheprävention

Die Ausgangsthese ist, dass eine Bekämpfung der Wirtschaftskriminalität auch der Unterstützung marktwirtschaftlicher Kräfte bedarf, um einen höheren Grad der Effizienz zu erreichen. Mit den Mitteln des Strafrechts können wir allenfalls Stimuli, Anreize setzen, die erst durch Marktmechanismen einen hohen Wirkungsgrad zu entfalten vermögen. Betrachten wir kurz die marktwirtschaftlichen Kräfte bei anderen systemischen Delikten wie Betrug, Korruption und Kartellrechtsverstöße, so erkennen wir die besonderen Schwierigkeiten einer effizienten Geldwäscheprävention. Diese Delikte sind, wie auch die Geldwäsche, Teil des Funktionssystems Wirtschaft, sie werden durch die Marktwirtschaft selbst generiert, sie sind kein Fremdkörper wie Diebstahls- oder Raubkriminalität.

13.1 Betrugskriminalität

Der Handel lebt nicht von der Wegnahme, sondern vom Tausch, dem auch das Risiko des Täuschens inhärent ist, zuweilen mit einer mehr oder weniger intendierten Abdrift in strafbare Zonen. Dies ergibt sich bereits aus der bestehenden Prinzipal-Agenten-Informationsasymmetrie, der Kunde verfügt nur über eingeschränkte Produktinformationen.

Gleichwohl entstehen auch auf den Märkten Kosten für betrügerisches Verhalten, es droht nicht eine Strafverfolgung, sondern auch der Verlust von Vertrauen und Reputation. Auch schafft der Markt Präventionsmechanismen durch professionelle Tester und zunehmend Kundenbewertungen, die heute durch das Internet sehr viel leichter möglich und zugänglich sind.[1] Märkte verfügen zwar bei systemischen Delikten über keine Selbstheilungskräfte, wie wir seit den Arbeiten von Akerlof[2] und

---

[1] Bussmann (2016b), Rn. 951 ff., 1019 ff.

[2] *Akerlof* (1970), S. 488–500.

© Springer-Verlag GmbH Deutschland, ein Teil von Springer Nature 2018
K.-D. Bussmann, *Geldwäscheprävention im Markt*,
https://doi.org/10.1007/978-3-662-56185-0_13

des New Institutionalism[3] wissen, aber im Verbund mit einem rechtlichen Ordnungs-
rahmen, Förderung von Bildung und wichtigen Elementen einer starken Demokratie
entwickeln Staaten Marktmechanismen, die legales Verhalten attraktiver machen,
somit begünstigen.

Der Markt generiert zwar systemisch bedingte Betrugsrisiken, aber auch im
Wettbewerb zwischen den Nationalökonomien gibt es starke Anreize, jede Form
von Kriminalität zurückzudrängen. So begünstigte die Ächtung von Gewalt die Entwicklung einer erfolgreichen Marktwirtschaft, sodass sich evolutionär die weniger
gewaltbelasteten Nationalökonomien im internationalen und zunehmend globalen
Handel durchsetzen.[4] Erst durch Absicherung langer Transportwege wurde überhaupt ein großräumiger und Landesgrenzen überschreitender Handel möglich. Der
Erfolg wirtschaftlicher Bündnisse zwischen Städten wie der *Hanse* lag in der Schaffung einer Rechtssicherheit und somit eines Vertrauens, das auch in der Gewährleistung einer Gewaltfreiheit zwischen weit voneinander entfernten Handelspartnern
begründet war.[5] Ähnliche Handelsvorteile konnten andere ethnische oder religiös
begründete Gemeinschaften für sich nutzen, wie Griechen im Osmanischen Reich,
Amish People oder Juden. Ihre gesellschaftliche Ausgrenzung förderte den inneren
Zusammenhalt und somit das für einen florierenden Handel erforderliche Vertrauen.[6]

Nicht nur die Gewalt-, sondern auch die Betrugskriminalität unterminiert die
Entwicklung eines generalisiertes Vertrauens, das entscheidend zum Wohlstand
der Nationen beiträgt: „… if widespread levels of citizen trust exist in society, this
serves to reduce transaction costs in the market economy, it helps to minimizes
the deadweight burdens of enforcing and policing agreements, and holds down the
diseconomies of fraud and theft. Thus, it can be argued that trust greatly facilitates
economic and social relationships."[7]

Im internationalen Wettbewerb der Nationalökonomien befinden sich somit auch
wirtschaftlich gesehen alle im Vorteil, die Betrug, aber auch Gewaltkriminalität möglichst weit zurückdrängen und somit ein höheres Level generalisierten Vertrauens
schaffen.[8] So gelten „High-trust Societies" als innovations- und risikofreudiger.[9] Zwar
gedeihen illegale Märkte ebenfalls durch den Welthandel und allgemein durch die
Internationalisierung der Märkte,[10] aber die Globalisierung ist durchaus ein Verbünde-
ter der Kriminalitätsbekämpfung. Stark kriminalitätsbelastete Länder haben ein gra-
vierendes Entwicklungsproblem und die Globalisierung verschärft ihre Kriminalitätsbelastung, während alle weniger belasteten Länder schneller prosperieren.

---

[3] Vgl. *North* (1990), S. 30.

[4] Vgl. *Elias* (1976).

[5] Bertelsmann Chronik (Hrsg.) (2011); *Isenmann* (2014), S. 315 ff.

[6] *Elwert* (1987), S. 309; *Diekmann* (2007), S. 47–65.

[7] *Whiteley* (2000), S. 443.

[8] Geldwäsche gehört allerdings nicht hierzu wie noch zu begründen sein wird.

[9] Vgl. *Whiteley* (2000), S. 451 f.; Überblick *Bussmann* (2016b), Rn. 946 ff.

[10] *El-Samalouti* (2011), S. 135 ff.

13.2 Korruption

Auch bei der Korruption handelt es sich um ein systemisches Delikt, da sie dem bestechenden Unternehmen einen Wettbewerbsvorteil verschafft. Dem Markt selbst wohnt ein Korruptionsanreiz inne. Allerdings handelt es sich bei der Bestechung von öffentlichen oder privaten Auftraggebern nur um ein Plan-B, um ein Geschäftsmodell, das nicht auf ein überzeugendes Preis-Leistungsverhältnis setzt, nicht auf Qualität. Daher verursachen Bestechungszahlungen auf Seiten der bestechenden Unternehmen zusätzliche Kosten, sodass sie nur aus kurzfristiger Sicht von Vorteil sind. Ähnlich wie beim Betrug ist somit auch bei der Korruption die Interessenlage der Unternehmen ambivalent.[11]

Aus volkswirtschaftlicher und gesellschaftlicher Sicht ist die Bilanz indes eindeutig negativ. Korruption unterminiert die gesamten staatlichen Strukturen und zerstört die unabhängige Rationalität der einzelnen Funktionssysteme wie Justiz, Politik oder Medien. Die wirtschaftliche Leistungsfähigkeit einer Nationalökonomie leidet im Vergleich zu weniger korruptionsbelasteten.[12] Demgegenüber erzeugt eine prosperierende Wirtschaft einen Wohlstand, der zugleich Bildungschancen ermöglicht und im Zuge des globalen Wettbewerbs der Nationalökonomien zugleich auch erfordert. Mit wachsender Bildung wird nicht nur das weitere Wirtschaftswachstum gefördert, sondern ein intergenerationeller kultureller Wandel eingeleitet,[13] der das Problembewusstsein der Bürger über Ursachen und Schädlichkeit von Korruption fördert.

Zudem unterstützt die Marktwirtschaft selbst einen Wertewandel. Zwar vermögen die marktwirtschaftlichen Werte Freiheit, Gewaltfreiheit, Gleichheit und Toleranz keinesfalls ein Korruptionsverdikt durchzusetzen. Aber die Marktwirtschaft trifft eine Achillesferse der Korruption, indem sie den Boden für den Wert der Gleichheit vorbereitet. Individualistische Wertorientierungen gewinnen die Oberhand und verdrängen kollektivistische Orientierungen, die Vetternwirtschaft, Klientelismus und Korruption begünstigen. Die Idee der freien Marktwirtschaft konfligiert latent mit hoher Machtdistanz und hierarchisch strukturierten Gesellschaftsformationen. In den Entwicklungsländern wird vor allem die bürgerliche Mitte diesen emanzipatorischen Effekt der sozio-ökonomischen Entwicklung erfahren und sich gegen Korruption auflehnen.[14]

Obwohl es sich bei Korruption um ein systemisches Delikt handelt, das durch Wettbewerb gerade gefördert wird, wirkt sich paradoxerweise die *Globalisierung* korruptionshemmend aus: je geringer die Korruptionsbelastung in einer Nationalökonomie ist, desto besser kann sie sich auf dem Weltmarkt durchsetzen. Die Globalisierung erzeugt Verlierer und Gewinner im gesellschaftlichen Kampf gegen Korruption. Sogar mit dem Risiko, dass sich wirtschaftlich unterentwickelte Länder mit eigener Kraft kaum aus ihrem Korruptionssumpf befreien können.

---

[11] Vgl. *Pies* (2005), S. 63 ff.

[12] *Lambsdorff* (2007), S. 71 f.

[13] *Inglehart und Welzel* (2005), S. 25.

[14] *Inglehart und Welzel* (2005), S. 25.

Im Verbund mit einer effektiven strafrechtlichen Verfolgung können sich allerdings zusätzliche marktwirtschaftliche Anreize zur Implementation eines entsprechenden Compliance Systems entwickeln. Internationale Großunternehmen, getrieben vor allem durch den strengen US-amerikanischen FCPA, haben begonnen, eine Anti-Corruption Policy auch in der Lieferkette durchzusetzen.[15] Insgesamt gesehen dürfte die Korruption daher weltweit sehr viel schneller zurückgedrängt werden, als es beim Betrug möglich ist.

13.3   Kartellrechtsverstöße

Wettbewerbswidrige Absprachen sind ebenfalls systemisch bedingt, da es sich für Unternehmen um ein vollkommen normales und rationales Marktverhalten handelt,[16] welches nur durch das Recht unterbunden wird. Wenn Unternehmen Preisabsprachen treffen oder Märkte aufteilen, versuchen sie, aus ihrer Mikroperspektive einen möglichst hohen Preis durchzusetzen, die damit verbundene Rechtsverletzung stellt für sie nur einen Kollateralschaden dar.[17] Um im Markt erfolgreich zu sein, bieten ihnen wettbewerbswidrige Absprachen von Preisen oder Marktanteilen usw. eine gute Alternative, die mit nur geringen Transaktionskosten für die Bildung und Aufrechterhaltung des Kartells verbunden sind. Hingegen erlaubt das Kartell die Absicherung von Gewinnmargen. Das Bundeskartellamt schätzt die durch Kartelle erzielten Preisaufschläge auf 10 bis 25 %, internationalen Studien zufolge bewegen sie sich in einer ähnlichen Größenordnung.[18]

Kartelle zeigen überdies nicht nur eine hohe Stabilität, sondern es besteht außerdem ein hohes Rückfallrisiko. Bereits frühe Studien aus den vierziger Jahren der USA enthüllten die hohen Risiken und wiesen die Normalität von Kartelldelikten nach. In einer Studie aus den vierziger Jahren hatten 86 % der untersuchten US-Unternehmen in 306 Fällen wettbewerbswidrige Absprachen getroffen und bei 73 % handelte es sich um Wiederholungstäter. Kartelle weisen somit nicht nur einen hohen Organisationsgrad auf bspw. über eine auch in dieser Hinsicht „konstruktive" Verbandsarbeit, sondern sie sind wie in jeder Wettbewerbssituation in der Lage, aus Fehlern zu lernen. Derartige Lerneffekte beziehen sich u. a. auf das Instrumentarium des Kartells, Produktionsmengen und Preise einzelner Teilnehmer zu überwachen und so deren Fähigkeit zu beschränken, die getroffenen Vereinbarungen zu unterwandern. Insbesondere die Einrichtung von Institutionen im Stile einer gemeinsamen Verkaufsagentur oder Handelsvertretung sind in diesem Zusammenhang zu nennen.[19]

Ebenso zeigen Studien, dass Kartelle für ihre Teilnehmer Anreize zur Kooperation setzen oder Bestrafungsmechanismen einrichten, um einen Ausstieg aus dem

---

[15] *Bussmann et al.* (2016), S. 236–240.

[16] *Bussmann* (2013), S. 49–62; *Utton* (2011), S. 20 ff., 31 ff.

[17] *Sutherland* (1983), S. 260.

[18] Abrufbar unter: <https://www.n-tv.de> → Suche: 9885666; *Utton* (2011), S. 74.

[19] *Levenstein und Suslow* (2006), S. 43–95. *Utton* (2011).

Kartell für einzelne Unternehmen unattraktiv zu machen. Derartige Anreize bestehen etwa in Kompensations- oder Ausgleichszahlungen an einzelne Kartellteilnehmer, wenn diesen aufgrund von unerwarteten Nachfrageschwankungen ein wirtschaftlicher Nachteil entstanden ist oder sie im Rahmen einer öffentlichen Ausschreibung zu Gunsten eines anderen Unternehmens einen Auftrag bewusst „verloren" haben.[20] Da die Bedeutung einer stabilen Marktsituation für den weiteren Fortbestand eines Kartells häufig von diesem selbst erkannt wird, gibt es außerdem Bemühungen, den eigenen Absatzmarkt durch die Einführung von Eintrittsbarrieren zu erschweren. Möglichkeiten zur Errichtung formeller Barrieren sind extensive Lobbytätigkeiten zur Durchsetzung protektionistischer Maßnahmen durch den Gesetzgeber. Informelle Barrieren bestehen dagegen vor allem in der Durchsetzung einer aggressiven Preispolitik aller Kartellteilnehmer gegenüber neuen Wettbewerbern.[21]

In einem Kartellmarkt gibt es somit stabilisierende Maßnahmen, sodass Kartelle sehr langlebig sein können. Insofern ähneln die Anreizmuster in den Kartellmärkten denen im Kontext der Geldwäsche, es gibt nur schwache Anreize bestehende Kartelle wieder aufzukündigen. Alle Beteiligten profitieren von dem Rechtsbruch. Allerdings sind Kartellanten dann für Anreize zu einem Kartellausstieg empfänglich, wenn die Vorteile überwiegen. Das Kartellrecht unterbreitet daher mit den nationalen und europarechtlichen *Bonus- bzw. Kronzeugenregelungen* Angebote zu einem Ausstieg unter der Bedingung der uneingeschränkten Kooperation mit der Behörde.[22] Der Ausstieg erhält somit einen attraktiven Preis und es entsteht auf diese Weise ein Markt für Bonushöhen. Der erste Kronzeuge kann unter bestimmten Voraussetzungen auf eine vollständige Bußgeldfreiheit hoffen, alle nachfolgenden zumindest auf eine Reduzierung. Mit großem Erfolg wird von Kartellanten diese Kronzeugenregelung in Anspruch genommen (Abb. 13.1):

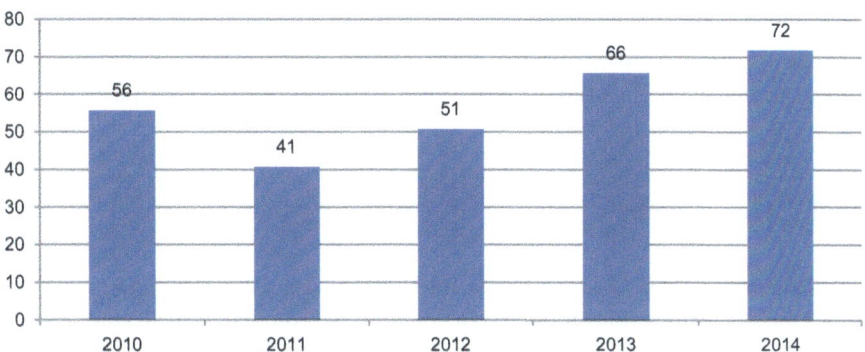

Abb. 13.1 Gesamtanzahl der Bonusanträge im Zeitraum von 2010 bis 2014[23]

---

[20] *Genesove und Mullin* (2001); *Levenstein und Suslow* (2006).

[21] *Morton* (1997), S. 679–724.

[22] *Bundeskartellamt* (2006), Bekanntmachung Nr. 9/2006.

[23] Bundeskartellamt, Tätigkeitsbericht des Bundeskartellamts 2013/2014, 24.

Bonus- bzw. Kronzeugenregelungen erhöhen die Risiken, ein Kartell zu bilden, alle Kartellmitglieder befinden sich in einem Gefangenendilemma und sind einer Art Windhund-Rennen ausgesetzt. Der erste gewinnt die Straffreiheit, während alle anderen sanktioniert werden.[24] Das Recht setzt somit nicht auf bloße strafrechtliche Repression, sondern bedient sich mit der Kronzeugenregelung eines künstlichen Marktmechanismus, um Kartellmärkte wirksamen bekämpfen zu können.

Erst als Folge ist in einem längeren Prozess eine entsprechende Sozialisation der Manager in den Unternehmen zu erwarten, sodass trotz kurzfristiger Marktvorteile die Einhaltung von Wettbewerbsregeln im Sustainability und Compliance Management fest verankert wird.[25] Fraglich ist, ob ähnlich wie bei der Korruption, ein unterstützender Effekt der Globalisierung anzunehmen ist. Viel spricht dafür, denn aus Sicht der Ökonomik besteht ein erheblicher Wettbewerbsnachteil für Nationalökonomien, die durch Wettbewerbskriminalität sowohl ihre Wirtschaftlichkeit als auch Innovationskraft einbüßen. Ähnlich wie bei der internationalen Korruption, hielt man noch in den 30er Jahren Kartelle der nationalen Unternehmen zur Förderung heimischer Unternehmen gegenüber dem internationalen Wettbewerb für unvermeidlich und sinnvoll. Erst nach dem zweiten Weltkrieg begann man in der Wissenschaft und Politik die Vorteile einer weltweiten freien Marktwirtschaft zu erkennen und die negativen sozialen und volkswirtschaftlichen Folgen einer mangelnden Wettbewerbsfähigkeit aufgrund von Kartellbildungen rückten in den Fokus.[26]

Gleichwohl kann sich der Markt, wie auch bei der Bekämpfung der Korruption, offenkundig nicht allein ohne Unterstützung durch eine staatliche Prohibition wettbewerbsschädlicher Absprachen befreien. Die Bekämpfung von Kartellbildungen ist vielmehr in noch stärkerem Umfang von den strafrechtlichen Mitteln wie der Kronzeugenregelung abhängig, da die Bildung von Kartellen allein innerhalb marktwirtschaftlicher Kontexte erfolgt und nicht durch Wertekulturen und gesellschaftliche Strukturen wie korrupte Politik, Justiz, fehlende Medien usw. begünstigt wird. Auch sind die Auswirkungen von Kartellen für die Bevölkerung noch schwerer, als bei der Korruption erkennbar, sodass auch im Zuge einer wachsenden bürgerlichen Bildungsschicht keine vergleichbaren politischen Bewegungen gegen Marktabsprachen zu erwarten sind.

13.4   Geldwäsche

Die Bekämpfung der Geldwäsche ist im Vergleich zur Zurückdrängung anderer systemischer Kriminalitätsformen wie Betrug, Korruption und Kartelldelikte eine besondere Herausforderung. Bei dem Delikt der Geldwäsche sind keine

---

[24] Allerdings könnte aus spieltheoretischer Sicht das Risiko bestehen, dass derartige Privilegierungen auch zu Wettbewerbsverzerrungen führen können, wenn Kartelle bewusst eingegangen werden, um später als Kronzeuge zum Schaden aller anderen straffrei auszusteigen, *Blum et al.* 2008.

[25] *Bussmann* (2011), S. 70 ff.

[26] *Utton* (2011), S. 31 ff. u. 42.

vergleichbaren marktwirtschaftlichen Mechanismen zu erkennen. Im Unterschied zum Betrug gefährdet der Händler, der inkriminierte Gelder akzeptiert, keine Kundenbindung, es gibt niemanden der sich betrogen fühlen könnte. Wie auch bei der Korruption handelt es sich um ein sog. opferloses Delikt. Der gleichwohl aufgrund der rechtlichen Verbote auf Seiten des Empfängers entstehende Schaden in Höhe des Bestechungsgeldes oder hier des gewaschenen Vermögenswertes drängt sich nicht auf. Vielmehr werden inkriminierte Gelder im Rahmen normaler Transaktionen angenommen, weder wird betrogen noch werden Bestechungsgelder gezahlt. Auch wird kein Kartell gebildet, das auf Seiten der Verbraucher in der Regel zu höheren Preisen führt.

Auch ist das Delikt der Geldwäsche normalerweise nicht Teil einer bestimmten Geschäftsstrategie, wie bei den anderen zuvor genannten Kriminalitätsformen, sondern im Handel eingebettet. Allein die Annahme von Vermögenswerten trotz verdächtiger Herkunft wird kriminalisiert, ihre Akzeptanz unterscheidet sich daher nicht von legalen Transaktionen. Dem Recht kommen daher im legalen Markt, anders als bei der Korruption und beim Betrug, keine vergleichbaren Marktmechanismen zugute. Auch kann das Rechtssystem der Geldwäsche, anders als im Kartellrecht, keine kronzeugenähnlichen Anreize anbieten, eine Vergütung für Verdachtsmeldungen von Verpflichteten durch irgendwelche Vorteile kommt nicht in Betracht. Das Recht ist auf pure Repression angewiesen, indem Bußgeldzahlungen für unterlassene Verdachtsmeldungen verhängt oder gar als Straftat nach § 261 StGB strafrechtlich verfolgt werden.

Anreize inkriminierte Vermögenswerte zurückzuweisen und Verdachtsmeldungen abzugeben, werden derzeit allein repressiv motiviert. Zudem unterliegt der Nicht-Finanzsektor, anders als im Finanzsektor, keiner vergleichbaren Kontrolle, wie dort durch die BaFin und aus strukturellen Gründen ist eine vergleichbare Kontrollintensität auch kaum zu erwarten. Allenfalls ist eine Verbesserung durch den Ausbau bzw. Aufbau einer *Zentralstelle für Finanztransaktionsuntersuchungen* und der Aufsichtsbehörden zu erhoffen (Abschn. 12.4), aber auch diesbezüglich bestehen Zweifel.

Auch aus einer volkswirtschaftlichen und gesellschaftlichen Perspektive ist die Globalisierung, anders als bei der Korruption und den wettbewerbsschädlichen Absprachen, nicht unbedingt der Feind der Geldwäsche. Im Gegenteil, hochentwickelte Industrieländer dienen gerade als sichere und lukrative Häfen für die internationale Geldwäsche. Wirtschaftlicher Wohlstand erweist sich bei diesem Delikt nicht als protektiver Faktor wie es bei der Korruption der Fall ist. Vielmehr werden inkriminierte Vermögenswerte vom nationalen Wohlstand geradezu magnetisch angezogen (Abschn. 1.2).

Zwar trägt Geldwäsche auch in industrialisierten Ländern u. a. zur Wettbewerbsverzerrung bei, sodass das wirtschaftliche Potenzial einer funktionierenden Marktwirtschaft nicht ausgeschöpft werden kann. Aber stark kriminalitätsbelastete Länder haben in doppelter Hinsicht gravierende Entwicklungshemmnisse. Zum einen verschärft die Globalisierung ihre Kriminalitätsbelastung mit dem verbundenen Verlust an generalisierten Vertrauen und zum anderen werden die aus Kriminalität erwirtschafteten Vermögenswerte in die sichren Häfen der prosperierenden

Industrieländer transferiert. Die internationalen Kapitalströme der Geldwäsche
befeuern den Wohlstand weniger kriminalitätsbelasteter Länder. Geldwäsche vertieft somit den Abstand zwischen den Nationalökonomien in sehr viel stärkerem
Ausmaß als es bei Betrug oder Korruption wohl der Fall sein dürfte. Insbesondere
sind die wirtschaftlichen Nachteile der Geldwäsche auch auf Seiten der Industrieländer als primäre Benefiziare der globalen Geldwäsche zu gering, genaugenommen offenbar zu schwer zu verstehen, um ein Problembewusstsein zu entwickeln.

Generell muss man von einem *Marktversagen* bei allen systemischen Kriminali-
tätsformen ausgehen. Der Markt vermag zwar zur Zurückdrängung von Raub und
Diebstahl beizutragen, aber nicht eigenständig bei systemischer Kriminalität wie
Betrug, Korruption, Kartelldelikte und Geldwäsche. Nur im Verbund mit Sanktions-
kosten aufgrund strafrechtlicher Verfolgung können überhaupt marktwirtschaftliche
Mechanismen ihre präventive Kraft gegenüber systemischer Kriminalität entfalten.
Sind diese bei Betrug und Korruption noch relativ wirkmächtig, sind sie bei Kartell-
delikten schon deutlich schwächer, und bei der Geldwäsche kaum noch erkennbar.
Im Gegenteil, die Marktwirtschaft befeuert gegenwärtig die Geldwäsche, national
wie global.

Ein marktwirtschaftlicher Mechanismus ist derzeit allein in der technologisch
und wirtschaftlich motivierten Zurückdrängung des *Bargelds* im Zuge der wachsenden Nutzung digitaler Zahlungsmittel zu erwarten.[27] Allerdings sollte diese Entwicklung durch die Einführung einer Bargeldhöchstgrenze sowohl in den Industriestaaten als auch in den Entwicklungsländern beschleunigt werden. Denn hierdurch
kann sich die Bekämpfung der Geldwäsche weiter auf den insoweit effizienteren
Finanzsektor verlagern, der über entwickelte Anti-Money-Laundering Compliance Systeme verfügt und staatlicher Regulierung sehr viel besser zugänglich ist.
Im Nicht-Finanzsektor verfügen wir nur über vergleichsweise relativ schwache
Instrumentarien.

Aber auch im Nicht-Finanzsektor kann die Implementierung von AML-Compliance Systemen, wie bereits im Finanzsektor, die Risiken minimieren (Abschn. 8.2
und 12.5). Solange noch keine gesetzliche Verpflichtung hierzu besteht, sind wir
primär auf die Entwicklung eines Problembewusstseins bei den Verpflichteten
im Nicht-Finanzsektor angewiesen, eine unterstützende Verantwortung für die
Bekämpfung von Kriminalität zu übernehmen. Die Voraussetzungen hierfür sind
derzeit allerdings recht ungünstig, die Ergebnisse der vorliegenden Studie sind
ernüchternd. Nachhaltiges Wirtschaften und *Corporate Social Responsibility* sind
zwar weiterhin hoch im Kurs jedes Marketings, wenn hingegen eigene Geschäftsinteressen tangiert sind, erlahmt der soziale Elan.

Womöglich gelingt es durch zusätzliche umfangreiche *Aufklärungsprogramme*
in der Bevölkerung, ein Problembewusstsein zu entwickeln und indirekt Druck auf
die Wirtschaft auszuüben, die auf ihre Reputation bedacht ist. Aber auch hier hat die
erste mediale Diskussion über die Einführung einer Höchstgrenze für Bargeldtransaktionen kein größeres Problembewusstsein offenbart. Die Kriminalitätsformen,

---

[27] Vgl. a. *Rogoff* (2016).

die durch das Verbot der Geldwäsche bekämpft werden sollen, lösen offenkundig zu wenig Betroffenheit auf Seiten der Bürger und wohl auch vieler Journalisten aus. Die OK gelangt in Ländern wie Deutschland nur ins öffentliche Bewusstsein bei hierzulande sehr seltenen blutigen Straftaten, von Süditalien oder Osteuropa sind wir mental weit weg. Man erkennt diesen Effekt auch daran, dass allein die Gefahren des Terrorismus eine Aufmerksamkeit für die Notwendigkeit einer effektiven Geldwäschebekämpfung zu erzeugen vermögen.

Zusammenfassend ist zu konstatieren, die Voraussetzungen für eine wirksame Geldwäschebekämpfung sind derzeit im Nicht-Finanzsektor sehr defizitär. Allein es bleibt der Versuch, die Kosten der Geldwäsche durch ein System der Verdachtsmeldungen zu erhöhen. Aber die Geldwäsche ist gegenwärtig noch mit zu geringen Kosten verbunden, um nachhaltige Auswirkungen auf die Vortaten zu haben, die mit dem Verbot zurückgedrängt werden sollen. Marktwirtschaftliche Unterstützung ist bei der Bekämpfung der Geldwäsche noch kaum in Sicht. Ohne eine Unterstützung der privaten Wirtschaft, der nunmehr großenteils gesetzlich hierzu Verpflichteten, kann das Präventionspotenzial nur unzureichend entfaltet werden.[28]

Der Gesetzgeber verschärft zwar permanent sein Regelungsinventar – im StGB, im GWG und durch die Schaffung eines Transparenzregisters, aber am Ende droht jede Gesetzgebung in bloßer Symbolik zu versinken, wenn es an der Akzeptanz und Awareness bei den Rechtsadressaten fehlt. Hieran fehlt es aufgrund der vielfach entgegenstehenden geschäftlichen Interessen, aber auch an einem mangelnden Verständnis der weitreichenden negativen Folgen der Geldwäsche. Ohne Akzeptanz und Awareness kann indes auch das perfekteste Gesetz keine Wirkung entfalten.[29] Die große Mehrheit der juristischen Fachaufklärung, insbesondere zum GWG, beschränkt sich indes auf eine feinziselierte Vermittlung rechtlicher Pflichten und Besonderheiten. Man lernt die Pflicht, aber kaum ein Verständnis für die zumeist ungeahnten ökonomischen und gesellschaftlichen Dimensionen der Geldwäsche. Auch die Aufklärungsbroschüren der Berufs- und Unternehmensverbände konzentrieren sich in der Regel auf die Vermittlung (neuer) rechtlicher Obliegenheiten, während das Werben um Akzeptanz zu kurz kommt. Rechtstechnisch sind wir bei der Bekämpfung der Geldwäsche mittlerweile weit entwickelt, allein unsere soft skills hinken noch stark hinterher.

---

[28] Vgl. Zur Bedeutung der Selbstregulation in der Privatwirtschaft s.a. *Unger* (2013), S. 29.

[29] Eine Trivialität, die an dieser Stelle keiner Belege aus dem reichhaltigen Fundus der rechtssoziologischen Forschung bedarf.

Literatur

Albanese, Jay. S. (2008): *Risk Assessment in Organized Crime. Developing a Market and Product-Based Model to Determine Threat Levels*, Journal of Contemporary Criminal Justice, Vol. 24 S. 263–273.

Akerlof, George A. (1970), *The Market for "Lemons": Quality Uncertainty and the Market Mechanism*, Quarterly Journal of Economics Vol. 84, 488–500.

Andreoni, James/Erard, Brian/Feinstein, Jonathan (1998), *Tax Compliance*, Journal of Economic Literature, Vol. 36, No.2, S. 818–860.

Arzt, Gunther (2004): *Dolus eventualis und Verzicht*, in: Rogall, Klaus/Puppe, Ingeborg/Stein, Ulrich/Wolter Jürgen (Hrsg.), Festschrift für Hans-Joachim Rudolphi zum 70. Geburtstag, S. 3–14.

BaFin (2017): BaFinJournal – Informationen der Bundesanstalt für Finanzdienstleistungsaufsicht 03/2017, abrufbar unter: <www.bafin.de> → Publikationen & Daten → BaFinJournal → Alle Ausgaben des BaFinJournals → BaFinJournal März 2017 (Stand: 16.05.2017).

Basel Institute on Governance (2016): Basel AML Index 2016 – Report, abrufbar unter <www.index.baselgovernance.org> → Download the 2016 Basel Index Report (Stand: 15.06.2017).

Barton, Stephan (1993): *Das Tatobjekt der Geldwäsche: Wann rührt ein Gegenstand aus einer der im Katalog des § 261 I Nr. 1-3 StGB bezeichneten Straftaten her?*, NStZ, S. 159–165.

Behrens, Timo/Brombacher, Daniel (2015): *Transnationale Organisierte Kriminalität*, in: Jäger, Thomas (Hrsg.), Handbuch Sicherheitsgefahren, S. 135–146.

Bennett, Barbara/Conover, Douglas/O'Brien, Shaun/Advincula, Ross (2014): *Cash Continues to Play a Key Role in Consumer Spending: Evidence from the Diary of Consumer Payment Choice*, abrufbar unter: <www.frbsf.org> → Search: "Cash Continues to Play a Key Role in Consumer Spending" → First Result → Download [PDF] (Stand: 16.05.2017).

Bertelsmann Chronik (Hrsg.) (2011): *Die Hanse, Mythos des Spätmittelalters*.

Bianchi, Pietro A./Marra, Antonio/Masciandaro, Donato/Pecchiari, Nicola (2017): *Is it Worth Having the Sopranos on Board? Corporate Governance Pollution and Organizesd Crime: The Case of Italy*, BAFFI CAREFIN Centre Research Paper Series, No 2017-59.

Bitcoincharts.com (2013): *Pricechart*, abrufbar unter: <www.bitcoincharts.com> → Charts → Symbol: „Mt.Gox (USD)" → Time Period: „All Data" / „Weekly"→ Chart Type: "Median Price" (Stand: 26.01.2014).

BKA (Hrsg.) (2012): Fachstudie – Geldwäsche im Immobiliensektor in Deutschland, abrufbar unter: <www.bka.de> → Suche: "Fachstudie – Geldwäsche im Immobiliensektor in Deutschland" → Fachstudie – Geldwäsche im Immobiliensektor in Deutschland (Stand: 30.08.2016).

© Springer-Verlag GmbH Deutschland, ein Teil von Springer Nature 2018
K.-D. Bussmann, *Geldwäscheprävention im Markt*,
https://doi.org/10.1007/978-3-662-56185-0

BKA (Hrsg.) (2014): *Bundeslagebild Organisierte Kriminalität*, abrufbar unter: <www.bka.de> → Aktuelle Informationen → Statistiken und Lagebilder → Lagebilder und Jahresberichte → Bundeslagebilder Organisierte Kriminalität → Bundeslagebild Organisierte Kriminalität 2014 (Stand: 13.03.2017).

BKA (Hrsg.) (2014): Jahresbericht 2013, FIU Deutschland, abrufbar unter: <www.bka.de> → Aktuelle Informationen → Statistiken und Lagebilder → Lagebilder und Jahresberichte → Jahresbericht der Financial Intelligence Unit (FIU) Deutschland → Financial Intelligence Unit (FIU) Deutschland – Jahresbericht 2013 (Stand: 29.08.2016).

BKA (Hrsg.) (2015): Jahresbericht 2014, (FIU) Deutschland, abrufbar unter: <www.bka.de> → Aktuelle Informationen → Statistiken und Lagebilder → Lagebilder und Jahresberichte → Jahresbericht der Financial Intelligence Unit (FIU) Deutschland → Financial Intelligence Unit (FIU) Deutschland – Jahresbericht 2014 (Stand: 29.08.2016).

BKA (Hrsg.) (2016): Polizeiliche Kriminalstatistik (PKS) – Jahrbuch Band 1 – Fälle, Aufklärung, Schaden, Abrufbar unter: <www.bka.de> → Aktuelle Informationen → Statistiken und Lagebilder → Polizeiliche Kriminalstatistik (PKS) → PKS 2016 → PKS 2016 – Jahrbuch Band 1 – Fälle Aufklärung Schaden (Stand: 16.08.2017).

Blanke, Arne (2016): Die 'Kontamination' unbemakelter Vermögenswerte durch Vermischung bemakelten und unbemakelten Vermögens im Rahmen von § 261 StGB aus strafrechtsdogmatischer und kriminologischer Sicht, unveröffentlichte juristische Abschlussarbeit, Halle (Saale).

BMF (2016): Referentenentwurf des Bundesministeriums der Finanzen, Entwurf eines Gesetzes zur Umsetzung der Vierten EU-Geldwäscherichtlinie, zur Ausführung der EU-Geldtransferverordnung und zur Neuorganisation der Zentralstelle für Finanztransaktionsuntersuchungen, 15.12.2016,abrufbar unter: <www.betriebs-berater.ruw.de> → Suchen im Archive: „BMF: Gesetz zur Umsetzung der Vierten EU-Geldwäscherichtlinie" → BMF: Gesetz zur Umsetzung der Vierten EU-Geldwäscherichtlinie und andere BB vom 13.01.2017 → BMF 15.12.2016 (Stand: 10.09.2017).

BMF (2017): *Aktionsplan gegen Steuerbetrug, trickreiche Steuervermeidung und Geldwäsche*, abrufbar unter: <www.bundesfinanzministerium.de> → Themen → Schlaglichter →Transparente und gerechte Besteuerung → Aktionsplan gegen Steuerbetrug (Stand: 06.03.2017).

BMUB (2016): abrufbar unter: <www.bmub.bund.de> → Themen → Stadt-Wohnen → Wohnungswirtschaft → Wohnungs- und Immobilienmarkt → Zahlen und Fakten (Stand: 28.06.2017).

Bausch, Olaf/Voller, Thomas (2014): *Geldwäsche-Compliance für Güterhändler*.

Blum, Ulrich/Steinat, Norbert/Veltins, Michael (2008): On the rationale of leniency programs: a game-theoretical analysis. European Journal of Law and Economics, Vol. 25, S. 209–229.

Bongard, Kai (2001): Wirtschaftsfaktor Geldwäsche, Analyse und Bekämpfung.

Bottke, Wilfried (1995): Teleologie und Effektivität der Normen gegen Geldwäsche (Teil 2), wistra, S.121–130.

Bräuninger, Michael/Silvia Stiller (2010): *Ökonomische Konsequenzen des Konsums von nicht in Deutschland versteuerten Zigaretten*, in: Hamburg Institute of International Economics (HWWI) (Hrsg.), Paper 1-28 des HWWI-Kompetenzbereiches Wirtschaftliche Trends.

Bruisma, Gerben/Bernasco, Wim (2004): *Criminal groups and transnational illegal markets. A more detailed examination on the basis of Social Network Theory*, Crime, Law & Social Change Vol. 41, S. 79–94.

BSI (2016): *Die Lage der IT-Sicherheit in Deutschland*.

Buehn, Andreas/Schneider, Friedrich (2013): *A preliminary attempt to estimate the financial flows of transnational crime using MIMIC method.*, in: Unger, Brigitte/van der Linde, Daan (Hrsg.), Research handbook on money laundering, S. 172–189.

Bundeskartellamt (2006), Bekanntmachung Nr. 9/2006 über den Erlass und die Reduktion von Geldbußen in Kartellsachen – Bonusregelung – vom März 2006, abrufbar unter: <www.bundeskartellamt.de> → Kartellverbot → Bonusregelung → Download Bonusregelung → [PDF] (Stand: 06.09.2017)

Bundeskartellamt (2014), Tätigkeitsbericht 2013/2014, abrufbar unter: <www.bundeskartellamt. de> → Publikationen → Tätigkeitsberichte → Tätigkeitsbericht 2013/2014 → [PDF] (Stand: 06.09.2017).

Bussmann, Kai-D. (2007): *The Control-Paradox and the Impact of Business Ethics: A Comparison of US and German Companies*, Monatsschrift für Kriminologie und Strafrechtsreform 2007, Jg. 90, S. 260-276.

Bussmann, Kai-D. (2011): *Sozialisation in Unternehmen durch Compliance*, in: Schröder, Christian/Hellmann, Uwe (Hrsg.), Festschrift für Hans Achenbach, S. 57-82.

Bussmann, Kai-D. (2013), *Wettbewerbskriminalität*, in: Boers, Klaus/Feltes, Thomas/Kinzig, Jörg /Sherman, Lawrence W./Streng, Franz/Trüg, Gerson (Hrsg.), Kriminologie - Kriminalpolitik - Strafrecht. Festschrift für Hans-Jürgen Kerner zum 70. Geburtstag, S. 49-62.

Bussmann, Kai-D. (2016a): *Integrität durch nachhaltiges Compliance Management über Risiken, Werte und Unternehmenskultur*, Corporate Compliance Zeitschrift, S. 50-57.

Bussmann, Kai-D. (2016b): *Wirtschaftskriminologie I, Grundlagen – Markt- und Alltagskriminalität*.

Bussmann, Kai-D./Vockrodt, Marcel (2016): *Geldwäsche-Compliance im Nicht-Finanzsektor: Ergebnisse aus einer Dunkelfeldstudie*, Compliance Berater 2016, Heft 05, S. 138–143.

Bussmann, Kai-D./Salvenmoser, S./Jeker, M. (2016): *Compliance ist im Markt, aber noch nicht im Recht – Ergebnisse aus einer Unternehmensbefragung*, CCZ 5/2016, 236–240.

Degenhardt, Louisa/Conroy, Elizabeth/Gilmour, Stuart/Collins, Linette (2005): *The Effect of a Reduction in Heroin Supply in Australia upon Drug Distribution and Acquisitive Crime*, British Journal of Criminology Vol. 45, S. 2–24.

Dick, Andrew R. (1995): *When does organized crime pay? A transaction cost analysis*, International Review of Law and Economics, Vol. 15, S. 25–45.

Diekmann, Andreas (2007): *Dimensionen des Sozialkapitals*, Kölner Zeitschrift für Soziologie und Sozialpsychologie, Sonderheft 47 (2007), S. 47–65.

Diergarten, Achim/Barreto da Rosa, Steffen (2015): *Praxiswissen Geldwäsche-Prävention. Aktuelle Anforderungen und Umsetzung in der Praxis*.

ECB (2011): *The use of euro banknotes – results of two surveys among households and firms*, in: Monthly Bulletin, European Central Bank, 04/2011, abrufbar unter: <www.ecb.europa.eu> → Research & Publications → Economic Bulletin → Monthly Bulletin → 2011 PDFs Apr (Stand: 16.05.2017).

Elias, Norbert (1976), *Über den Prozeß der Zivilisation, Bd. 2, Wandlungen der Gesellschaft: Entwurf zu einer Theorie der Zivilisation*.

El-Samalouti, Peter (2011): *Kriminalität und Sicherheit im Lichte der Globalisierung*, in: Mayer, Tilman/Meyer, Robert/Miliopoulos, Lazaros/Ohly, H. Peter/Weede, Erich [Hrsg.], Globalisierung im Fokus von Politik, Wirtschaft, Gesellschaft, S. 133–155.

Elwert, Georg (1987): *Ausdehnung der Käuflichkeit und Einbettung der Wirtschaft. Markt und Moralökonomie*, Kölner Zeitschrift für Soziologie und Sozialpsychologie, Sonderheft 28, S. 300–321.

Esser, Hartmut (2000): *Soziologie, spezielle Grundlagen*, Band 5: Institutionen.

European Commission (2009): *Final Study on the Application of the Anti-Money Laundering Directive*, abrufbar unter: <http://ec.europa.eu/internal_market/company/docs/financial-crime/20110124_study_amld_en.pdf> (Stand: 30.08.2016).

European Commission (2016): Directive of the European Parliament and of the Council, amending Directive (EU) 2015/849 on the prevention of the use of the financial system for the purposes of money laundering or terrorist financing and amending Directive 2009/101/EC, Brussels, 05.07.2016,Com(2016) 450 final, abrufbar unter: <http://www.europarl.europa.eu/RegData/docs_autres_institutions/commission_europeenne/com/2016/0450/COM_COM(2016)0450_EN.pdf> (Stand: 25.09.2017)

European Commission (2017): Report from the Commission to the European Parliament and the Council, on the assessment of the risks of money laundering and terrorist financing affecting the internal market and relating to cross-border activities, Brussels 26. 6.2017,COM(2017) 340 final, abrufbar unter: <http://ec.europa.eu/newsroom/document.cfm?doc_id=45319> (Stand: 25.09.2017)

FATF (2010): *Mutual Evaluation Report, Anti-Money Laundering and Combating the Financing of Terrorism*, Germany, 19 February 2010, abrufbar unter: <www.fatf-gafi.org> → Publications → Mutual Evaluations → Refine selection: Country: Germany → Mutual Evaluation of Germany 19 Feb 2010 (Stand: 29.08.2016).

FBI (2012): *Bitcoin Virtual Currency: Unique Features Present Distinct Challenges For Deterring Illicit Activity*, abrufbar unter: <www.cryptome.org> → Cryptome 2012 → May 2012 → 0318. pdf, (Stand: 26.01.2014).

Feinstein, Jonathan (1991): *An Econometric Analysis of Income Tax Evasion and its Detection*, RAND Journal of Economics, Vol.1, S. 14 – 35.

Ferwerda, Joras (2012), *The Multidisciplinary of Economics of Money Laundering*.

Fiedler, Sebastian (2017): *Öffentliche Anhörung zu dem Gesetzentwurf der Bundesregierung „Entwurf eines Gesetzes zur Umsetzung der Vierten EU-Geldwäscherichtlinie, zur Ausführung der EU-Geldtransferverordnung und zur Neuorganisation der Zentralstelle für Finanztransaktionsuntersuchungen - BT-Drucksache 18/11555 -*, abrufbar unter: <http://www.bundestag.de/> → Suche: „Stellungnahme BDK 23.April 2017" → Bund Deutscher Kriminalbeamter e.V., Sebastian Fiedler> (Stand: 16.05.2017).

Fiedler, Ingo/Krumma, Isabel/Zanconato, Ulrich Andreas/McCarthy, Killian/Reh, Eva (2017): *Das Geldwäscherisiko verschiedener Glücksspielarten*.

Fischer, Thomas (2017): *Strafgesetzbuch mit Nebengesetzen*, Beck`sche Kurz-Kommentare, 64. Auflage.

Forest, Adam/Sheffrin, Steven M. (2002): *Complexity and Compliance: An Empirical Investigation*, National Tax Journal, 55, S. 75 – 88.

Franzen, Wolfgang (2008): *Was wissen wir über Steuerhinterziehung? Teil 2: Empirische Forschung–außer Spesen nichts gewesen?*, Neue Kriminalpolitik, S. 94–101.

Genesove, David/Mullin, Wallace P. (2001): *Rules, Communication, and Collusion: Narrative Evidence from the Sugar Institute Case*.

Glyn, Davis (2002): *History of Money, From Ancient Times to the Present Day*.

Grinberg, Reuben (2012): *Bitcoin: an innovative alternative digital currency.*, Hastings Science & Technology Law Journal, 4, S. 159–207.

Hayek, Friedrich (1968): *Competition as a Discovery Procedure.*, Quarterly Journal of Austrian Economics 5(3): 9–23.

Herzog, Felix/Achtelik, Olaf/Nestler, Cornelius/Warius, Silke (Hrsg.) (2014), *Geldwäschegesetz*, Kommentar, 2. Auflage.

Herzog, Felix (2015): *Geldwäsche*, in: Achenbach, Hans/Ransiek, Andreas/Rönnau, Thomas (Hrsg.), Handbuch Wirtschaftsstrafrecht, 4. Auflage, S. 1779–1866.

Inglehart, Ronald/Welzel, Christian (2005): *Modernization, Cultural Change and Democracy, The Human Development Sequence*.

Isenmann, Eberhard (2014): *Die deutsche Stadt im Mittelalter 1150-1550*, 2. Auflage.

IW-Köln (2017): Institut der deutschen Wirtschaft Köln, *Schwarzarbeit und Schattenwirtschaft*, IW-Report 9-2017, Dominik Enste, abrufbar unter: <https://www.iwkoeln.de> → Studien → IW-Reports → 2017 → Seite 3 → Schwarzarbeit und Schattenwirtschaft → Download PDF.

Jahn, Matthias/Ebner, Markus (2009): *Die Anschlussdelikte – Geldwäsche (§§ 261 – 162 StGB)*, JuS, S. 597–603.

Joecks, Wolfgang/Miebach Klaus/Sander, Günther M. (Hrsg.) (2012): *Münchener Kommentar zum Strafgesetzbuch*, Band 4, §§ 185-263 StGB, 2. Auflage.

Joossens, Luk/Chaloupka, Frank J./Merriman, David/Yurekli, Ayda (2000): *Issues in the smuggling of tobacco products*, in: Prabhat, Jha/Chalupka, Frank J. (Hrsg.), Tobacco control in developing countries, S. 393-406.

Karstedt, Susanne (2015): *Charting Europe's moral economies: Citizens, consumers, and the crimes of everyday life*, in: van Erp, Judith/Huisman, Wim/Van de Walle, Gudrun (Hrsg.), The Routledge Handbook of White-Collar and Corporate Crime in Europe, S. 57-88.

Kleemans, Edward, R. (2014): *Theoretical perspectives on organized crime*, in: Paoli, Letizia (Hrsg.), The Oxford Handbook of Organized Crime, S. 32-53.

Lambsdorff, Johann (2007): *The Institutional Economics of Corruption and Reform, Theory, Evidence, and Policy*.

Lambsdorff, Johann/Beck, Lotte (2009): *Korruption als Wachstumsbremse*, in: Bundeszentrale für Politische Bildung (Hrsg.), Aus Politik und Zeitgeschichte 2009, Korruption, S. 19-25.

Leip, Carsten/Hardtke, Frank (1997): *Der Zusammenhang von Vortat und Gegenstand der Geldwä-sche unter besonderer Berücksichtigung der Vermengung von Giralgeld*, wistra 16, S. 281-285.

Levenstein, Margaret C./Suslow, Valerie Y. (2006): *What Determines Cartel Success?*, Journal of Economic Literature, Vol. 44, No. 1, S. 43–95.

Löwe-Krahl, Oliver (2012): *Geldwäsche*, in: Achenbach, Hans/Ransiek, Andreas (Hrsg.), Hand-buch Wirtschaftsstrafrecht, 3. Auflage, S. 1589-1617.

Martin, James (2014): *Lost on the Silk Road: Online drug distribution and the 'cryptomarket'*, Criminology and Crime Justice, Vol. 14, S. 351–367.

Mastrofski, Stephen/Potter, Gary (1987): *Controlling Organized Crime: A Critique of Law Enfor-cement Policy*, Criminal Justice Policy Review, Vol. 2, S. 269–301.

McDowell, John/Novis, Gary (2001): *The consequences of money laundering and financial crime*, Economic Perspectives, An Electronic Journal of the U.S. Department of State, Vol. 6, S. 6–10.

McIllwain, Jeffrey Scott (1999): *Crime, Organized crime: A social network approach*, Law & Social Change, Vol. 32, S. 301–323.

Meierhöfer, Volker (2009): *Der risikobasierte Überwachungsansatz aus Sicht des Geldwäschebe-auftragten*, in: Berndt, Michael (Hrsg.), Risikobasierte Geldwäsche-Prävention, Aktuelle Ver-änderungen bei Sicherungsmaßnahmen und Kundensorgfaltspflichten, S. 1-42.

Meinzer, Markus (2015): *Steueroase Deutschland. Warum bei uns viele Reiche keine Steuern zahlen*.

Ministerium für Wirtschaft und Energie Land Brandenburg (2017): Zeitpunkt der Identifizierung für Immobilienmakler, abrufbar unter: <www.mwe.brandenburg.de> → Service und Bera-tung → Geldwäscheprävention → [PDF] Anwendungshinweise für Immobilienmakler (Stand: 10.05.2017).

Möser, Malte/Böhme, Rainer/Breuker, Dominic (2013): *An Inquiry into Money Laundering Tools in the Bitcoin Ecosystem*, abrufbar unter: <www.maltemoeser.de> → [PDF] An Inquiry into Money Laundering Tools in the Bitcoin Ecosystem (Stand: 13.03.2017).

Morton, Fiona Scott (1997): *Entry and predation: British shipping cartels 1879–1929*, Journal of Economics & Management Strategy, Vol. 6 No. 4, S. 679–724.

MPI für ausländisches und internationales Strafrecht (2004): *Gefährdung von Rechtsanwälten, Steuerberatern, Notaren und Wirtschaftsprüfern durch Geldwäsche*, abrufbar unter: <www. bmjv.de> → Search: "Gefährdung von Rechtsanwälten, Steuerberatern, Notaren und Wirt-schaftsprüfern durch Geldwäsche" → Gefährdung von Rechtsanwälten, Steuerberatern, Notaren und Wirtschaftsprüfern durch Geldwäsche → Herunterladen (Stand: 13.03.2017).

Müller, Nadja (2017), *Transparenz auf allen Ebenen – Zur Umsetzung der Vierten Geldwäsche-richtlinie – Teil 1*, NZWiSt, 87-99.

Nakamoto, Satoshi (2008). *Bitcoin. A Peer-to-Peer Electronic Cash System*, abrufbar unter: <www. bitcoin.org/bitcoin.pdf> (Stand: 26.01.2014).

North, Douglas. (1990), *Institutions, Institutional Change and Economic Performance*.

Obermayer, Bastian/Obermaier, Frederik (2016): *Panama Papers: Die Geschichte einer weltwei-ten Enthüllung*.

Paoli, Letizia (1995): *The Banco Ambrosiano Case: An Investigation into the Underestimation of the Relations between Organised and Economic Crime*, Crime, Law & Social Change, S. 345-365.

Paoli, Letizia (2013): *Die unsichtbare Hand des Marktes. Illegaler Drogenhandel in Deutschland, Italien und Russland*, Kölner Zeitschrift für Soziologie und Sozialpsychologie, Sonderheft 43, S. 356-383.

Pflaum, Ulrich (2014), *Steuerstrafrecht*, in: Wabnitz, Heinz-Bernd/Janovsky, Thomas, Handbuch des Wirtschafts- und Steuerstrafrechts, 4. Auflage, S.1219 ff.

Pies Ingo (2005): *Korruption: Diagnose und Therapie aus wirtschaftsethischer Sicht*, in: Jansen, Stephan A./Priddat, Birger P. (Hrsg.), Korruption, S. 63 ff.

Pinotti, Paolo (2015a): *The Causes and Consequences of Organized Crime: Preliminary Evidence Across Countries*, The Economic Journal, 125(586), F158 – F174.

Pinotti, Paolo (2015b): *The Economic Costs of Organized Crime: Evidence from Southern Italy*, The Economic Journal, 125(586), F203 – F232.

Popitz, Heinrich (1968): *Über die Präventivwirkung des Nichtwissens. Dunkelziffer, Norm und Strafe*.

PricewaterhouseCooper (PwC)/Bussmann, Kai-D. (2016): *Wirtschaftskriminalität in der analogen und digitalen Wirtschaft 2016*.

Püttner, Norbert (2009): *Organisierte Kriminalität*, in: Lange, Hans-Jürgen (Hrsg.), Kriminalpolitik, S. 155-173.

Rogoff, Kenneth S. (2016): *Der Fluch des Geldes: warum unser Bargeld verschwinden wird*.

Roth, Jeffrey A./Scholz, John T./Witte, Ann Dryden (1989): *Taxpayer Compliance, Vol. 1: An Agenda for Research*.

Schelling, Thomas (1967): *Economics and the Criminal Enterprise*, Public Interest 7, S. 61–78.

Schneider, Friedrich (2015): *Die Zahlungsströme der transnationalen organisierten Kriminalität (TOK) und Steuerbetrug in OECD-Ländern*, in: Jäger, Thomas (Hrsg.), Sicherheitsgefahren, S. 147-172.

Schneider, Friedrich/Dreer, Elisabeth/Riegler, Wolfgang (2006): *Geldwäsche: Formen, Akteure, Größenordnung – und warum die Politik machtlos ist*.

Schneider, Friedrich (2016): *Der Umfang der Geldwäsche in Deutschland und weltweit. Einige Fakten und eine kritische Auseinandersetzung mit der Dunkelfeldstudie von Kai Bussmann*, Friedrich-Naumann-Stiftung für die Freiheit, Potsdam-Babelsberg.

Schönke, Adolf (Begr.)/Schröder, Horst (Begr.) (2014): *Strafgesetzbuch*, Kommentar, 29. Auflage.

Schröder, Christian/Bergmann, Marcus (2013): *Warum die Selbstgeldwäsche straffrei bleiben muss*.

Schünemann, Bernd (2016): *Die Bestrafung der Auslandsbestechung – eine strafrechtsimperialistische Torheit*, in: Hoven, Elisa/Kubiciel, Michael (Hrsg.), Das Verbot der Auslandsbestechung, S. 25-44.

Simons, Stefan/Schlamp, Hans-Jürgen (2016): *Bargeld-Obergrenzen im Ausland: Die Scheinlösung*, Spiegel Online, 07.02.2016,abrufbar unter: <www.spiegel.de> → Suche: "Bargeld-Obergrenzen im Ausland: Die Scheinlösung" (Stand: 30.08.2016).

Slemrod, Joel (1985): *An Empirical Test for Tax Evasion*, The Review of Economics and Statistics, Vol. 67, No. 2, pp. 232 – 238.

Smith, Adam (1978): *Der Wohlstand der Nationen*, 8. Auflage.

Sorge, Christoph/Krohn-Grimberghe, Artus (2012): *Bitcoin: Eine erste Einordnung*, DuD, 36 (7), S. 479–484.

Sorge, Christoph/Krohn-Grimberghe, Artus (2013): *Bitcoin - das Zahlungsmittel der Zukunft?*, Wirtschaftsdienst, 93 (10), S. 720–722.

Sorge, Christoph/Krohn-Grimberghe, Artus (2013a). *Practical Aspects of the Bitcoin System.*, abrufbar unter: <www.arxiv.org> → Suche: "Practical Aspects Bitcoin" → [PDF] 1308.6760 (Stand: 13.03.2017).

Stadt Düsseldorf (2012): *Allgemeinverfügung zur Bestellung eines Geldwäschebeauftragten nach § 9 Absatz 4 Satz 3 des Gesetzes über das Aufspüren von Gewinnen aus schweren Straftaten (Geldwäschegesetz - GwG)*, 25. September 2012, abrufbar unter: <www.brd.nrw.de> → Suche: „Allgemeinverfügung Güterhändler" → [PDF] (Stand: 30.08.2016).

Stadt Hildesheim (2013): *Allgemeinverfügung des Landkreises Hildesheim zur Bestellung einer oder eines Geldwäschebeauftragten in Unternehmen, die mit hochwertigen Gütern handeln*, 21.03.2013, abrufbar unter: <www.landkreishildesheim.de> → Suche: „llgemeinverfügung des Landkreises Hildesheim zur Bestellung einer oder eines Geldwäschebeauftragten" → [PDF] (Stand: 07.09.2017).

Statistisches Bundesamt (2016): Fachserie 10, Reihe 3, S. 36

Stessens, Guy (2000): *Money Laundering. A New International Law Enforcement Model*.

Studer, Marc (2013): *Umsetzung des Geldwäschegesetzes (GwG) in der Praxis*, in: Quedenfeld, Rüdiger (Hrsg.), Handbuch Bekämpfung der Geldwäsche und Wirtschaftskriminalität, 3. Auflage, S. 61-124.

Sutherland, Edwin. H. (1983): White collar crime.

Tax Justice Network (2011): *The Cost of Tax Abuse - A briefing paper on the cost of tax evasion worldwide*, November 2011, abrufbar unter: <www.taxjustice.net> → Reports → Our most popular reports → Nov. 2011: The Cost of Tax Abuse (Stand: 15.08.2017).

Tax Justice Network (2015): The Financial Secrecy Index, November 2015, abrufbar unter: <www.financialsecrecyindex.com> → View 2015 Results (Stand: 15.08.2017).

Unger, Brigitte (2007): *The Scale and Impacts of Money Laundering*.

Unger, Brigitte (2013): *Money laundering regulation: from Al Capone to Al Qaeda*, in: Unger, Brigitte/van der Linde, Daan (Hrsg.), Research handbook on money laundering, S. 19-32.

Unger, Brigitte/Addink, Henk/Walker, John/Ferwerda, Joras/van den Broek, Melissa/Deleanu, Ioana (2013): *Project 'ECOLEF', The Economic and Legal Effectiveness of Anti-Money Laundering and Combating Terrorist Financing Policy*, Final Delivery to the EU.

Unger, Brigitte/Ferwerda, Joras (2007): *Money laundering in the real estate sector: suspicious properties*.

Unger, Brigitte/Siegel, Melissa/Ferwerda, Joras/de Kruijf, Wouter/Busuioic, Madalina/Wokke, Kristen (2006): *The Amounts and Effects of Money Laundering: Report for the Ministry of Finance*, abrufbar unter: <https://www.rijksoverheid.nl> → Search: "Onderzoeksrapport The amounts and the effects of money laundering" → Onderzoeksrapport The amounts and the effects of money laundering → [PDF] (Stand: 06.09.2017).

UNODC (2003): *UNTOC*, abrufbar unter <www.unodc.org> → Search: "United nations convention against transnational organized crime and the protocols thereto" → [PDF] UNITED NATIONS CONVENTION AGAINST … (Stand: 10.03.2017).

UNODC (2011): *Estimating illicit financial flows resulting from drug trafficking and other transnational organized crimes*, Research Report, abrufbar unter: <www.unodc.org> → Search: "Estimating illicit financial flows resulting from drug trafficking and other transnational organized crimes" → [PDF] BOOK_Illicit financial flows.indb (Stand: 01.03.2017).

Utton, Michael. A. (2011): *Cartels and Economic Collusion: The Persistence of Corporate Conspiracies*.

Vogel, Joachim (1997): *Geldwäsche - ein europaweit harmonisierter Straftatbestand?*, ZStW 109, S. 335–356.

Wehinger, Frank (2011): *Illegale Märkte, Stand der sozialwissenschaftlichen Forschung*, MPIfG Working Paper 11/6, Forschungsbericht aus dem MPIfG, abrufbar unter: <www.mpifg.de> → Publikationen → Working Papers → 2006 – 2011 → Frank Wehinger – Illegale Märkte: [PDF], (Stand: 13.03.2017).

Whiteley, Paul F. (2000): *Economic Growth and Social Capital*, Political Studies, Vol. 48, Issue 3, S. 443 – 466.

Willems, Marion/Jankowski, Michael (2015): *Geldwäscherisiken bei Immobilientransaktionen*, Compliance Berater, S. 453-457.

Williams, Phil/Godson, Roy (2002): *Anticipating Organized and Transnational Crime*, Crime, Law & Social Change, Vol. 37, No. 4, S. 311–355.

Williamson, Oliver E. (1977): *Markets and Hierarchies: Analysis and Antitrust Implications*.

The manufacturer's authorised representative in the EU is Springer
Nature Customer Service Centre GmbH, Europaplatz 3, 69115 Heidelberg,
Germany. If you have any concerns regarding our products, please
contact ProductSafety@springernature.com

Printed and bound by CPI Group (UK) Ltd, Croydon, CR0 4YY

23/04/2026

02095598-0005